ATLAS
DES NOMS DE FAMILLE
EN FRANCE

Laurent Fordant

Avec la collaboration de
Martine Chevalier et Virginie Topcha

Archives & Culture
Swic

SOMMAIRE

Introduction 3

Première partie : les grandes tendances 5

  • L'origine des noms de famille 6
  • Quelques chiffres 8
  • Les 1000 noms les plus portés en France 10
  • Les principaux noms nouveaux 30

Deuxième partie : les régions 33

Cette partie donne : l'évolution du nombre de patronyme dans la région sur un siècle, les 30 noms les plus portés de la région depuis 1891, les 30 principaux noms de la région disparus depuis 1915, les 30 nouveaux noms les plus portés apparus et leur origine, par période de 25 ans. L'origine du nom a été établie par appel aléatoire d'un porteur du nom. Nous remercions les lecteurs qui nous aideront à affiner ce point pour une édition ultérieure.

  • Alsace 34
  • Aquitaine 36
  • Auvergne 38
  • Bourgogne 40
  • Bretagne 42
  • Centre 44
  • Champagne-Ardenne 46
  • Corse 48
  • Départements d'outremer 50
  • Franche-Comté 52
  • Ile-de-France 54
  • Languedoc-Roussillon 56
  • Limousin 58
  • Lorraine 60
  • Midi-Pyrénées 62
  • Nord-Pas-de-Calais 64
  • Basse-Normandie 66
  • Haute-Normandie 68
  • Pays de la Loire 70
  • Picardie 72
  • Poitou-Charentes 74
  • Provence-Alpes-Côte-d'Azur 76
  • Rhône-Alpes 78

Troisième partie : les départements 81

Cette partie donne : la carte de migration des patronymes du département depuis un siècle, les 10 noms les plus portés en 1891, les 10 noms les plus portés maintenant, les 10 noms n'existant que dans ce département. Une page par département, à l'exception des départements 91, 92, 93, 94 et 95, de création trop récente.

Index 179

ISBN 2-911665-23-6
© Archives & Culture 1999 - 26 bis, rue Paul Barruel - 75015 Paris

INTRODUCTION

La France compte environ un million de patronymes différents. A la fois un record du monde et un patrimoine en évolution permanente : 200 000 noms ont disparu au cours de ce dernier siècle et 520 000 nouveaux noms sont apparus pendant le même temps.

Premier atlas sur les noms de famille en France, cet ouvrage original est le fruit de l'analyse sur un siècle des bases de données INSEE sur les naissances en France. Un travail colossal qui permet pour la première fois à chacun d'accéder aux informations essentielles sur les noms de famille :
- la répartition des patronymes, par région, par département : combien y a-t-il de noms en France ? comment se répartissent-ils sur le territoire français ? quels sont les noms les plus portés ?...
- leur évolution géographique : vers où migrent les noms anciens ? quels sont les noms qui restent géographiquement stables ? quels sont les régions, les départements où le patrimoine de nos noms diminue, croît, s'enrichit de nouveaux apports ?
- leur évolution historique : quand et comment les patronymes sont-ils apparus ? quels sont les noms qui disparaissent ? quels nouveaux noms sont maintenant présents et depuis quand ?
Un univers où les chiffres sont précieux car peu connus et où la cartographie renouvelle l'approche étymologique classique.

Un index en fin d'ouvrage aide à retrouver aisément un nom cité.

Cet atlas constitue ainsi un indispensable ouvrage de référence, nécessaire aussi bien au curieux qu'à l'historien ou au généalogiste.

LES TENDANCES

L'ORIGINE DES NOMS DE FAMILLE

Depuis le Vème siècle et pendant tout le début du Moyen Age, les habitants de l'actuel territoire français portent un seul nom de baptême, qui n'est pas héréditaire. Les homonymes étaient fréquents : une légende de l'époque rapporte qu'un jour, à l'occasion d'un banquet, on manda à haute voix un dénommé Guillaume... et que plus de soixante chevaliers se levèrent !

Comment sont nés les patronymes, ces noms transmis par les pères de nos pères ?

A partir du Xème siècle, afin d'éviter ces confusions de plus en plus fréquentes, on ajoute progressivement un surnom au nom de baptême dans les familles nobles : Guillaume de Grasse, Charles le Gros, Philippe l'Aisné...

Le même processus s'élargit à partir du XIIème siècle à l'ensemble de la population. La poussée démographique, l'accroissement de la population des villes, des bourgs et des villages, empêchent les seuls noms de baptême de différencier les hommes du peuple, bourgeois ou paysans : il devient nécessaire de créer d'autres signes de reconnaissance. Spontanément, des surnoms apparaissent et qualifient chacun. On commence alors à trouver dans les textes des Nicolas Le Besgue, Henri Le Blond... (nom de baptême + surnom qualificatif) ou des Jehan de Clermont, Estienne Roussel de Gonesse, Simon Bonenfant Lorfèvre, Pierre Le Gendre du Pont... (un nom de baptême + un nom de lieu d'origine et/ou un nom de métier).

Les différents types de noms de famille

• Les patronymes issus de noms de baptême

Ces noms de baptême peuvent être regroupés en différentes catégories : noms d'origine germanique ou latine (les deux plus fréquentes) mais aussi noms d'origine grecque, bretonne... Ils sont devenus héréditaires lorsque les enfants ont commencé à être dénommés, reconnus à travers le nom du chef de famille. Ainsi viennent peu à peu les désignations : Bernard (fils de) Raveau ; Claire (fille de) Séguin ; Roland (fils à) Maubert ; etc.

— *Les noms d'origine germanique*

D'abord surnoms de chefs de guerre des tribus germaniques, ils furent adoptés par les Gallo-Romains comme noms de personne, puis comme noms de baptême, parfois aussi portés par des saints qui ont contribué à leur extension. Mais leur signification guerrière d'origine était déjà oubliée à cette date.

Exemple : Bernard (du surnom germanique Bernhardt, «ours fort») a donné naissance à différentes variantes de noms de famille : Bernard, Bernhardt (Nord), Bernhart (Alsace), Bernat (Centre), Bernadotte (Sud-Ouest), Bernardy, Nardy (Sud-Est), Bernardo (Espagne), Bernardson (Angleterre), Bernardini, Bernardino, Dino (Italie), etc.

— *Les noms d'origine latine*

La plupart de ces noms de baptême furent popularisés par des saints dont le culte s'était répandu. Exemple : Martin («dédié au dieu romain Mars», popularisé par saint Martin de Tours, évêque du IVème siècle, évangélisateur de la Gaule) a donné naissance à de nombreux noms de famille : Martin bien sûr, mais aussi Martins (Nord), Martinot (Est), Martineau (Ouest), Martignac (Gascogne), Martinat (Centre), Marty (Sud-Est, Provence), Martini (Italie), Martinez (Espagne), Martinski (Pologne), Martinov (Russie), etc.

• Les surnoms qualificatifs
   Ces surnoms individuels au départ puis transmis aux descendants sont de trois catégories :
les sobriquets, les noms de métiers, les noms de lieu d'origine.
— *Les sobriquets*
Une particularité du premier porteur du nom, son aspect physique, ses qualités ou ses défauts, permettaient de le distinguer des autres. A noter : ces sobriquets n'étaient pas toujours très tendres ! Exemple : Roux (l'homme aux cheveux roux) et ses variantes : Leroux (Nord), Rouxel (Bretagne), Roth (Alsace), Rousseau (Ouest), Rousset (Sud-Est), Rossi, Rosso (Italie), Rojo (Espagne), Russel (Angleterre), Roussos (Grèce), Rudzowski (Pologne), etc.
— *Les noms de métiers*
L'homme était parfois désigné, reconnu, à travers son métier, la dignité ou la charge qu'il occupait. Exemple : le forgeron, que l'on retrouve à travers les noms de famille : Lefèvre, Lefebvre (Nord), Lafargue (Sud-Ouest), Faivre (Franche-Comté), Favre (Rhône-Alpes), Fabre (Sud-Est), Fabri, Fabrini, Fabro (Italie), etc.
— *Les noms de lieu d'origine*
Une autre façon de distinguer un individu était de faire référence à une particularité de son lieu d'habitation, à la situation géographique de sa maison ou bien à son hameau, son village, sa ville ou son pays d'origine. Exemple : Fontaine (désignant «l'homme qui habitait la maison près d'une source») et ses variantes : La Fontaine (Nord), Lafont, Laffont (Ouest), Lafond, Laffond (Centre), Lafon (Massif Central, Languedoc), Fonte (Portugal), Fuentes (Espagne), Fontana (Italie), etc.

Au fil des siècles

   Ces différents surnoms ne sont cependant pas devenus héréditaires par décret. Il a fallu plusieurs siècles pour que cette évolution s'accomplisse et que les noms de famille se fixent, passant d'une génération à l'autre et formant la trame des histoires familiales. Un certain nombre de réglementations du pouvoir central ont tout de même fortement contribué à fixer les noms de famille :
— 1474 : Louis XI interdit de changer de nom sans une autorisation royale
— 1539 : par l'ordonnance de Villers-Cotterêts, François Ier impose au clergé de tenir des registres des baptêmes, mariages et sépultures en français.
— 1870 : l'apparition du livret de famille fige l'orthographe des noms de famille, jusqu'alors fluctuante.

Des variantes par milliers

   On dit souvent que les noms propres n'ont pas d'orthographe. Cela était d'autant plus vrai autrefois que la plupart de la population était illettrée, que ceux qui savaient écrire pouvaient transcrire parfois leur nom sous des formes différentes. Ces différentes graphies pouvaient aussi bien être dues aux parlers locaux (un nom changeait de forme en changeant de ville), à leur traduction en français, mais aussi à la fantaisie des curés, des notaires, des officiers d'état-civil ou tout simplement de ceux qui les portaient et qui pouvaient souhaiter se distinguer d'une autre branche de la famille. Si, à partir du XVIème siècle, les patronymes français sont formés dans leur très grande majorité, ils subiront encore, pour beaucoup d'entre eux, des transformations qui donneront naissance à de multiples variantes. Jusqu'au XVIIIème siècle, il arrive même de trouver le même nom sous différentes orthographes dans un même acte ! Le nom moderne Lentraigues a pu par exemple s'écrire L'Entraigues, L'Antraigues, L'Entreygues, Lentrègyes, Lontragues, Dentraygues, etc.

A la fin du XIXème siècle cependant, avec l'alphabétisation et l'apparition du livret de famille, les patronymes français se fixent sous leur forme actuelle.

Le chemin des noms de famille, de leur forme d'origine à ceux que nous portons aujourd'hui, fut long et semé d'embûches. Certains noms sont arrivés à l'aube du IIIème millénaire sans transformation notoire, nous pouvons retrouver leur origine et les classer assez facilement. D'autres sont plus difficiles à comprendre. Le secret de leur origine se dissimule peut-être dans une forme ancienne cachée au creux d'un vieux manuscrit ou dans le faisceau d'indices que nous donne sa fréquence, sa localisation et ses différentes variantes, quand elles sont connues.

La quête des origines et du sens profond des noms de famille est une expérience à la fois personnelle et collective. Elle place sereinement l'être humain dans sa ligne familiale et met chacun d'entre nous au centre d'une véritable constellation bienveillante formée par nos ancêtres... et par les fils de nos fils dans les siècles prochains ! Le patronyme est donc l'une des clefs de ce véritable trésor que représente notre famille. Ce n'est d'ailleurs certainement pas par hasard si les mots patrimoine et patronyme sont si proches...

QUELQUES CHIFFRES

Combien y a-t-il de noms en France ?

Fruit de l'analyse du fichier des naissances recensées par l'Institut national de la statistique et des études économiques (INSEE) de 1891 à 1990 mais également de l'étude de plus de 17 millions d'actes anciens, le travail fourni pour cet *Atlas des noms de famille en France* a permis de mettre en chiffres les patronymes.

On trouve en France :
— 520 000 noms de famille différents au début de ce siècle
— 638 000 pendant l'Entre-Deux-Guerres
— 645 000 après la Seconde Guerre mondiale
— 816 000 au début des années 1980
— .... et plus de 1 200 000 noms de famille différents aujourd'hui recensés sur un siècle !

De 1891 à 1990, plus de 200 000 noms de souche ancienne ont disparu. Dans le même temps, 520 000 noms nouveaux sont apparus sur le territoire national. Si ces nouveaux noms étaient essentiellement, entre 1916 et 1965, d'origine européenne et magrébhine, ils sont maintenant originaires de toutes les régions du monde. En revanche, leur répartition sur le territoire français n'est pas régulière.

Nombre de noms nouveaux apparus par région après 1966

Alsace	12 378
Aquitaine	14 819
Auvergne	5 311
Bourgogne	8 056
Bretagne	6 167
Centre	12 954
Champagne-Ardenne	7 292
Corse	2 791
D.O.M.	16 594
Franche-Comté	7 484
Ile-de-France	124 399
Languedoc-Roussillon	11 973
Limousin	2 911
Lorraine	13 628
Midi-Pyrénées	12 525
Nord-Pas-de-Calais	19 177
Basse-Normandie	4 019
Haute-Normandie	8 735
Pays-de-la-Loire	8 025
Picardie	9 473
Poitou-Charentes	4 778
Provence-Côte-d'Azur	30 987
Rhône-Alpes	37 664

Nous appellerons-nous bientôt tous Martin ?

Contrairement à une idée répandue, la plupart d'entre nous porte un nom rare et la variété de noms de famille est trop grande pour que les noms les plus portés deviennent massivement les seuls présents.

Répartition des noms en France

Nombre de porteurs par patronymes entre 1891 et 1990
80,2% des patronymes ont moins de 50 porteurs nés entre 1891 et 1990

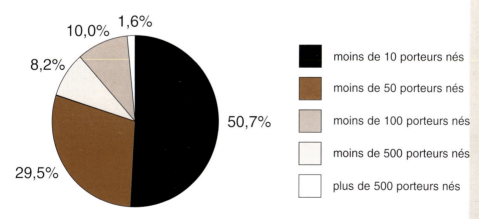

- moins de 10 porteurs nés
- moins de 50 porteurs nés
- moins de 100 porteurs nés
- moins de 500 porteurs nés
- plus de 500 porteurs nés

Le schéma ci-dessus montre bien que les noms très portés (ex : Martin, Bernard, Petit...) sont une minorité. Ils sont proportionnellement beaucoup moins importants que les autres patronymes.

LES MILLE NOMS LES PLUS PORTÉS EN FRANCE

Rang	Patronyme	Nb de départements d'implantation par période de 25 ans				Naissances sur un siècle
		1891 à 1915	1916 à 1940	1941 à 1965	1966 à 1990	
1	MARTIN	96	95	97	100	228 857
2	BERNARD	96	95	96	100	120 573
3	THOMAS	96	95	95	100	108 141
4	PETIT	95	94	95	101	105 463
5	ROBERT	96	96	96	101	102 950
6	RICHARD	96	93	95	100	99 920
7	DURAND	94	94	96	100	99 614
8	DUBOIS	94	95	96	100	98 951
9	MOREAU	91	92	95	99	94 261
10	LAURENT	95	95	95	100	88 803
11	SIMON	96	96	96	101	87 941
12	MICHEL	95	95	96	101	85 489
13	LEFEBVRE	74	94	95	100	85 522
14	LEROY	81	93	93	99	79 204
15	ROUX	94	94	95	100	69 685
16	DAVID	94	96	94	100	69 212
17	BERTRAND	95	94	95	100	66 763
18	MOREL	93	94	93	101	66 417
19	FOURNIER	93	93	95	100	65 758
20	GIRARD	91	94	94	100	64 031
21	BONNET	94	95	95	101	63 085
22	DUPONT	92	95	95	101	63 035
23	LAMBERT	95	94	95	101	63 026
24	FONTAINE	90	92	95	101	62 869
25	ROUSSEAU	87	92	95	99	62 193
26	VINCENT	96	95	95	100	60 751
27	MULLER	89	88	93	100	58 811
28	LEFEVRE	87	94	95	100	58 158
29	FAURE	89	94	94	100	58 097
30	ANDRE	95	95	95	101	57 349
31	MERCIER	94	95	93	100	57 294
32	BLANC	92	94	96	100	57 127
33	GUERIN	92	94	96	101	56 839
34	BOYER	93	94	95	101	56 246
35	GARNIER	92	92	95	100	56 244
36	CHEVALIER	95	92	94	100	54 468
37	FRANCOIS	96	95	95	100	54 107
38	LEGRAND	88	92	93	100	53 523
39	GAUTHIER	93	94	95	100	53 168
40	GARCIA	51	91	93	100	52 739
41	PERRIN	89	93	95	100	51 818
42	ROBIN	87	93	95	100	51 038
43	CLEMENT	95	95	96	101	50 448
44	MORIN	83	91	93	100	49 974
45	NICOLAS	95	96	96	101	49 022
46	HENRY	92	95	95	100	48 972
47	ROUSSEL	90	94	96	100	48 889
48	MATHIEU	94	92	95	100	48 764
49	GAUTIER	91	95	96	101	48 304
50	MASSON	90	91	92	100	48 076

Par quelle lettre commencent le plus de noms en France ? Par le B, initiale de 30 956 noms de famille différents.

Il existe quatre noms de famille ne comportant qu'une seule lettre: B, M, O et X.

10

| Rang | Patronyme | Nb de départements d'implantation par période de 25 ans | | | | Naissances sur un siècle |
		1891 à 1915	1916 à 1940	1941 à 1965	1966 à 1990	
51	MARCHAND	89	94	94	100	46 626
52	DUVAL	84	85	92	100	46 424
53	DENIS	93	93	95	100	45 022
54	DUMONT	91	93	94	99	44 623
55	MARIE	92	94	96	101	44 490
56	LEMAIRE	73	90	91	97	44 357
57	NOEL	93	95	95	99	44 245
58	MEYER	84	89	92	100	43 485
59	DUFOUR	93	94	94	99	43 324
60	MEUNIER	90	90	92	99	43 171
61	BRUN	93	95	94	99	42 126
62	BLANCHARD	90	92	94	99	42 062
63	GIRAUD	91	93	95	100	41 518
64	JOLY	93	90	92	100	41 250
65	RIVIERE	88	90	94	99	41 202
66	LUCAS	94	91	95	101	41 133
67	BRUNET	93	93	95	100	41 008
68	GAILLARD	92	94	94	100	40 816
69	BARBIER	91	94	94	99	40 258
70	ARNAUD	91	94	96	100	40 132
71	MARTINEZ	59	89	92	100	40 086
72	GERARD	86	91	94	99	39 969
73	ROCHE	92	94	95	100	39 242
74	RENARD	83	90	95	99	38 621
75	SCHMITT	71	82	93	95	38 608
76	ROY	85	91	91	100	38 246
77	LEROUX	74	79	95	101	38 068
78	COLIN	82	90	92	99	37 704
79	VIDAL	88	91	94	101	37 637
80	CARON	70	85	87	99	37 494
81	PICARD	93	92	93	100	37 404
82	ROGER	93	95	95	97	37 125
83	FAVRE	89	93	95	99	36 949
84	AUBERT	91	90	95	100	36 028
85	LEMOINE	91	86	94	99	35 486
86	RENAUD	90	91	95	100	34 908
87	DUMAS	92	95	94	99	34 517
88	LACROIX	93	93	94	100	34 214
89	OLIVIER	94	93	95	101	33 975
90	PHILIPPE	90	94	95	100	33 410
91	BOURGEOIS	86	91	94	99	33 394
92	PIERRE	94	94	95	99	33 119
93	BENOIT	95	94	95	100	32 950
94	REY	89	93	93	99	32 831
95	LECLERC	74	88	93	99	32 667
96	PAYET	18	25	55	94	32 538
97	ROLLAND	92	95	94	100	31 990
98	LECLERCQ	56	84	90	98	31 928
99	GUILLAUME	93	94	96	99	31 880
100	LECOMTE	76	83	88	97	31 875

Tous les mois de l'année sont des noms de famille. On a 8 693 Avril, 7 025 Janvier, 6 606 Février, 2 873 Juillet, 2 836 Juin, 1 884 Mars, 724 Mai, 206 Décembre, 181 Août, 169 Octobre, 100 Septembre et 70 Novembre.

Les jours de la semaine se retrouvent également tous en noms de famille.

L'initiale la plus rare pour un nom de famille ? Le X. Seuls 68 patronymes l'ont pour initiale.

Quel est le nom qui a fait le plus de demandes de changement de 1803 à 1862 ? Lévy, avec 575 changements.

Rang	Patronyme	Nb de départements d'implantation par période de 25 ans				Naissances sur un siècle
		1891 à 1915	1916 à 1940	1941 à 1965	1966 à 1990	
101	LOPEZ	57	88	94	100	31 156
102	JEAN	95	95	95	100	31 112
103	DUPUY	94	93	92	100	30 939
104	GUILLOT	88	90	93	98	30 471
105	HUBERT	88	91	93	98	30 453
106	BERGER	94	93	93	98	30 396
107	CARPENTIER	53	81	93	97	30 304
108	SANCHEZ	39	83	92	97	29 648
109	DUPUIS	84	86	92	97	29 648
110	MOULIN	89	90	93	99	29 627
111	LOUIS	92	94	93	100	29 426
112	DESCHAMPS	87	86	92	98	28 962
113	HUET	75	77	89	99	28 552
114	VASSEUR	54	77	86	96	28 408
115	PEREZ	36	87	93	101	28 022
116	BOUCHER	82	89	90	100	27 883
117	FLEURY	80	85	95	100	27 625
118	ROYER	85	90	93	96	27 460
119	KLEIN	71	82	92	98	27 410
120	JACQUET	84	88	91	97	27 372
121	ADAM	82	90	94	99	27 304
122	PARIS	92	92	95	99	27 293
123	POIRIER	78	85	89	96	27 225
124	MARTY	82	93	93	99	27 084
125	AUBRY	72	83	91	99	26 993
126	GUYOT	88	86	93	99	26 949
127	CARRE	82	87	92	95	26 932
128	CHARLES	92	95	95	100	26 771
129	RENAULT	66	78	90	99	26 761
130	CHARPENTIER	78	85	87	99	26 641
131	MENARD	77	85	92	96	26 611
132	MAILLARD	80	83	91	99	26 569
133	BARON	89	90	92	99	26 512
134	BERTIN	88	87	89	100	26 360
135	BAILLY	84	90	91	97	26 189
136	HERVE	62	77	89	97	26 123
137	SCHNEIDER	71	84	93	94	25 977
138	FERNANDEZ	44	85	94	100	25 839
139	LE GALL	45	67	88	94	25 358
140	COLLET	79	88	91	96	25 292
141	LEGER	85	87	93	98	25 246
142	BOUVIER	83	85	92	99	25 170
143	JULIEN	92	93	95	101	24 904
144	PREVOST	78	84	87	97	24 689
145	MILLET	82	87	92	99	24 521
146	PERROT	82	90	92	98	24 316
147	DANIEL	93	89	92	98	24 299
148	LEROUX	42	70	83	94	24 212
149	COUSIN	75	84	85	98	24 061
150	GERMAIN	93	93	95	99	24 029

Rang	Patronyme	Nb de départements d'implantation par période de 25 ans				Naissances sur un siècle
		1891 à 1915	1916 à 1940	1941 à 1965	1966 à 1990	
151	BRETON	84	88	91	97	23 809
152	BESSON	87	92	92	97	23 611
153	LANGLOIS	73	89	88	98	23 583
154	REMY	77	87	92	96	23 493
155	LE GOFF	38	66	78	94	23 381
156	PELLETIER	79	86	91	97	23 361
157	LEVEQUE	82	84	96	100	23 321
158	PERRIER	90	91	93	100	23 083
159	LEBLANC	78	82	88	97	23 048
160	BARRE	87	86	91	99	23 006
161	LEBRUN	74	82	89	100	22 865
162	MARCHAL	71	86	90	98	22 792
163	WEBER	64	78	92	98	22 718
164	MALLET	86	88	94	99	22 426
165	HAMON	55	74	81	98	22 395
166	BOULANGER	76	88	93	99	22 271
167	JACOB	90	90	93	97	22 262
168	MONNIER	79	89	90	94	22 158
169	MICHAUD	79	86	91	97	22 110
170	RODRIGUEZ	38	78	93	100	22 095
171	GUICHARD	85	85	91	98	22 034
172	GILLET	83	87	90	98	21 897
173	ETIENNE	91	92	94	99	21 832
174	GRONDIN	21	30	43	92	21 710
175	POULAIN	68	80	91	96	21 693
176	TESSIER	73	77	86	94	21 580
177	CHEVALIER	76	87	92	96	21 421
178	COLLIN	77	84	87	95	21 416
179	CHAUVIN	84	81	87	95	21 397
180	DA SILVA	8	72	85	98	21 348
181	BOUCHET	84	87	88	97	21 331
182	GAY	89	90	90	100	21 284
183	LEMAITRE	69	77	87	92	21 145
184	BENARD	61	73	88	98	21 094
185	MARECHAL	79	86	93	95	20 928
186	HUMBERT	79	82	93	97	20 706
187	REYNAUD	76	81	90	95	20 517
188	ANTOINE	91	93	94	98	20 511
189	HOARAU	2	16	33	93	20 459
190	PERRET	87	91	88	98	20 360
191	BARTHELEMY	95	94	95	100	19 991
192	CORDIER	83	87	91	98	19 821
193	PICHON	81	86	88	95	19 808
194	LEJEUNE	70	83	89	95	19 719
195	GILBERT	82	89	92	99	19 684
196	LAMY	86	91	91	100	19 675
197	DELAUNAY	58	67	85	93	19 604
198	PASQUIER	77	81	85	96	19 594
199	CARLIER	58	75	80	93	19 556
200	LAPORTE	89	90	94	99	19 507

Il existe 8 noms sans voyelles (B, Jxxx, M, Mm, Snp, Vlk et X) et 24 noms sans consonnes (dont : Aya, Aye, Eo, Ey, Ye, Yi, Yo et Yu).

Ravaillac, nom de l'assassin d'Henri IV, est un nom qui n'existe plus aujourd'hui.

On recense 6 964 Soulard, 75 Saoul, 49 Soulot, 239 Soul, 8 Soulaud et 1 003 Pochard... qui n'ont pas à l'origine la signification péjorative d'aujourd'hui.

Martin, premier nom porté en France, compte une multitude de dérivés : Martinat, Marty, Martini, Martinaud, Martinelli, Martinet, Martinière, etc., chacun ayant une région précise d'origine.

Rang	Patronyme	Nb de départements d'implantation par période de 25 ans				Naissances sur un siècle
		1891 à 1915	1916 à 1940	1941 à 1965	1966 à 1990	
201	GROS	84	87	94	100	19 427
202	BUISSON	84	92	94	100	19 358
203	OLLIVIER	72	80	89	96	19 340
204	BRIAND	74	76	89	94	19 334
205	ALEXANDRE	84	90	90	97	19 073
206	GEORGES	90	93	93	98	19 067
207	GUILLOU	61	77	83	93	19 028
208	BESNARD	56	70	79	90	18 994
209	LEGROS	71	82	90	96	18 941
210	GONZALEZ	30	81	91	100	18 927
211	COULON	87	87	92	98	18 880
212	MAILLOT	70	76	83	95	18 872
213	ALBERT	90	92	94	99	18 662
214	CAMUS	81	82	88	96	18 610
215	DELATTRE	46	70	85	92	18 565
216	LAUNAY	58	69	84	94	18 494
217	HEBERT	61	78	86	92	18 457
218	LESAGE	65	74	87	93	18 409
219	BLANCHET	83	87	89	99	18 361
220	DIDIER	81	89	92	98	18 352
221	VOISIN	80	86	91	99	18 314
222	PONS	79	87	91	99	18 284
223	BOUSQUET	72	84	92	98	18 262
224	COSTE	87	88	92	100	18 192
225	VALLEE	64	73	87	96	18 185
226	JACQUES	91	93	92	99	18 142
227	MARTEL	85	87	88	99	18 102
228	MAURY	88	88	90	98	18 086
229	RAYNAUD	82	89	86	97	18 065
230	BARBE	88	91	93	98	18 061
231	PASCAL	89	92	94	100	18 040
232	BIGOT	78	80	87	96	18 030
233	VERDIER	88	89	94	99	18 020
234	CHARRIER	80	84	87	95	17 920
235	SAUVAGE	79	87	88	94	17 888
236	GUILLET	75	77	86	94	17 867
237	MAHE	41	68	79	94	17 774
238	LEDUC	70	79	91	93	17 749
239	LELIEVRE	58	74	81	93	17 568
240	GREGOIRE	91	92	93	98	17 501
241	JOUBERT	79	82	90	98	17 490
242	MASSE	88	89	90	98	17 476
243	DELMAS	75	87	89	97	17 457
244	MORVAN	44	61	80	94	17 353
245	LEBRETON	57	66	81	94	17 332
246	TANGUY	34	56	75	96	17 308
247	PINEAU	62	67	82	93	17 277
248	LEBON	63	70	87	96	17 239
249	GAUDIN	75	81	86	96	17 193
250	COLAS	73	81	88	96	17 127

| Rang | Patronyme | Nb de départements d'implantation par période de 25 ans | | | | Naissances sur un siècle |
		1891 à 1915	1916 à 1940	1941 à 1965	1966 à 1990	
251	IMBERT	79	87	93	99	17 087
252	PAUL	93	91	94	98	17 068
253	RAYMOND	92	94	95	101	16 966
254	GUILLON	76	87	88	97	16 927
255	BRUNEL	76	84	90	98	16 906
256	REGNIER	80	84	89	94	16 755
257	FERRAND	88	93	92	101	16 750
258	HARDY	70	75	89	95	16 660
259	DEVAUX	81	86	87	98	16 636
260	COURTOIS	79	84	90	99	16 605
261	BODIN	60	72	84	92	16 532
262	CHAUVET	83	87	92	98	16 479
263	ALLARD	80	89	87	99	16 470
264	BLONDEL	64	78	85	93	16 451
265	LAINE	69	78	89	96	16 403
266	DELORME	82	88	91	96	16 402
267	SEGUIN	84	85	91	97	16 396
268	LENOIR	74	82	85	94	16 333
269	BERTHELOT	67	78	84	93	16 314
270	BONNEAU	72	77	88	94	16 313
271	PEREIRA	4	71	86	99	16 305
272	THIBAULT	66	76	82	97	16 264
273	LACOMBE	86	90	92	96	16 262
274	RIOU	59	75	81	89	16 206
275	LAGARDE	87	87	92	99	16 197
276	CLERC	80	84	90	93	16 190
277	BRUNEAU	75	80	85	88	16 062
278	GODARD	71	81	88	94	16 041
279ex	VAILLANT	72	87	91	98	16 037
279ex	COUTURIER	81	85	87	94	16 037
280	GOMEZ	39	82	94	99	16 035
281	JOURDAN	79	88	87	98	15 958
282	PAGES	78	85	90	92	15 922
283	VALENTIN	88	93	94	97	15 917
284	LOMBARD	84	90	91	97	15 845
285	MARY	92	93	93	94	15 843
286	BLIN	63	73	88	93	15 835
287	TEXIER	62	75	82	92	15 764
288	ROSSI	63	87	93	99	15 742
289	MARION	84	87	90	99	15 694
290	ALLAIN	58	77	81	82	15 690
291ex	MAURICE	90	90	92	97	15 662
291ex	GUILBERT	55	68	84	92	15 662
292	BAUDRY	70	75	83	97	15 650
293	DUPRE	85	89	90	99	15 647
294	MARIN	88	87	92	96	15 640
295	EVRARD	63	77	86	92	15 555
296	HOAREAU	2	12	43	93	15 537
297	TURPIN	62	74	83	92	15 534
298	BOURDON	72	80	88	93	15 529

La seule famille qui portait encore en 1900 le nom Puant l'a changé en 1914.

Savez-vous que certaines personnes portent des noms de capitales : Alger, Athènes, Berlin, Madrid, Lisbonne, Montréal, Jérusalem, Moscou...

| Rang | Patronyme | Nb de départements d'implantation par période de 25 ans | | | | Naissances sur un siècle |
		1891 à 1915	1916 à 1940	1941 à 1965	1966 à 1990	
299	LEFORT	70	81	91	98	15 353
300	LEGENDRE	64	77	83	94	15 352
301	CHARTIER	75	74	84	96	15 332
302	GILLES	83	89	91	99	15 283
303	LACOSTE	79	85	88	97	15 281
304	LOISEAU	73	77	89	96	15 176
305	DUHAMEL	46	67	75	87	15 132
306	LAROCHE	86	87	94	100	15 114
307	FERREIRA	4	59	77	97	15 092
308	ROUSSET	77	85	91	94	15 084
309	TOUSSAINT	85	89	91	96	14 958
310	WAGNER	58	73	89	90	14 811
311	FISCHER	56	75	83	92	14 799
312	NORMAND	72	83	89	94	14 790
313	MAILLET	82	90	89	98	14 722
314ex	LABBE	79	78	89	95	14 592
314ex	GUIBERT	75	81	92	97	14 592
315	BAZIN	80	86	87	93	14 535
316	ROCHER	84	85	89	96	14 522
317	BONNIN	68	80	89	98	14 490
318	MERLE	85	87	89	95	14 477
319	JACQUOT	70	80	85	90	14 473
320	GRENIER	85	87	90	99	14 448
321	VALETTE	80	90	90	96	14 403
322	LECONTE	60	74	78	93	14 383
323	PELTIER	65	73	84	94	14 356
324	PRUVOST	21	59	74	91	14 335
325	AUGER	73	85	89	94	14 250
326	VALLET	77	85	89	94	14 196
327	POTIER	57	72	81	88	14 165
328	DESCAMPS	47	78	78	89	14 076
329	PARENT	76	86	86	98	14 074
330	BOUTIN	76	82	91	98	14 067
331	POTTIER	70	77	84	92	14 017
332	CHAUVEAU	65	68	79	94	13 921
333	MARTINEAU	56	69	76	87	13 882
334	HERNANDEZ	24	80	91	101	13 841
335	NEVEU	64	70	84	93	13 825
336	PERON	61	79	86	90	13 823
337	DELAHAYE	49	69	81	90	13 813
338	VIAL	67	72	81	89	13 781
339	BLOT	65	77	85	97	13 690
340	DELAGE	59	74	85	96	13 582
341	LEMONNIER	49	54	75	91	13 579
342	PETITJEAN	67	77	86	96	13 502
343	MAURIN	68	83	87	93	13 489
344	RODRIGUES	20	65	87	98	13 476
345	CROS	63	69	84	94	13 430
346	LAFON	63	78	85	95	13 412
347	FAIVRE	67	81	85	93	13 389

Le nom d'origine étrangère le plus porté en France est Garcia : il arrive au 13ème rang.

Le nom Goncourt, connu pour l'académie fondée par l'écrivain Edmond de Goncourt, n'existe plus aujourd'hui.

Rang	Patronyme	Nb de départements d'implantation par période de 25 ans				Naissances sur un siècle
		1891 à 1915	1916 à 1940	1941 à 1965	1966 à 1990	
348	CHRETIEN	71	80	85	93	13 350
349	FOUQUET	71	78	84	91	13 314
350	SERRE	78	87	90	99	13 310
351	FAVRE	77	82	84	94	13 302
352	BECKER	60	73	83	95	13 292
353	FOUCHER	58	68	79	94	13 283
354	GUYON	81	79	84	94	13 259
355	JOSEPH	89	90	91	96	13 252
356	MACE	52	64	80	90	13 230
357	DOS SANTOS	6	53	71	99	13 169
358	GALLET	77	81	84	95	13 120
359	CHARBONI	77	81	90	96	13 117
360	BOUVET	74	79	84	95	13 113
361	SALMON	64	74	78	91	13 098
362	LE CORRE	30	55	75	87	13 080
363	FERNANDES	10	62	81	98	13 068
364	BERNIER	78	79	85	91	13 034
365	ROSSIGNOL	81	85	91	98	13 017
366	DELANNOY	23	56	72	89	12 853
367	LEVY	69	75	88	96	12 840
368	PRIGENT	35	55	72	85	12 814
369	LECOQ	51	69	76	84	12 746
370	THIERRY	71	82	86	93	12 714
371	CORNU	77	80	90	97	12 694
372	GIRAULT	59	68	79	94	12 681
373	JOURDAIN	72	80	84	96	12 660
374	BEGUE	52	67	74	93	12 628
375	ANDRIEU	65	83	91	93	12 607
376	MAUREL	65	78	87	94	12 589
377	RUIZ	30	70	91	98	12 588
378	PARMENTIER	52	72	84	90	12 550
379	GUY	86	88	92	100	12 522
380	LABORDE	74	79	86	96	12 501
381	GRAS	79	83	87	98	12 482
382	GONCALVES	1	66	83	100	12 446
383	CASTEL	67	81	89	96	12 437
384	GERVAIS	87	90	90	99	12 430
385	BOULAY	66	67	76	88	12 423
386	CHAPUIS	69	70	81	95	12 394
387	SAMSON	78	87	90	96	12 384
388	DUCLOS	82	81	84	97	12 344
389	DIJOUX	13	19	25	84	12 339
390	CHAMBON	75	82	84	91	12 326
391	STEPHAN	76	82	88	95	12 301
392	SABATIER	76	82	88	95	12 293
393	PONCET	66	76	82	87	12 243
394	BESSE	75	81	86	96	12 228
395	WEISS	57	78	86	93	12 222
396	DOUCET	78	81	88	96	12 197
397	BONHOMME	87	92	92	98	12 192

100 Grenouille sont nés en France depuis 1891. Quelques uns ont fait changer leur nom pour celui de... Delétang !

C'est le forgeron que l'on retrouve le plus souvent en patronyme : Maréchal, Marchal, Schmit(t), Schmidt, Fabre, Faivre, Favre, Faure...

Le second nom le plus changé de 1803 à 1962 est Cocu, transformé pour 184 personnes. On compte cependant encore sur ce siècle 3 084 naissances du nom.

24 271 personnes sont nées en France depuis un siècle avec un patronyme de deux lettres seulement. Parmi eux : Ab, Ba, Pi, Po, Un, Vu...

Rang	Patronyme	Nb de départements d'implantation par période de 25 ans				Naissances sur un siècle
		1891 à 1915	1916 à 1940	1941 à 1965	1966 à 1990	
398	HAMEL	61	70	79	94	12 167
399	BERTHIER	82	83	88	98	12 141
400	LETELLIER	50	60	82	87	12 107
401	PREVOT	81	83	88	95	12 085
402	GRAND	79	85	86	93	12 038
403	GRANDJEAN	72	81	85	91	12 013
404	BENOIST	64	70	78	88	11 990
405	LEBLOND	54	70	78	89	11 961
406	GOSSELIN	43	57	72	90	11 958
407	LELEU	38	60	73	84	11 947
408	COMTE	90	87	90	97	11 939
409	FAVIER	69	71	83	92	11 925
410	BELLANGER	56	67	78	86	11 923
411	MARTINET	81	88	91	96	11 892
412	BILLARD	80	85	89	93	11 876
413	RAULT	49	66	79	90	11 814
414	GEOFFROY	75	79	84	97	11 796
415	FORESTIER	81	87	88	94	11 781
416	BLONDEAU	72	78	86	94	11 775
417	ROQUES	61	65	83	93	11 771
418	RICARD	85	88	92	95	11 768
419	POMMIER	87	87	87	96	11 756
420	BOULET	83	89	87	97	11 755
421	DROUET	57	68	79	89	11 754
422	POISSON	74	77	88	90	11 747
423	MAIRE	69	77	86	95	11 650
424	MOUNIER	68	74	85	90	11 612
425	GUEGUEN	26	55	73	91	11 535
426	COMBES	69	75	84	95	11 509
427	HUGUET	86	89	89	96	11 501
428	MORAND	80	79	84	96	11 472
429	LEONARD	84	86	92	96	11 469
430	LEDOUX	61	77	78	91	11 437
431	PRAT	79	84	89	94	11 431
432	DUBREUIL	74	77	86	95	11 408
433	FORTIN	62	72	86	93	11 407
434	FERRE	74	79	85	92	11 389
435	RIGAUD	80	87	89	97	11 387
436	BROSSARD	66	75	86	91	11 385
437	PICOT	81	81	85	95	11 383
438	GRANGER	71	81	84	94	11 329
439	MERLIN	75	78	82	93	11 308
440	LAVAL	82	84	90	97	11 305
441	CLAUDE	76	79	90	96	11 212
442	MARQUET	84	85	91	97	11 209
443	MOUTON	81	89	90	96	11 193
444	BRAULT	50	55	83	89	11 191
445	JEANNE	67	76	75	89	11 190
446	MARC	87	90	92	93	11 175
447	LEVASSEUR	50	58	79	89	11 147

| Rang | Patronyme | Nb de départements d'implantation par période de 25 ans | | | | Naissances sur un siècle |
		1891 à 1915	1916 à 1940	1941 à 1965	1966 à 1990	
448	LEROY	46	61	74	86	11 143
449	GUILLEMIN	64	77	86	96	11 133
450	BOCQUET	46	72	81	91	11 132
451	CONSTANT	85	89	90	98	11 127
452	PUJOL	60	72	84	96	11 117
453	LAVIGNE	86	88	90	97	11 110
454	BAUER	62	81	90	94	11 062
455	HOFFMANN	55	75	82	93	11 038
456	CHATELAIN	70	74	84	88	11 034
457	LACOUR	85	88	89	96	10 993
458	JUNG	37	71	73	86	10 985
459	JAMET	63	72	83	89	10 944
460	LALLEMAND	65	76	82	91	10 919
461	WALTER	60	72	81	88	10 896
462	BASSET	87	87	92	96	10 895
463	PROVOST	47	65	78	92	10 891
464	SALAUN	27	59	76	83	10 884
465	TELLIER	54	66	73	91	10 874
466	GIBERT	78	81	88	95	10 854
467	MARTINS	3	57	73	98	10 854
468	ROSE	81	89	85	93	10 822
469	NAVARRO	23	62	85	96	10 813
470	GRANGE	80	87	85	97	10 804
471	LEPAGE	66	67	78	87	10 802
472	BOUQUET	83	83	87	96	10 799
473	KELLER	64	80	86	90	10 777
474	TECHER	2	11	24	80	10 752
475	JOLLY	70	70	82	91	10 741
476	TOURNIER	81	80	88	94	10 735
477	GUILLARD	67	74	80	93	10 734
478	PAPIN	47	55	71	88	10 733
479	BATAILLE	76	79	83	92	10 729
480	LELONG	58	73	85	87	10 674
481	CARTIER	78	82	83	97	10 667
482	LEON	79	83	88	96	10 660
483	CHAMPION	72	77	82	89	10 584
484	DUJARDIN	52	66	77	94	10 582
485	DUMOULIN	80	85	88	96	10 554
486	LASSERRE	65	75	84	89	10 507
487	FLAMENT	33	54	66	85	10 505
488	HUSSON	65	80	88	93	10 501
489	SCHMIDT	58	74	83	87	10 495
490	LE BIHAN	35	51	70	84	10 445
491	KIEFFER	44	61	77	88	10 440
492	MILLOT	59	76	79	92	10 437
493	LE GUEN	33	53	71	87	10 434
494	FERRY	59	73	81	93	10 424
495	BOURDIN	77	80	90	97	10 419
496	MANGIN	65	72	83	88	10 382
497	GICQUEL	28	39	62	75	10 379

Quelques noms changés : Couillard, Cornichon, Saucisse, Porq, Vachier, Cochon, Goret, Lacrotte, Pet, Merdier, Crotte, Jolicon, Moncus, Briscul, Lecul, Pine, Labitte, Hanus, Sexe...

Conard... Ce nom porté par plus de 800 personnes dérive d'un nom de personne germanique *Conhard*, signifiant hardi, brave et fort !

Rang	Patronyme	Nb de départements d'implantation par période de 25 ans				Naissances sur un siècle
		1891 à 1915	1916 à 1940	1941 à 1965	1966 à 1990	
498	CADET	71	75	83	95	10 350
499	SOULIER	75	82	84	91	10 341
500	MIGNOT	72	80	87	99	10 303
501	BARRET	82	86	84	94	10 302
502	BUREAU	73	75	77	94	10 293
503	LERAY	38	54	67	82	10 287
504	FORT	82	87	88	95	10 276
505	BARREAU	68	72	80	93	10 275
506	MAS	63	75	88	94	10 257
507	LAFONT	75	86	88	95	10 238
508	BOUCHARD	78	79	83	93	10 237
509	JOLIVET	71	78	79	92	10 220
510	SAVARY	67	79	79	90	10 183
511	FOULON	56	65	75	91	10 154
512	GUILLEMOT	65	72	78	88	10 115
513	COSTA	51	81	89	98	10 092
514	ARMAND	83	92	90	98	10 088
515	BLAISE	79	88	87	94	10 073
516	BINET	73	80	86	92	10 049
517	MONTAGNE	81	85	88	91	10 037
518	JULLIEN	72	79	90	91	10 032
519	BERARD	77	74	79	95	10 030
520	VACHER	70	77	88	96	10 011
521	SAUNIER	80	83	87	89	10 005
522	DUPIN	80	80	88	91	9 967
523	THIEBAUT	52	66	78	89	9 960
524	SCHWARTZ	54	68	76	88	9 909
525	FELIX	84	87	91	94	9 893
526	SELLIER	73	80	83	91	9 890
527	LAGRANGE	77	88	94	95	9 886
528	LEFRANCOIS	39	57	70	86	9 879
529	ANDRIEUX	83	79	88	95	9 869
530	LALANNE	54	59	76	91	9 865
531	BERTHET	63	76	83	94	9 857
532	PAYEN	54	72	83	93	9 831
533	LAVERGNE	76	83	82	86	9 794
534	JOUAN	50	59	76	86	9 792
535	CORNET	75	77	85	91	9 791
536	COMBE	70	73	79	88	9 788
537	LANG	53	64	78	82	9 780
538	POULET	63	81	85	94	9 765
539	GRANIER	71	80	80	90	9 760
540	ZIMMERMAN	50	66	81	88	9 745
541	LEBEAU	61	76	78	90	9 714
542	BAYLE	72	82	88	94	9 697
543	VIGNERON	62	75	85	93	9 692
544	TERRIER	72	78	84	94	9 682
545	BON	83	88	90	97	9 677
546	LECOCQ	43	66	67	83	9 668
547	ESNAULT	47	51	78	80	9 667

Rang	Patronyme	Nb de départements d'implantation par période de 25 ans				Naissances sur un siècle
		1891 à 1915	1916 à 1940	1941 à 1965	1966 à 1990	
548	BORDES	65	74	84	88	9 658
549	SARRAZIN	79	79	89	95	9 642
550	LE BORGNE	23	47	72	84	9 635
551	JOUVE	62	70	78	91	9 633
552	LAURET	41	48	62	83	9 631
553	LE FLOCH	33	51	62	79	9 630
554ex	PRIEUR	75	78	87	92	9 620
554ex	GODEFROY	60	69	72	88	9 620
555	LEMARCHAND	39	52	74	77	9 611
556	VERNET	76	86	88	97	9 606
557	VIVIER	74	82	79	93	9 603
558	AUBIN	79	78	85	90	9 601
559	FAUCHER	74	84	84	94	9 592
560	DUCROCQ	29	53	64	79	9 586
561	DORE	62	69	82	91	9 566
562	LAMOTTE	68	72	84	90	9 552
563	THIERY	59	72	80	92	9 550
564	JACQUEMIN	70	77	87	91	9 543
565	ARNOULD	55	70	82	87	9 540
566	BASTIEN	72	75	87	93	9 530
567	THERY	47	70	84	89	9 503
568	COUDERC	57	73	81	90	9 488
569	DUCHENE	77	78	85	94	9 455
570	QUERE	30	46	74	83	9 441
571	CHEVRIER	69	78	81	91	9 435
572	COCHET	65	70	78	87	9 432
573	VILLARD	71	79	87	98	9 368
574	CORRE	36	55	75	85	9 367
575	PROST	58	64	75	88	9 359
576	BOIS	76	84	86	93	9 354
577	MAGNIER	44	69	71	90	9 323
578	MONIER	75	76	87	95	9 297
579	GROSJEAN	58	71	83	90	9 285
580	TARDY	63	69	75	86	9 266
581	GIMENEZ	15	69	86	95	9 241
582	CAILLAUD	42	56	71	88	9 238
583	GUIGNARD	64	77	82	89	9 215
584	LEFRANC	61	72	79	89	9 202
585	BEAUMONT	79	87	87	93	9 193
586	LE BERRE	24	45	70	86	9 192
587ex	TISSIER	73	75	77	92	9 178
587ex	ROUXEL	33	47	70	71	9 178
588	BONNARD	69	77	81	87	9 161
589	LE GAL	32	53	62	84	9 094
590	SERGENT	60	69	76	91	9 081
591	CREPIN	61	71	80	88	9 061
592	LESUEUR	37	50	74	87	9 056
593	MARQUES	34	64	83	99	9 046
594	ROTH	49	63	78	87	9 045
595	WOLFF	55	67	76	83	9 005

131 O sont nés en France depuis un siècle, mais aussi 94 Ou et 36 Oui.

Quelques noms gênants recensés sur le siècle :
3 707 Batard,
1 936 Trouillard,
883 Conard,
678 Catin,
483 Putin,
377 Saloppe,
302 Saligot,
117 Lagarce...

Quelques finales typiques : *-at*, Centre et Lyonnais ; *-az*, Savoie ; *-aert*, Flandres ; *-eau*, Ouest et Centre ; *-ez*, Nord ; *-eix*, Limousin ; *-enc*, sud du Massif Central ; *-ias*, Auvergne ; *-ic*, Bretagne ; *-od*, Franche-Comté ; *-ot*, Est, Bourgogne ; *-ville*, Normandie....

Pour les noms rares, un arbre généalogique permet de mieux comprendre les transformations : ainsi Yvette Roudy, née Saldou, avait pour origine des Zaldoubehere, nom basque signifiant «la maison de Zaldou».

Rang	Patronyme	Nb de départements d'implantation par période de 25 ans				Naissances sur un siècle
		1891 à 1915	1916 à 1940	1941 à 1965	1966 à 1990	
596	LABAT	56	68	75	82	9 987
597	BONIN	67	73	83	90	8 981
598	THEBAULT	42	57	68	86	8 980
599	LE CUYER	54	65	74	90	8 978
600	ABADIE	62	74	79	89	8 975
601	PASQUET	71	74	83	91	8 972
602	JARRY	61	67	82	90	8 968
603	SALLES	64	78	77	92	8 966
604	LEFEUVRE	37	60	67	85	8 952
605	DURET	66	78	78	90	8 931
606	LE BRIS	27	48	61	81	8 913
607	BONNEFOY	71	74	79	93	8 891
608	TAVERNIER	63	77	84	94	8 890
609	GUEGAN	26	51	67	74	8 878
610	FOREST	74	72	83	91	8 839
611	DA COSTA	3	57	70	98	8 819
612	JOSSE	61	61	76	84	8 814
613	RAGOT	72	70	78	93	8 811
614ex	RIGAL	64	76	84	90	8 808
614ex	POLLET	45	65	77	89	8 808
615	CHOLLET	67	74	77	85	8 807
616	VILLAIN	55	65	78	89	8 798
617	GOUJON	74	80	87	90	8 797
618	BOUTET	63	71	83	90	8 797
619	CARDON	45	61	68	84	8 792
620	GRIMAUD	72	75	84	89	8 778
621	BEAUFILS	64	73	83	92	8 746
622	DERRIEN	27	49	68	82	8 737
623	MONNET	72	79	80	89	8 733
624	OGER	50	62	73	81	8 723
625	LOPES	17	51	76	96	8 714
626	BAUDIN	75	80	84	94	8 709
627	BAUDET	75	77	78	88	8 706
628ex	BOUDET	74	81	81	96	8 693
628ex	AVRIL	71	82	86	93	8 693
629	HUE	47	55	73	79	8 689
630	DESHAYES	53	62	74	86	8 688
631	BROCHARD	51	62	74	86	8 669
632ex	MAITRE	66	74	79	93	8 656
632ex	BOUCHE	81	80	85	92	8 656
633	COHEN	20	54	80	86	8 649
634	CARRERE	48	65	83	83	8 635
635	GODIN	58	63	78	86	8 629
636	MORICE	47	60	62	84	8 628
637	SICARD	72	79	86	92	8 598
638	PIERRON	59	74	82	90	8 588
639ex	TISSOT	58	69	82	87	8 585
639ex	BOIVIN	60	65	82	89	8 585
640	BECK	46	66	72	90	8 570
641	LASSALLE	67	76	83	91	8 550

| Rang | Patronyme | Nb de départements d'implantation par période de 25 ans | | | | Naissances sur un siècle |
		1891 à 1915	1916 à 1940	1941 à 1965	1966 à 1990	
642	VANNIER	51	68	76	88	8 544
643	BOURGUIGNON	73	80	86	93	8 536
644	BAUDOIN	66	73	74	84	8 535
645	RIO	39	63	70	83	8 534
646	PORTE	80	82	83	93	8 533
647	GODET	58	67	79	83	8 530
648	PAIN	59	69	78	92	8 529
649	CHABERT	62	70	77	86	8 524
650	MAGNE	64	79	81	92	8 523
651	BELIN	72	85	87	93	8 502
652	MICHON	65	75	78	90	8 500
653	DELAPORTE	56	65	72	85	8 495
654	ARNOUX	73	77	91	97	8 489
655	PELISSIER	68	74	79	93	8 471
656	PIQUET	82	87	88	92	8 465
657	BERTON	69	78	84	90	8 442
658	LEPRETRE	35	52	60	80	8 436
659	BOISSON	71	79	82	89	8 432
660	GUITTON	52	63	70	83	8 423
661	BAILLEUL	29	44	63	75	8 407
662	FOUCAULT	58	56	70	83	8 380
663	MORENO	25	70	91	99	8 368
664	PARISOT	52	63	79	82	8 361
665	MONTEIL	63	79	84	97	8 341
666	LE BRAS	29	44	62	81	8 331
667	LECLERE	55	68	77	86	8 297
668	SALOMON	85	87	86	95	8 295
669	THUILLIER	58	68	77	82	8 283
670	PROUST	49	58	76	86	8 276
671	LE MEUR	30	48	61	83	8 275
672	GEORGE	65	80	86	89	8 272
673	PEPIN	75	82	90	92	8 267
674	RAYNAL	54	71	76	76	8 257
675	RAMBAUD	59	66	80	89	8 249
676	GUIRAUD	58	60	70	86	8 231
677	JACQUIN	60	68	80	90	8 224
678	GALLAND	75	72	77	87	8 209
679	RIVET	76	79	89	86	8 203
680ex	VIGIER	64	80	79	90	8 181
680ex	FROMENT	78	78	82	88	8 181
681ex	SIMONET	73	85	86	93	8 180
681ex	POUGET	67	75	81	92	8 180
682	BARRIERE	73	80	86	92	8 179
683	LAPEYRE	72	76	80	86	8 157
684	BOREL	76	78	81	93	8 150
685	THEVENIN	61	67	83	92	8 123
686	BAUD	59	70	77	86	8 114
687	ROLAND	82	86	87	91	8 107
688	MOINE	71	75	79	92	8 095
689	CARRIERE	77	78	85	85	8 088

Le nom Hitler n'existe plus en France. La seule personne qui le portait l'a changé en 1946 pour le nom de Monnot.

Curieux ? Les Gras (près de 14 000 en France) et les Gros (25 000 en France) se retrouvent surtout autour du Lyonnais et de la vallée du Rhône.

On peut aussi trouver en France des Vandale, des Voleur et des Menteur, noms pas toujours faciles à porter.

Les parties du corps se retrouvent en patronymes. On dénombre sur le siècle : 3 153 Bras, 1 169 Ventre, 330 Nez, 114 Cheveux, 112 Main, 90 Oreille, 76 Sexe, 50 Yeux, 38 Jambes, 9 Fesse, 3 Doigt et 1 Dents !

Rang	Patronyme	Nb de départements d'implantation par période de 25 ans				Naissances sur un siècle
		1891 à 1915	1916 à 1940	1941 à 1965	1966 à 1990	
690	MARAIS	50	64	75	84	8 084
691	SAULNIER	62	68	75	88	8 078
692	ASTIER	54	59	73	88	8 073
693	COUDERT	67	77	81	92	8 068
694	DIAZ	21	67	88	98	8 055
695	LOUVET	62	71	78	86	8 049
696	GUILBAUD	43	54	64	77	8 030
697	PINEL	63	71	78	86	8 028
698	PUECH	55	61	79	86	8 010
699	GONTHIER	65	66	70	94	8 006
700	GILLOT	59	72	80	92	7 989
701	TISSERAND	56	63	83	92	7 980
702	BOURGOIN	66	73	85	83	7 974
703	MAUGER	37	52	66	73	7 957
704	MUNIER	62	71	82	95	7 955
705	THEVENET	52	65	67	85	7 952
706	GOMES	17	57	67	97	7 945
707	COURTIN	55	61	69	82	7 935
708	PERRON	69	73	83	89	7 928
709	PAQUET	71	83	81	88	7 923
710	RENOU	44	50	70	80	7 895
711	BONTEMPS	73	81	81	80	7 893
712	BLANDIN	63	72	81	90	7 889
713	GAUBERT	70	79	84	90	7 882
714	CHARLOT	64	70	84	84	7 870
715	JAN	34	50	69	76	7 867
716ex	SENECHAL	42	59	65	81	7 861
716ex	RIBEIRO	4	52	63	97	7 855
717	PELLERIN	63	72	80	92	7 840
718	GEFFROY	37	47	72	74	7 938
719	CAILLET	72	74	86	94	7 835
720	BILLON	69	76	80	87	7 830
721	ROUGIER	63	67	82	85	7 821
722	DUBOURG	67	73	80	88	7 817
723	GABRIEL	85	91	91	92	7 806
724	RONDEAU	58	62	70	87	7 800
725	LEBAS	49	66	71	80	7 779
726	VILLENEUVE	74	79	82	90	7 778
727	GARREAU	52	59	74	85	7 776
728	FAYOLLE	56	72	71	89	7 772
729	VARIN	46	50	70	82	7 769
730ex	JAOUEN	23	45	63	79	7 767
730ex	DUPRAT	56	60	76	87	7 767
731	ALIX	71	70	83	88	7 762
732	BISSON	49	63	66	85	7 751
733	VERGER	73	75	82	87	7 738
734	MAYER	70	78	85	89	7 727
735	ROMAIN	82	80	85	96	7 722
736ex	CLAIN	25	27	40	80	7 714
736ex	BAUDOIN	69	76	84	93	7 714

Rang	Patronyme	Nb de départements d'implantation par période de 25 ans				Naissances sur un siècle
		1891 à 1915	1916 à 1940	1941 à 1965	1966 à 1990	
737	DEJEAN	54	74	77	91	7 705
738	DUCHEMIN	55	64	71	82	7 698
739	TISON	38	59	65	83	7 696
740	CHATEAU	76	77	83	91	7 686
741	CHOPIN	64	71	77	91	7 675
742	PICHARD	56	66	72	82	7 668
743	DUCHESNE	57	72	73	86	7 666
744	FERRIER	72	76	84	90	7 652
745	VERRIER	76	76	77	95	7 637
746	MARTEAU	64	69	76	88	7 636
747	HAMELIN	47	53	74	84	7 630
748	CHARLET	48	66	68	80	7 629
749	DIOT	63	71	77	90	7 624
750	DUBOS	52	62	69	87	7 599
751	BOISSEAU	56	63	76	83	7 593
752	CHABOT	74	78	83	92	7 591
753	LAPIERRE	81	83	86	95	7 587
754	FOURCADE	54	70	76	87	7 586
755	NICOLLE	56	67	73	88	7 580
756	BRIERE	46	63	66	82	7 576
757	SIMONIN	56	71	80	87	7 570
758	COSTES	54	65	77	87	7 560
759	DUPOUY	29	50	65	78	7 555
760	BRUNO	77	79	89	92	7 543
761	BABIN	49	63	74	87	7 531
762ex	BUREL	55	61	67	86	7 530
762ex	BERTHE	74	73	79	85	7 530
763	CHIRON	57	67	74	86	7 518
764	CAPELLE	58	65	75	86	7 498
765	AUVRAY	38	55	67	83	7 495
766	VIAUD	48	58	72	82	7 490
767	ALVES	4	51	62	95	7 487
768	LANDAIS	47	54	74	80	7 483
769	TEYSSIER	46	56	74	81	7 449
770	FERRARI	55	78	85	94	7 445
771	VERON	63	74	79	83	7 433
772	CHARRON	63	68	82	87	7 413
773	PAGE	77	78	79	95	7 406
774	REDON	76	83	81	91	7 402
775	BROUSSE	70	75	85	87	7 401
776	CLAVEL	65	72	76	85	7 384
777	TORRES	28	60	89	97	7 381
778	QUENTIN	55	69	76	81	7 376
779	GENIN	62	69	80	89	7 373
780	LE BRETON	39	56	68	82	7 349
781	MUNOZ	17	68	88	98	7 329
782	DEVOS	32	51	62	80	7 302
783	PORTIER	77	75	82	90	7 299
784	LARCHER	61	69	75	88	7 292
785	BRUYERE	62	62	73	81	7 291

Certains changement de noms sont aussi demandés pour des noms trop fréquents. Ainsi, en 1899, un nommé François obtient le droit de s'appeler François-Poncet pour... se distinguer de ses 58 000 homonymes !

Saviez-vous que deux personnes portant le nom de Zorro sont nées en France sur ce siècle ?

Depuis 1891, 233
Yaya, 242 Yeye et
92 Yoyo sont nés
en France.

On ne trouve de
Connard ni en
Poitou-Charente
ni en Auvergne-
Limousin ni en
Midi-Pyrénées.

| Rang | Patronyme | Nb de départements d'implantation par période de 25 ans | | | | Naissances sur un siècle |
		1891 à 1915	1916 à 1940	1941 à 1965	1966 à 1990	
786	BARDET	73	74	81	90	7 288
787	SOULIE	56	65	70	82	7 281
788	BRESSON	65	75	88	93	7 279
789	PRUDHOMME	67	73	84	91	7 268
790	CALVET	62	75	74	85	7 258
791	METAYER	49	54	76	80	7 237
792	ROBINET	64	71	76	88	7 231
793	VERGNE	67	71	79	83	7 222
794	MANCEAU	43	47	60	73	7 221
795	BASTIDE	58	70	74	85	7 206
796	JANVIER	66	80	76	85	7 205
797ex	VIGOUROUX	50	60	74	81	7 202
797ex	MICHELET	68	77	82	88	7 202
798	GROSS	39	68	72	81	7 197
799	CHEMIN	66	71	78	89	7 196
800	CONSTANTIN	82	85	84	92	7 190
801	SCHAEFFER	42	53	67	82	7 169
802	CAILLE	64	67	83	86	7 166
803	LARUE	72	70	79	92	7 164
804	TIXIER	65	72	81	89	7 151
805ex	MATHIS	48	62	70	85	7 147
805ex	CHERON	54	61	70	80	7 147
806	FUCHS	44	71	70	81	7 138
807ex	GOBERT	60	68	79	88	7 136
807ex	CHRISTOPHE	71	70	83	89	7 136
808	BOSSARD	38	50	67	73	7 135
809	BOUYER	48	64	74	81	7 134
810	PAILLARD	53	68	79	83	7 132
811	BOUR	38	54	74	80	7 131
812	JEANNIN	58	66	72	84	7 125
813	AUFFRET	31	52	59	78	7 111
814	GUILLOUX	50	64	71	86	7 095
815	HERAULT	53	60	74	84	7 091
816	CARIOU	26	42	66	80	7 087
817	NGUYEN	1	20	73	94	7 058
818	GIL	24	66	85	97	7 056
819	BOSC	58	71	81	82	7 053
820	MILLE	47	60	73	85	7 041
821	BAPTISTE	72	77	89	96	7 040
822	CORMIER	49	61	73	85	7 022
823	BARTHE	61	71	76	87	7 016
824	DELARUE	48	56	73	87	7 014
825	DELPECH	56	56	67	86	7 003
826	SIMONNET	62	70	78	87	6 995
827	LATOUR	84	83	89	96	6 991
828	GOURDON	63	71	73	83	6 985
829	OLLIER	69	78	75	88	6 978
830	DROUIN	56	58	75	83	6 973
831	LHOMME	57	70	80	86	6 971
832	COUTANT	50	57	69	85	6 969

Rang	Patronyme	Nb de départements d'implantation par période de 25 ans				Naissances sur un siècle
		1891 à 1915	1916 à 1940	1941 à 1965	1966 à 1990	
833	SOULARD	41	48	66	84	6 964
834	FRITSCH	37	47	65	72	6 955
835ex	CHOQUET	47	55	72	88	6 944
835ex	BEAUVAIS	58	72	72	84	6 944
836	LACAZE	49	73	73	84	6 938
837	LOISEL	35	52	68	78	6 933
838ex	DARRAS	38	56	67	81	6 920
838ex	BARDIN	72	78	81	90	6 920
839	CHAPELLE	70	79	85	88	6 909
840	MIQUEL	55	66	73	89	6 907
841	MENAGER	52	64	73	77	6 890
842	BESNIER	36	48	65	79	6 881
843	DELHAYE	25	56	69	82	6 866
844	CROUZET	57	63	68	78	6 850
845	SERRES	61	64	75	86	6 847
846	FAYE	59	70	80	86	6 835
847	MERLET	51	59	71	82	6 833
848	LAMARQUE	48	64	70	84	6 822
849	DUBUS	31	51	58	81	6 811
850	RENAUDIN	57	67	76	90	6 802
851	KOCH	37	60	69	84	6 801
852	GASNIER	46	49	60	79	6 785
853	LAPLACE	71	82	81	89	6 783
854	DURIEUX	56	63	77	84	6 782
855	GALLOIS	59	71	79	89	6 781
856	LOISON	55	68	76	80	6 764
857	JARDIN	62	71	75	77	6 754
858	GOSSET	41	60	73	79	6 753
859	GAULTHIER	54	59	71	83	6 741
860	HONORE	69	75	82	91	6 737
861ex	PETER	36	55	69	83	6 732
861ex	LAFFONT	53	65	76	84	6 732
862	JEGOU	37	50	66	72	6 716
863	MALET	69	81	83	91	6 715
864	BRAUN	46	66	70	80	6 712
865	LELOUP	53	65	73	80	6 709
866	CARTON	56	66	75	80	6 703
867ex	GOUPIL	44	56	68	82	6 696
867ex	BARRAUD	67	70	76	87	6 696
868	PICHOT	68	76	77	86	6 693
869	CELLIER	60	78	79	87	6 689
870	VIARD	63	69	83	88	6 688
871	DELCROIX	31	55	68	84	6 684
872	JANIN	60	70	75	86	6 683
873	OLIVE	70	69	82	85	6 666
874	VIALA	34	52	66	83	6 663
875ex	CHARDON	76	74	74	87	6 662
875ex	BILLET	64	74	69	84	6 662
876	GUYARD	60	68	78	80	6 656
877ex	LAVAUD	40	55	72	82	6 654

Blanc et Leblanc, Brun et Lebrun... C'est en général au nord de la France que l'on trouve les noms avec l'article associé, au sud les noms sans l'article.

Noms gourmands ? On recense en France, de 1891 à 1990, 197 naissances de Petitfour et 208 de Petitpain.

Depuis 1891, 866 Landru sont nés en France. Mais après le procès Landru de 1922, 13 personnes ont changé leur nom pour Rémy, Landry, Landret et Ledru.

Le saviez-vous : on compte 44 naissances d'Assassin sur un siècle... pour 489 naissances d'Innocent.

| Rang | Patronyme | Nb de départements d'implantation par période de 25 ans | | | | Naissances sur un siècle |
		1891 à 1915	1916 à 1940	1941 à 1965	1966 à 1990	
877ex	BOUILLON	76	79	81	93	6 654
878	LEPINE	70	74	85	90	6 648
879	CLAUDEL	40	49	63	75	6 646
880	FAUVEL	48	59	67	77	6 642
881	ROLLET	65	74	76	79	6 641
882	REBOUL	50	67	79	81	6 640
883	GENET	70	78	81	92	6 639
884	LAMOUR	52	66	74	87	6 637
885	COTTIN	68	71	80	85	6 625
886	ROUSSELLE	51	65	70	82	6 622
887	PHILLIPON	70	79	82	91	6 621
888ex	LEMERCIER	44	55	68	85	6 606
888ex	LANGLAIS	57	58	68	79	6 606
888ex	FEVRIER	70	83	88	88	6 606
889	MAGNIN	58	65	80	88	6 590
890	POIROT	36	51	69	84	6 587
891ex	LEGAY	46	66	71	83	6 586
891ex	DAUPHIN	81	77	84	87	6 586
892ex	COLLIGNON	48	66	72	88	6 576
892ex	BIDAULT	51	59	71	86	6 576
893	VILETTE	56	63	74	86	6 569
894	BEAU	77	75	79	91	6 568
895	HEMERY	48	63	73	84	6 557
896	PIOT	74	71	81	87	6 553
897	CAZENAVE	43	56	66	82	6 540
898	LAFOND	82	77	88	91	6 535
899	MORET	69	82	78	89	6 523
900	LANGLET	36	62	78	84	6 522
901	LECERF	38	57	66	79	6 521
902	BOULARD	60	71	78	87	6 519
903	DEVILERS	40	56	70	82	6 518
904	BELLET	65	74	77	85	6 507
905ex	ROUAULT	34	49	62	79	6 501
905ex	ROLLIN	73	78	87	89	6 501
906	MARCEL	84	86	86	95	6 484
907	DESBOIS	52	62	70	83	6 476
908	RAIMBAULT	38	48	65	75	6 473
909	GARCIN	50	59	66	74	6 460
910	BRISSET	57	68	77	88	6 457
911	DELCOURT	36	54	61	80	6 451
912	MAHIEU	36	49	57	77	6 429
913	BAILLET	60	66	73	85	6 426
914	CONTE	75	82	88	96	6 424
915	BONNOT	53	63	75	89	6 415
916	CUNY	51	65	74	85	6 403
917	PINTO	10	48	74	98	6 402
918	MAZET	66	72	79	84	6 401
919	CASANOVA	47	68	83	90	6 399
920	REMOND	64	70	78	82	6 396
921	DELAMARE	36	40	61	79	6 381

Rang	Patronyme	Nb de départements d'implantation par période de 25 ans				Naissances sur un siècle
		1891 à 1915	1916 à 1940	1941 à 1965	1966 à 1990	
922	LAHAYE	54	62	74	85	6 372
923	AUGE	70	75	87	90	6 369
924	DEMAY	62	75	73	82	6 366
925	VARLET	39	60	66	86	6 347
926	CLAVERIE	44	55	70	80	6 346
927ex	TOUTAIN	37	45	62	84	6 338
927ex	PERNOT	51	61	70	79	6 338
927ex	FREY	58	67	71	86	6 338
928ex	MICHAUX	52	65	74	86	6 337
928ex	GENTY	66	71	81	91	6 337
929	LANDRY	65	78	84	88	6 335
930	COLLARD	57	64	81	87	6 324
931	CAPRON	27	49	63	81	6 310
932	BELLEC	23	38	58	74	6 296
933	OUVARD	36	46	66	75	6 290
934	LALANDE	67	74	78	87	6 287
935	JAMES	62	68	84	87	6 278
936ex	PRUNIER	63	71	72	86	6 257
936ex	HILAIRE	70	76	86	90	6 257
937	HUARD	59	52	65	78	6 255
938ex	GAUCHER	64	70	77	87	6 250
938ex	CHARTON	58	58	76	85	6 250
939	PEYRE	59	72	72	85	6 246
940	GUERY	63	71	79	88	6 243
941	BACHELET	38	52	67	81	6 233
942	NEDELEC	27	45	61	73	6 232
943	DUBOST	52	64	76	78	6 224
944	LE BRUN	33	42	58	76	6 212
945	TROUVE	56	62	68	80	6 207
946	RODIER	62	78	80	91	6 199
947	MURAT	65	76	80	88	6 193
948	ACHARD	59	71	82	89	6 190
949	DURIEZ	22	48	61	79	6 174
950	DEVILLE	68	76	79	85	6 170
951	DEMANGE	45	58	73	80	6 164
952	PINSON	54	69	71	85	6 141
953	AMIOT	64	66	72	85	6 137
954	CONAN	30	46	64	77	6 136
955	LALLEMENT	47	52	74	78	6 133
956	LEHMANN	52	64	75	86	6 120
957	RAFFIN	61	71	80	86	6 115
958	BOURBON	75	85	86	90	6 108
959	ARNAL	53	61	71	80	6 107
960	BACH	55	73	76	87	6 099
961	BONNAUD	57	66	77	88	6 096
962ex	SORIN	40	46	51	69	6 092
962ex	LIENARD	38	61	71	84	6 092
963ex	SALLE	72	75	75	83	6 089
963ex	GEORGET	58	65	75	88	6 089
963ex	BERAUD	51	65	70	82	6 089

La Normandie est la région comptant le plus de «matronymes» : Anne, Catherine, Marie, Marion, Marguerie, Robine... y sont des noms de famille fréquents.

LES PRINCIPAUX NOMS NOUVEAUX EN FRANCE

Les trois tableaux qui suivent donnent, par période de 25 ans, les noms de famille nouveaux (c'est-à-dire n'existant pas au cours des 25 précédentes années) les plus nombreux (c'est-à-dire ayant donné en France le plus grand nombre de naissances au cours de la période étudiée).

Les trente patronymes de plus forte naissance parmi les noms nouveaux de 1916 - 1940, et leur origine			
WALCZAK	Polonaise	MARKARIAN	Arménienne
KOWALCZYK	Polonaise	MUSIAL	Polonaise
WOJCIK	Polonaise	DERDERIAN	Arménienne
KAZMIERCZAK	Polonaise	CIESLAK	Polonaise
PAPAZIAN	Arménienne	TOROSSIAN	Arménienne
SKRZYPCZAK	Polonaise	MATUSZAK	Polonaise
SARKISSIAN	Arménienne	GRZESKOWIAK	Polonaise
WLODARCZYK	Polonaise	CAPARROS	Espagnole
LUCZAK	Polonaise	KUCHARSKI	Polonaise
OLEJNICZAK	Polonaise	BLASZCZYK	Polonaise
KASPRZAK	Polonaise	VARTANIAN	Arménienne
MALECKI	Polonaise	JANIK	Polonaise
NOWACZYK	Polonaise	MAZUREK	Polonaise
MAJCHRZAK	Polonaise	PIRES	Portuguaise
SOBCZAK	Polonaise	AGOPIAN	Arménienne

Les trente patronymes de plus forte naissance parmi les noms nouveaux de 1941 - 1965, et leur origine			
ZEGHOUDI	Algérienne	BOUCETTA	Algérienne
MEZOUAR	Algérienne	MERAH	Algérienne
GASMI	Tunisienne	MAMERI	Algérienne
MOKEDDEM	Algérienne	DJELLOULI	Marocaine
LAIDOUNI	Tunisienne	FELLAH	Algérienne
BOUABDALLAH	Algérienne	HIMEUR	Algérienne
HAMANI	Algérienne	NOUAR	Algérienne
RAHMOUNI	Algérienne	BENDAOUD	Algérienne
BAHLOUL	Algérienne	OSMANI	Turque
HAKKAR	Algérienne	BELLIL	Tunisienne
ASSOUS	Marocaine	BENHAMMOU	Algérienne
HAMADOUCHE	Algérienne	CHIBANE	Algérienne
KEBLI	Algérienne	ZEGGAI	Algérienne
MOKRANE	Algérienne	MAMOU	Espagnole, Algérienne
NOUI	Algérienne	DRIF	Algérienne

Les trente patronymes de plus forte naissance parmi les noms nouveaux de 1966 - 1990, et leur origine			
NIAKATE	Guinée ou Soudan	BULUT	Turque
YILDIZ	Turque	DIAKHITE	Guinée ou Soudan
AYDIN	Turque	COSKUN	Turque
OZTURK	Turque	TIMERA	Turque
XIONG	Chinois	CAKIR	Turque
OZDEMIR	Turque	KOCAK	Turque
KILIC	Yougoslave	AKTAS	Turque
BARIDJI	Sénégal, Mali ou Tchad	HAIDARA	Marocaine
TCHA	Sénégal, Mali ou Ivoire	EL MANSOURI	Algérienne
ERDOGAN	Turque	MEITE	Sénégal, Mali ou Tchad
SOUKOUNA	Malienne	KORKMAZ	Turque
OZKAN	Turque	YALCIN	Turque
YA	Ivoirienne	GAKOU	Sénégal, Mali ou Tchad
AARAB	Marocaine	GUNES	Turque
EL AMRANI	Algérienne	AFKIR	Algérienne

Alsace

Evolution du nombre de patronymes en Alsace				
	1891-1915	1916-1940	1941-1965	1966-1990
Nb de patronymes	35 802	37 242	49 215	74 481
Dont nb de patronymes nouveaux :				
venus d'autre régions de France	-	9 974	18 834	26 662
venus de l'extérieur	-	9 470	7 583	12 378

90,8% des patronymes comptent moins de 50 naissances sur un siècle.
9,19% des patronymes comptent entre 50 et 9 999 naissances sur un siècle.
0,01% des patronymes comptent plus de 10 000 naissances sur un siècle.

Les 30 noms les plus portés en Alsace depuis 1891	Les 30 principaux noms d'Alsace disparus depuis 1915	Les 30 nouveaux noms les plus portés apparus en Alsace entre 1916 et 1940 et leur origine	
MEYER	FAHRENBACH	DE SOUSA	Portugal
MULLER	BLEESS	IMLOUL	Algérie
SCHMITT	VESER	BELHADJ	Maroc, Algérie
SCHNEIDER	HUTTENSCHMIDT	DEMIR	Yougoslavie, Turquie
KLEIN	STEPPAT	ARSLAN	Turquie
WEBER	FRITSCHLER	ABID	Tunisie
FISCHER	NEIDHARD	ROTOLO	Italie
WALTER	GASSENMEIER	REGENASS	Autre région française, Suisse
WEISS	VON DER MUH	HAMZA	Algérie
MARTIN	WOHLHUETER	KARA	Turquie, Algérie, Hongrie
JUNG	HOHREIN	BELLAHCENE	Algérie
WOLFF	SCHOFFTER	DRIDI	Algérie, Tunisie
ZIMMERMANN	SCHLANSTEDT	CARDOSO	Portugal, Espagne
WAGNER	HERFURT	MERIMECHE	Algérie
FRITSCH	BODIEN	BOUAFIA	Algérie
KELLER	WASSALI	PHAN	Vietnam
BAUER	GLEMSER	BEINZE	Allemagne
FUCHS	FRAENZLE	BOUCHAREB	Algérie
ROTH	GRAETER	BRAHIMI	Algérie, Tunisie
KIEFFER	LAFOS	AFONSO	Portugal
SIMON	FRATSCHER	AISSAOUI	Maroc, Tunisie
SCHAEFFER	KRUSCH	GANZITTI	Italie
SCHMIDT	WOBROCK	DI GIUSTO	Italie
LANG	HOPPERDIETZEL	PIRES	Portugal
HEITZ	LISSACK	HADDAD	Liban, Syrie, Soudan, Turquie, Tunisie
PETER	WUNDISCH	KILLHERR	Allemagne
WENDLING	BAUMSTIEGER	IDIRI	Italie
SCHWARTZ	BESENFELDER	PHAM	Vietnam
GROSS	BUEREL	MANSOURI	Algérie, Tunisie
FREY	LOHOFF	HAMDI	Algérie

Évolution du nombre de patronymes (en milliers) sur un siècle en Alsace

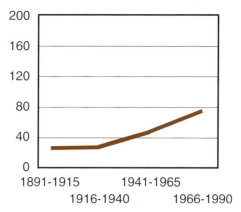

Le nombre de patronymes n'a cessé de progresser en France et notamment en Alsace depuis 1891. Bien intégrée au bassin rhénan et à l'Europe, elle est l'une des régions françaises les plus attractives pour les investisseurs.

L'augmentation du nombre de patronymes s'explique à la fois par l'immigration étrangère (L'Alsace regroupe 3, 1% de la population immigrée en France soit 7, 9% de la population totale de la région) et par l'immigration nationale.

Les 30 nouveaux noms les plus portés apparus en Alsace entre 1941 et 1965 et leur origine	
YILMAZ	Turquie
KAYA	Turquie
DOGAN	Turquie
MERAH	Algérie
YILDIRIM	Turquie
BAHLOUL	Egypte, Algérie
CHEKATT	Algérie
BELKAHLA	Algérie
BENSLIMANE	Algérie
ORGAWITZ	Russie, Yougoslavie
BOULGHOBRA	Algérie
CELIK	Turquie, Italie
TRAIKIA	Algérie
CARABETTA	Italie
ZOUACHE	Algérie
BELABED	Algérie
DAHBI	Maroc, Algérie, Tunisie
BOUDOUKHA	Algérie
BOUZANA	Algérie
CAGLAR	Turquie
REKIMA	Algérie
TERDJEMANE	Algérie
PARLATI	Italie
OUESLATI	Tunisie
YUCEL	Turquie
EL AMRI	Maroc
REMITA	Algérie
DE GRUTTOLA	Italie
REBANI	Algérie
TEKIN	Turquie

Les 30 nouveaux noms les plus portés apparus en Alsace entre 1966 et 1990 et leur origine	
YILDIZ	Turquie
AYDIN	Turquie
OZTURK	Turquie
ERDOGAN	Turquie
OZDEMIR	Turquie
KESKIN	Turquie
BULUT	Turquie
CINAR	Turquie
AKTAS	Turquie
BOUANAKA	Algérie
COSKUN	Turquie
OZKAN	Turquie
KILIC	Yougoslavie, Turquie
AKBAS	Turquie
ERDEM	Turquie
ILHAN	Maroc, Turquie
AKKAYA	Turquie
UGUR	Italie
VURAL	Turquie
AYDEMIR	Turquie
ALTUN	Turquie
AVCI	Turquie
DEMIRCAN	Turquie
AYDOGAN	Turquie
TELITEL	Algérie
GUNDUZ	Turquie
AARAB	Maroc, Tunisie
BOUREZMA	Maroc
KIROUANE	Algérie
BOULBAIR	Algérie

Aquitaine

Evolution du nombre de patronymes en Aquitaine				
	1891-1915	1916-1940	1941-1965	1966-1990
Nb de patronymes	70 640	86 474	99 664	115 300
Dont nb de patronymes nouveaux :				
venus d'autre régions de France	-	22 183	27 334	27 932
venus de l'extérieur	-	15 140	9 524	14 819

90,65% des patronymes comptent moins de 50 naissances sur un siècle.
6,14% des patronymes comptent entre 50 et 9 999 naissances sur un siècle.
0,01% des patronymes comptent plus de 10 000 naissances sur un siècle.

Les 30 noms les plus portés en Aquitaine depuis 1891	Les 26 principaux noms d'Aquitaine disparus depuis 1915	Les 30 nouveaux noms les plus portés apparus en Aquitaine entre 1916 et 1940 et leur origine	
MARTIN	CAUSQUET	DE SOUSA	Portugal
LABORDE	BOUPAS	CORREIA	Portugal
LALANNE	PRALLON	PIRES	Portugal
DUPUY	SERVIAU	ANTUNES	Portugal
FAURE	BORTHAGARAY	ZANETTE	Italie
LACOSTE	BARTHASSE	CARDOSO	Portugal, Espagne
DUPOUY	ETCHABE	AFONSO	Portugal
BERNARD	BIRACOURITS	LOURENCO	Portugal
LABAT	CARRERE-ANGASSIER	PASQUON	Italie
LASSERRE		BARBOSA	Portugal
GARCIA	SICHIL	DE JESUS	Portugal, Espagne
LAFON	FROUTE-FRANCE	VAQUERO	Espagne
ETCHEVERRY	ZOU	KACI	Algerie
LAFITTE	GASSIBERT	ARRUTI	Italie
PETIT	BOURGUINAT-SERBIDOU	POZZOBON	Italie
ROBERT		PIZZINATO	Italie
DUBOIS	USQUIMAU	BRESOLIN	Italie
MOREAU	MOUSIST TUYA	FAVARETTO	Italie
LAFARGUE	BOURBIEL	DA CRUZ	Portugal
DURAND	HILARD	CESCHIN	Italie
DUPRAT	BETAILLIOLE	FONSECA	Portugal
LAPORTE	AUREYREAU	ZAVAN	Italie
CAZENAVE	TAUZIETTE	SIMOES	Portugal
DUMAS	LAGUERRE-LANOU	SAN-JOSE	Espagne
MARTY	LOMBIA	MALDONADO	Espagne, Portugal
LAMARQUE	PEYPONDAT	CRIADO	Espagne
LAGARDE	TERRABERT	MODOLO	Espagne
CLAVERIE	SAINT-ROBERT	TOVO	Italie
BONNET	LABORDE-MAJOURAU	LANFROID-NAZAC	Autre région francaise
DUBOURG		MARCHIORO	Italie

Évolution du nombre de patronymes (en milliers) sur un siècle en Aquitaine

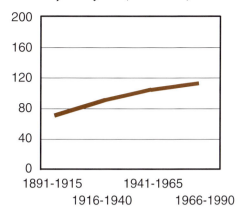

La croissance du nombre de patronymes en Aquitaine est continue et régulière, tout au long du siècle. L'accroissement démographique y est actuellement supérieur à la moyenne européenne. Cette augmentation s'explique à la fois par l'immigration étrangère et par l'immigration nationale. L'immigration étrangère en Aquitaine représente 5,5% de la population régionale et 3,7% de la population étrangère nationale.

Les 30 nouveaux noms les plus portés apparus en Aquitaine entre 1941 et 1965 et leur origine	
BENOUAHAB	Algérie
ZANDVLIET	Belgique
CHERCHARI	Algérie
OUATIZERGA	Algérie
NEZZAR	Turquie
NOUI	Algérie
CAPELEAUD	Italie
CHEDDAD	Maroc
PIARRESTEGUI	Autre région francaise
BAHLOUL	Egypte, Algérie
MEDDAHI	Algérie
KERZAZI	Algérie
AIDI	Tunisie
KAMELI	Algérie
AZZIZI	Algérie
RAHMOUNI	Algérie
UTRERAS	Espagne
SEKRANE	Algérie
VATSKIL	Russie
DALLE-PALLE	Italie
LOUALICHE	Algérie
MARIGHETTO	Italie
SAKKI	Maroc
YUGUERO	Espagne
YUSTEDE	Autre région francaise, Espagne
ECHEVERZ	Espagne
TOUZANI	Maroc
KHALFAOUI	Algérie
SEHIL	Tunisie
MEIRINHOS	Portugal

Les 30 nouveaux noms les plus portés apparus en Aquitaine entre 1966 et 1990 et leur origine	
TCHA	Sénégal,Mali,Côte-d'Ivoire
HARYOULI	Maroc
LAOUANI	Tunisie
OUZRAR	Maroc
BARARA	Maroc
BAKKALI	Maroc
FAOUZI	Tunisie, Maroc
JAHHAOUI	Maroc
ADKIR	Maroc, Algerie
OZTURK	Turquie
AZDAD	Maroc
BELKANICHI	Algérie
EL LEBBAR	Maroc
BOUAKKAOUI	Algérie
CARROLA	Portugal
ZBAT	Maroc
BOULTAM	Maroc
ABDENNOURI	Algérie
SLAYKI	Maroc
OUIDANE	Maroc
BELFERADJI	Algérie
MEBDAOUI	Maroc
YILDIZ	Turquie
D'ABBADIE D'ARRAST	Autre région francaise
EL KHOUAKHI	Maroc
CHALH	Maroc
CHAMROUNE	Maroc
COSKUN	Turquie
LASMAK	Maroc
LIMOURI	Maroc

Auvergne

Evolution du nombre de patronymes en Auvergne				
	1891-1915	1916-1940	1941-1965	1966-1990
Nb de patronymes	30 824	41 345	51 870	56 207
Dont nb de patronymes nouveaux :				
venus d'autre régions de France	-	14 552	18 953	16 061
venus de l'extérieur	-	7 763	4 022	5 311

91,39% des patronymes comptent moins de 50 naissances sur un siècle.
8,6% des patronymes comptent entre 50 et 4 999 naissances sur un siècle.
0,01% des patronymes comptent plus de 5 000 naissances sur un siècle.

Les 30 noms les plus portés en Auvergne depuis 1891	Les 29 principaux noms d'Auvergne disparus depuis 1915	Les 30 nouveaux noms les plus portés apparus en Auvergne entre 1916 et 1940 et leur origine	
MARTIN	MOMBRAUD	DE SOUSA	Portugal
FAURE	PREVIOUX	CARDOSO	Portugal, Espagne
ROCHE	COMBEUF	PIRES	Portugal
ROUX	LOLERY	DE FREITAS	Portugal
BOYER	FOURGEON	ANTUNES	Portugal
BRUN	PYROUX	AFONSO	Portugal
BERNARD	FRAMOND	LEITE	Portugal
BONNET	PAMOL	BARBOSA	Portugal
GIRAUD	BARTASSAT	CORREIA	Portugal
ROBERT	BIASTRE	SOUSA	Portugal
LAURENT	BAILHON DU	GUERREIRO	Portugal
DUMAS	GUERINET	FREITAS	Portugal
FOURNIER	OVON	NOVAIS	Portugal
VIDAL	PLACIS	HADJAB	Algérie
MICHEL	DELONCHAMBON	PEIXOTO	Portugal
BLANC	CHADEMAY	KOUACHI	Algérie
CHEVALIER	BAPTIFOLIER	DE ABREU	Portugal
BESSON	RIBIN	NEVES	Portugal
ARNAUD	BONNET-PEYTAUD	DE MACEDO	Portugal
THOMAS	RIBEAUDOT	DE MATOS	Portugal
BERTRAND	GEDEL	INACIO	Portugal
SERRE	SONNAILLY	LOURENCO	Portugal
CHAMBON	LAVRAUT	DE AMORIM	Portugal, Espagne
SABATIER	MOMBREAUD	DA-SILVA	Portugal
PETIT	LAYOTE	SAHRAOUI	Maroc, Algérie
MALLET	QUARANTEPEYRE	DE JESUS	Portugal, Espagne
VERDIER	DEBROND	VETTORETTI	Italie
GIRARD	BARTALEX	DA CRUZ	Portugal
JOUVE	CHASSAGNADES	AMARA	Algérie
VINCENT	TREMOUILLIER	CERQUEIRA	Portugal

Évolution du nombre de patronymes (en milliers) sur un siècle en Auvergne

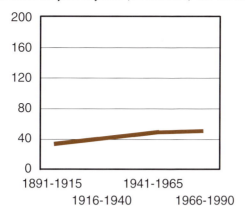

La croissance du nombre de patronymes en Auvergne est régulière tout au long du siècle, mais s'infléchit légèrement depuis les années 1960. Moins attractive que d'autres régions pour les populations migrantes, l'Auvergne offre en effet peu de possibilités d'emploi. Malgré ses atouts dans le domaine des nouvelles technologies et dans certains secteurs industriels, elle compte une faible immigration (4,6% de la population régionale, 1,4% de l'ensemble des immigrés en France).

Les 30 nouveaux noms les plus portés apparus en Auvergne entre 1941 et 1965 et leur origine	
KHAMALLAH	Maroc
YILMAZ	Turquie
BOUNECHADA	Algérie
KRARIA	Algérie
CELIK	Turquie, Italie
DOGAN	Turquie
BOUKHOBZA	Tunisie
EL AFGHANI	Maroc
ADJIMI	Tunisie
GUERMIT	Algérie
OUNOUGHI	Algérie
CHOUGUIAT	Grèce
BOUHADOUF	Algérie
SOUALEM	Palestine, Algérie
CHALLAL	Algérie
ABDAOUI	Algérie
ADDEO	Italie
SELIMI	Albanie
BOUTOUBA	Algérie
ALMEDINA	Espagne
YUKSEL	Turquie
FELLAH	Tunisie
AIBOUT	Tunisie
DJARI	Turquie
MELAB	Algérie
SEDJAR	Algérie
E SILVA	Portugal
CHORFI	Algérie
BOUIMA	Algérie
DJELLOUL-MAZOUZ	Algérie

Les 30 nouveaux noms les plus portés apparus en Auvergne entre 1966 et 1990 et leur origine	
KILIC	Yougoslavie, Turquie
OUAABI	Maroc
ANBAR	Italie
MARGOUM	Maroc
OZTURK	Turquie
AKREMI	Tunisie
EL HADAD	Maghreb, Proche-Orient
XIONG	Chine
YARAMIS	Turquie
LAMACHI	Maroc
YALCIN	Turquie
COSKUN	Turquie
KANFOUAH	Algérie
FARTARIA	Portugal
DALGIN	Turquie
OZKAN	Turquie
RORIZ	Portugal
BENYAKOUB	Tunisie
ESSEBBAH	Maroc
PINHEIRAL	Portugal
EL AMRANI	Algérie, Maroc
HMIMSA	Maroc
SOUAT	Tunisie
BOUISSANE	Maroc
CECEN	Turquie
DEMIRCI	Turquie
ACERA	Espagne
BALGHITI	Maroc
LAHJAR	Maroc
EL HADRATI	Maroc

Bourgogne

Evolution du nombre de patronymes en Bourgogne				
	1891-1915	1916-1940	1941-1965	1966-1990
Nb de patronymes	38 386	54 734	64 239	74 763
Dont nb de patronymes nouveaux :				
venus d'autre régions de France	-	19 377	21 413	21 023
venus de l'extérieur	-	11 463	6 055	8 056

92,8% des patronymes comptent moins de 50 naissances sur un siècle.
7,64% des patronymes comptent entre 50 et 999 naissances sur un siècle.
0,20% des patronymes comptent plus de 1 000 naissances sur un siècle.

Les 30 noms les plus portés en Bourgogne depuis 1891	Les 29 principaux noms de Bourgogne disparus depuis 1915	Les 30 nouveaux noms les plus portés apparus en Bourgogne entre 1916 et 1940 et leur origine	
MARTIN	ARNOUARD	DE SOUSA	Portugal
BERNARD	ROILLAT	BARBOSA	Portugal
PETIT	PERREIRE	ANTUNES	Portugal
MOREAU	PAUTENET	CORREIA	Portugal
GAUTHIER	VITTAU	PIRES	Portugal
THOMAS	VERNISIAU	AFONSO	Portugal
GARNIER	HENRET	CARDOSO	Portugal, Espagne
ROY	CHAFFAUJEAN	CAETANO	Portugal
MEUNIER	VARELLE	MANGIONE	Italie
DUBOIS	GUIGNAIRE	GUECHI	Italie
PERRIN	GIROTH	FREITAS	Portugal
DURAND	ENDRIOT	DE MATOS	Portugal
GIRARD	KRALOUVITCH	SOUSA	Portugal
VINCENT	DENESPLES	DA CRUZ	Portugal
RICHARD	DUTREMBLY	FRANCQUEMBERGUE	Autre région française
MICHEL	DEVILLECHEZE	DE FREITAS	Portugal
DUMONT	GARNIER-	BRISSEAULT	Autre région française
BONIN	GENEVOY	YANG	Chine
CLEMENT	SURBRICE	WOJCIK	Pologne
RENAUD	PERING	DE JESUS	Portugal, Espagne
LAURENT	LAUBREAU	DA-SILVA	Portugal
ROUSSEAU	DELANGRES	MORAES	Portugal
ROBERT	RATORE	DE MACEDO	Portugal
ROUX	BAUNEL	KOWALCZYK	Pologne
JOLY	NOIZELEZ	CERQUEIRA	Portugal
BAILLY	GEOFFRONT	SAHRAOUI	Maroc, Algérie
SIMON	RABIAND	DE PINHO	Portugal
MORIN	REPARE	LOIODICE	Italie
PROST	VORRIOT	FORASACCO	Italie
BOURGEOIS	DESORNIERES	DE ABREU	Portugal

Évolution du nombre de patronymes (en milliers) sur un siècle en Bourgogne

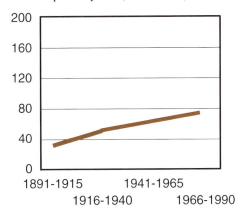

La courbe de croissance des patronymes en Bourgogne est à peu près constante et régulière, même si elle s'infléchit très légèrement à partir des années 1930. Sans doute faut-il voir là l'incidence de l'exode rural de l'Entre-Deux-Guerres vers des régions plus urbaines et plus industrialisées.

Avec une large gamme d'activités industrielles très diversifiées (plastique, agroalimentaire, transfert de technologies, nucléaire civil, transport, emballage, électronique, chimie-pharmacie...), la Bourgogne continue cependant d'attirer de nouvelles populations, donc de nouveaux patronymes. Les immigrés y représentent 5,5% de la population régionale et 2,1% de la population immigrée nationale.

Les 30 nouveaux noms les plus portés apparus en Bourgogne entre 1941 et 1965 et leur origine	
BEN NEJMA	Tunisie
BENDAHMANE	Algérie
MOKRANE	Algérie
GHORZI	Algérie
ZENASNI	Maroc
BENHADDA	Algérie
EL IDRISSI	Maroc
BENKAHLA	Algérie
TOUAM	Algérie
AMAR-BENSABER	Algérie
YILMAZ	Turquie
DAHECH	Tunisie
SAHTOUT	Tunisie
BELGHAZI	Maroc
PALOPOLI	Italie
MEGUENNI-TANI	Tunisie
CHIAOUI	Algérie
MANSAR	Tunisie
BEKHALED	Algérie
DIOUANI	Algérie
EL ASRI	Maroc
YILDIRIM	Turquie
HAJJI	Maroc
MAUCELI	Maroc, Tunisie
SERRADJ	Algérie
KNIBBE	Hollande
KHELFI	Maroc, Algérie
DOUGHA	Algérie
HOGGAS	Algérie
DAFRI	Algérie

Les 30 nouveaux noms les plus portés apparus en Bourgogne entre 1966 et 1990 et leur origine	
AHIL	Maroc
YILDIZ	Turquie
OUCHEM	Algérie
XIONG	Chine
CHTITI	Tunisie
NAGAZ	Tunisie
BERGUIGA	Algérie
KORKMAZ	Turquie
AYDIN	Turquie
GUILOUCHI	Algérie
EL BAKKOURI	Maroc
DE RAGO	Portugal
OZTURK	Turquie
AMAR BENSABER	Algérie
DRISSI EL BOUZAIDI	Maroc
MOKHTAR-SEDDIK	Algérie
EL ABBOUNI	Maroc
GAOUGAOU	Maroc
BEN REGUIGA	Tunisie
ZENDJABIL	Algérie
AZEHANA	Maroc
EL BAKKOUCHI	Maroc
BEN SDIRA	Algérie
COSKUN	Turquie
ERGUN	Turquie
GHALIFA	Maroc
BEN SEDIRA	Algérie
KHAIDOURI	Maroc
HAFDA	Maroc
USLU	Turquie

Bretagne

Evolution du nombre de patronymes en Bretagne				
	1891-1915	1916-1940	1941-1965	1966-1990
Nb de patronymes	41 933	47 997	55 358	73 317
Dont nb de patronymes nouveaux :				
venus d'autre régions de France	-	13 133	15 962	24 998
venus de l'extérieur	-	6 762	4 184	6 167

86,8% des patronymes comptent moins de 50 naissances sur un siècle.
13,01% des patronymes comptent entre 50 et 9 999 naissances sur un siècle.
0,01% des patronymes comptent plus de 10 000 naissances sur un siècle.

Les 30 noms les plus portés en Bretagne depuis 1891	Les 30 principaux noms de Bretagne disparus depuis 1915	Les 30 nouveaux noms les plus portés apparus en Bretagne entre 1916 et 1940 et leur origine	
LE GALL	GOBIAN	AMAUCE	Autre région française
LE GOFF	BUHANIC	LE QUITTE	Autre région française
LE ROUX	SILZIGUEN	MORCELL	Autre région française
THOMAS	ALONDER	L'ANTHOEN	Autre région française
MARTIN	FRONTEAUX	GOIBIER	Autre région française
TANGUY	PHILLIQUE	SIQUER	Autre région française
SIMON	BUGLAIS	HERVE DU PENHOAT	Autre région française
MORVAN	KERBEUF	LEC'HVIEN	Autre région française
GUILLOU	LE BULZE	VANZATO	Italie
HAMON	KERAND	DE SOUSA	Portugal
HERVE	JANOTIN	DE PARSCAU DU PLESSIX	Autre région française
NICOLAS	LE MILINER	DE KERPEZDRON	Autre région française
LUCAS	HAIEDURAND	BROSOLO	Italie
DANIEL	CORONNER	DESANCE	Autre région française
PRIGENT	LE YEURC'H	LE COURRIC	Autre région française
OLLIVIER	JAMB	LELOUETTE	Autre région française
LE CORRE	DERISIE	BARBOSA	Portugal
BERNARD	L'HERIENAT	GRANDMENIL	Autre région française
RIOU	DEPAIS	LE TARTONNEC	Autre région française
GUEGUEN	BERTAIS	LE THELLEC	Autre région française
GAUTIER	LE FURE	LE MENNEC	Autre région française
ROLLAND	LOZARCH	DEQUI	Autre région française
MAHE	NEONARD	GROMELLON	Autre région française
SALAUN	BRICHOLY	GOUISSEM	Autre région française
ROBERT	NARMET	GAMBARETTI	Italie
BRIAND	LE PIVOLOT	LE FAIX	Autre région française
PERON	LE PARCAULT	CHISLOUP	France
RICHARD	CARRUHEL	KRAINSKI	Pologne
LE GUEN	PULUART	DOUAREC	Autre région française
LE BIHAN	LE SYLVESTRE	CHISTREL	Autre région française

Évolution du nombre de patronymes (en milliers) sur un siècle en Bretagne

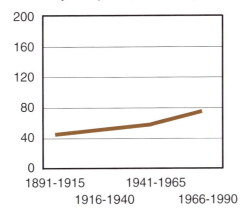

La courbe de croissance du nombre des patronymes présents en Bretagne progresse de 1891 à 1990, avec cependant une accélération dans les années soixante. La région occupe la première place nationale en matière de production animale avec un secteur de la pêche qui reste important, mais elle a su développer aussi les secteurs automobile et des télécommunications.

Grâce à son dynamisme et pour la qualité de vie qu'elle présente, elle est devenue le grand pôle d'attraction de l'Ouest, surtout pour des populations issues d'autres régions de France. La population immigrée n'y représente que 1,2% de la population régionale totale, soit 0,8% de la population immigrée nationale.

Les 30 nouveaux noms les plus portés apparus en Bretagne entre 1941 et 1965 et leur origine	
GUIAVARC'H	Autre région française
BERRAHO	Algérie
CHAOUCHI	Algérie
EL IDRISSI	Maroc
YILMAZ	Turquie
LE CUYER	Autre région française
LE DROGUEN	Autre région française
DE PARTOUT	Autre région française
MURLA	Espagne
BENBERGHOUT	Algérie
L'HENAF	Autre région française
AZUAGA	Espagne
LE BELTEL	Autre région française
ORTIZ-MARTINEZ	Espagne
KERBOURC'H	Autre région française
LE GAVE	Autre région française
AMMARDJI	Algérie
BENJELLOUN	Maroc
INAREJOS	Espagne
RASELOUED	Algérie
TUSACCIN	Autre région française
DE LAGRANDRIE	Autre région française
JANDEKA	Russie
BOUHOUIA	Algérie
DELAMAIRE DE NOUAL DE LA BILLIAIS	France
MUNOZ-BARRANCO	Espagne
BOETTEZ	Autre région française
DERDOUKH	Algérie
JAZDZYK	Pologne
OTMANE	Turquie

Les 30 nouveaux noms les plus portés apparus en Bretagne entre 1966 et 1990 et leur origine	
TCHA	Sénégal, Mali, Côte-d'Ivoire
SEGHROUCHNI	Maroc
GUNES	Turquie
EL FAKIR	Turquie
KOCAK	Turquie
L'ECHELARD	Autre région française
LAABID	Maroc
BENCHRIF	Maroc
SEDDOUK	Maroc
BOUYAZRA	Algérie
MEKNOUN	Maroc
REAP	Cambodge
RHIDANE	Maroc
EL HAOUDI	Maroc
IBNYASSIN	Maroc
BLIOU	Maroc
AZLAG	Maroc
BOUMIZY	Maroc
ERDOGAN	Turquie
EL KARIMI	Maroc
HAMILI	Maroc
HAFFAD	Maroc
TOPCU	Turquie
KARACA	Turquie
EL BOUAZZATI	Maroc
K'OUAS	Autre région française
AAZI	Maroc
BELOUASSAA	Maghreb
BENGU	Algérie
HBILA	Tunisie

Centre

Evolution du nombre de patronymes dans le Centre				
	1891-1915	1916-1940	1941-1965	1966-1990
Nb de patronymes	44 333	60 139	78 901	95 979
Dont nb de patronymes nouveaux :				
venus d'autre régions de France	-	21 900	27 420	29 486
venus de l'extérieur	-	12 056	7 680	12 954

92,49% des patronymes comptent moins de 50 naissances sur un siècle.
8,13% des patronymes comptent entre 50 et 4 999 naissances sur un siècle.
0,01% des patronymes comptent plus de 5 000 naissances sur un siècle.

Les 30 noms les plus portés dans le Centre depuis 1891	Les 27 principaux noms du Centre disparus depuis 1915	Les 30 nouveaux noms les plus portés apparus dans le Centre entre 1916 et 1940 et leur origine	
MOREAU	NOHANT	DE SOUSA	Portugal
MARTIN	CAVAUDEAU	BARBOSA	Portugal
ROUSSEAU	PARRATRE	PIRES	Portugal
DUBOIS	PROPOSITO	CORREIA	Portugal
DURAND	FLEURDESPOIS	YANG	Chine
GIRARD	JOUESNY	CARDOSO	Portugal, Espagne
PETIT	FALIBERON	AFONSO	Portugal
RICHARD	JAFFEN	DOS REIS	Portugal
GAUTHIER	COUILBEAU	DA CRUZ	Portugal
ROBIN	DUPIQUE	LOURENCO	Portugal
THOMAS	DU PONTAVICE-DE VAUGARNY	SIMOES	Portugal
MEUNIER		ANTUNES	Portugal
GUERIN	VALESME	DE JESUS	Portugal, Espagne
LEROY	DORDOY	MEDJAHED	Algérie
MORIN	DE MERI DE LA CANORGUE	ARAUJO	Portugal
BRUNET		LEITE	Portugal
MERCIER	PEANS	DE FREITAS	Portugal
ROBERT	TACHIAU	NEVES	Portugal
SIMON	DARGY	FONSECA	Portugal
GARNIER	RAJASSE	DE MATOS	Portugal
DAVID	VILBENOIS	ABDELLAOUI	Algérie
ROGER	MIAUDOT	DA-SILVA	Portugal
RENARD	THUANNE	LE-GOFF	Autre région française
MARCHAND	PAINGUY	DE AZEVEDO	Portugal
LECOMTE	REVRIER	GEORGIADIS	Turquie, Grèce, Bulgarie
GIRAULT	BELLIER DE LA CHAUVELAIS	FREITAS	Portugal
BLANCHARD		SOUSA	Portugal
BERNARD	CESNEE	PEIXOTO	Portugal
BESNARD	BATHIL	MOUA	Vietnam
MILLET	MEMONT	FERDOILE	Autre région française

Évolution du nombre de patronymes (en milliers) sur un siècle dans le Centre

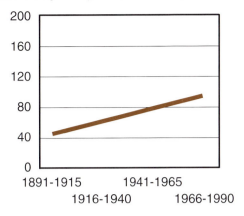

Le nombre des patronymes progresse très régulièrement en région Centre depuis 1891.

Agricole et touristique, cette région est aussi la cinquième région industrielle française. Elle offre de nombreuses possibilités d'emploi et une excellente qualité de vie. Elle attire donc les populations tant nationales qu'étrangères (soit 5% de la population totale de la région ou 2,9% de l'ensemble de la population immigrée en France).

Les 30 nouveaux noms les plus portés apparus dans le Centre entre 1941 et 1965 et leur origine	
BOUCETTA	Algérie
MAMOUNI	Algérie
KAYA	Turquie
BECHIKH	Algérie
YILMAZ	Turquie
CELIK	Turquie, Italie
EL MESSAOUDI	Maroc, Algérie
COUSSANTIER	Autre région française
BEHILLIL	Tunisie
TALATA	Algérie
REBIHA	Tunisie
TAHIRI	Maroc
EL IDRISSI	Maroc
BENBEDRA	Algérie
TADRIST	Algérie
ZIHOUNE	Algérie
BENAMA	Algérie
MOKDAR	Algérie
BENHARRAT	Algérie
DJELLEL	Algérie
MOHAMMAD	Pakistan
HASSOUNI	Maroc
YILDIRIM	Turquie
EL OUALI	Maroc
AZOUGAGH	Algérie
RAMANANARIVO	Madagascar
SISSOKO	Sénégal, Mali, Tchad
GHORZI	Algérie
ENNEBATI	Algérie
YAZID	Turquie

Les 30 nouveaux noms les plus portés apparus dans le Centre entre 1966 et 1990 et leur origine	
XIONG	Chine
TCHA	Sénégal, Mali, Côte-d'Ivoire
EL MOURABIT	Maroc
YILDIZ	Turquie
OZDEMIR	Turquie
EL AMRANI	Algérie, Maroc
EL MOUSSAOUI	Maroc
ZENAINI	Algérie
HAMOU-MAMAR	Algérie
EL HADDOUCHI	Algérie
KILIC	Yougoslavie, Turquie
BENZITOUNE	Algérie
RHANEM	Maroc
EL ALAMI	Maroc
EL BAKRI	Maroc
GADIO	Sénégal, Mauritanie
AKTAS	Turquie
BAJJOU	Maroc
YA	Côte-d'Ivoire
HOUNNIT	Maroc
AFKIR	Maroc
CAKIR	Turquie
ER	Turquie
LOUGLAYAL	Maroc
VANG SOUA	Vietnam
AACHBOUN	Maroc
DEHMEJ	Maroc
BAHNES	Algérie
OZPINAR	Turquie
NAJIB	Maroc

Champagne-Ardenne

Evolution du nombre de patronymes en Champagne-Ardenne				
	1891-1915	1916-1940	1941-1965	1966-1990
Nb de patronymes	37 622	55 670	61 373	69 874
Dont nb de patronymes nouveaux :				
venus d'autre régions de France	-	19 705	18 422	18 497
venus de l'extérieur	-	11 500	5 745	7 292

92,12% des patronymes comptent moins de 50 naissances sur un siècle.
7,71% des patronymes comptent entre 50 et 999 naissances sur un siècle.
0,018% des patronymes comptent plus de 1 000 naissances sur un siècle.

Les 30 noms les plus portés en Champagne-Ardenne depuis 1891	Les 30 principaux noms de Champagne-Ardenne disparus depuis 1915	Les 30 nouveaux noms les plus portés apparus en Champagne-Ardenne entre 1916 et 1940 et leur origine	
MARTIN	BRASPENNING	PIRES	Portugal
PETIT	SOMSOU	DE SOUSA	Portugal
SIMON	VOELLE	CORREIA	Portugal
LAMBERT	PANNEAUX	FILALI	Maroc
LEFEVRE	VARINET	BARBOSA	Portugal
GERARD	MARCONNEAU	PENAGOS	Espagne
HENRY	WUALLET	YAHIAOUI	Algérie, Tunisie
LAURENT	COCHINART	CARDOSO	Portugal, Espagne
THOMAS	DUGENOUX	ALLAG	Tunisie
FRANÇOIS	VELPRIX	MOUSSAOUI	Algérie, Tunisie
MICHEL	GUDENBOUR	VEGAS	Espagne
GUILLAUME	SPARMONT	DA CRUZ	Portugal
ROBERT	COLTEAUX	CHOONBAERT	Allemagne
ROYER	DEGOIES	BERKANE	Maroc
MATHIEU	REMBOUILLET	FATMI	Algérie
BERNARD	ALFTER	BENYAHIA	Algérie
BERTRAND	LELIEGEOIS	BOUZIDI	Algérie
RICHARD	PARFAIX	KADRI	Tunisie
REMY	THEIZE	HASSANI	Syrie,Maghreb
NOEL	COUZUT	BENEDDINE	Algérie
DUBOIS	LORENDET	MEDDOUR	Algérie
COLLIN	WOISON	ANKI	Turquie
DUPONT	MAUPOT	WALCZAK	Pologne
LEROY	DAPPORTO	CIESLAK	Pologne
MARCHAND	SARREZ	DE JESUS	Portugal, Espagne
MASSON	GAICHALS	ZAIDI	Algérie
CLEMENT	MALGRAY	WOJCIK	Pologne
GARNIER	SAVOSKY	REMACLY	Belgique
GUYOT	SPELSHAUSEN	VOLHUER	Belgique
MOREAU	FIOLAS	JANIK	Pologne

Évolution du nombre de patronymes (en milliers) sur un siècle en Champagne-Ardenne

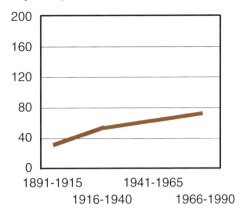

La courbe de croissance des patronymes s'infléchit en Champagne-Ardenne après la Première Guerre mondiale. Le tribut payé par cette région à la Grande Guerre avait été si lourd que, malgré la reconstruction, la région attirait moins que d'autres. Par ailleurs, son tissu industriel, traditionnellement marqué par la bonneterie et la métallurgie, était en perte de vitesse. Quant à l'agriculture champenoise, très productive, elle emploie de moins en moins. Tout cet ensemble peut expliquer une progression ralentie du nombre de patronymes. Les populations immigrées représentent 5,4% de la population de Champagne- Ardennes, soit 1,7% du total des immigrés en France.

Les 30 nouveaux noms les plus portés apparus en Champagne-Ardenne entre 1941 et 1965 et leur origine	
BOULACHEB	Algérie
IFOURAH	Algérie
CURFS	Hollande
DIFALLAH	Algérie
MAMERI	Algérie
HIMEUR	Algérie
AIT BRAHAM	Algérie
RAHMOUNI	Algérie
MEDJKOUNE	Algérie
BENSLIMANE	Algérie
YILMAZ	Turquie
ARSLANE	Algérie, Turquie
ASLOUNE	Algérie
KEMICHE	Algérie
ZEGHDANE	Algérie
MIHOUB	Tunisie
CHIBANE	Algérie
DIABY	Mali, Sénégal, Guinée
GHORZI	Algérie
CHAOUCHI	Algérie
TAHANOUTI	Algérie
MAIZI	Espagne
BEDJA	Algérie
KHOUCHANE	Algérie
DJEMADI	Algérie
HELIMI	Tunisie
BAHOUALA	Algérie
SAKHO	Mali, Guinée
ABIDI	Maroc, Algérie, Tunisie
IDRI	Maroc

Les 30 nouveaux noms les plus portés apparus en Champagne-Ardenne entre 1966 et 1990 et leur origine	
XIONG	Chine
YILDIZ	Turquie
ACER	Maroc
BENKOUSSA	Algérie
AZNAG	Maroc
DJANTI	Algérie
FRAOUCENE	Algérie
HABBOUT	Maroc
DAAJI	Tunisie
ZEAMARI	Maroc
OZTURK	Turquie
AYDIN	Turquie
CETINKAYA	Turquie
RAHILE	Maroc
TIGHA	Maroc
EL HAOUTI	Maroc
GHAMRAOUI	Maroc
DJOUAL	Algérie
NEBHI	Algérie
CAMPINHO	Portugal
KILIC	Yougoslavie, Turquie
CHEGROUCHE	Algérie
KOPARAN	Turquie
IBOUZIDENE	Algérie
JORF	Maroc
CIP	Turquie
BENREZZAK	Algérie
BOUHAICHA	Algérie
ERDOGAN	Turquie
EL ATTAR	Turquie

Corse

Evolution du nombre de patronymes en Corse				
	1891-1915	1916-1940	1941-1965	1966-1990
Nb de patronymes	7 824	8 484	10 414	17 196
Dont nb de patronymes nouveaux :				
venus d'autre régions de France	-	2 620	4 317	7 778
venus de l'extérieur	-	1 949	1 426	2 791

94,39% des patronymes comptent moins de 50 naissances sur un siècle.
2,78% des patronymes comptent entre 50 et 999 naissances sur un siècle.
0,15% des patronymes comptent plus de 1 000 naissances sur un siècle.

Les 30 noms les plus portés en Corse depuis 1891	Les 29 principaux noms de Corse disparus depuis 1915	Les 30 nouveaux noms les plus portés apparus en Corse entre 1916 et 1940 et leur origine	
CASANOVA	PROFIZY	AVENOSO	Espagne
ALBERTINI	FIVELLI	BACCARELLI	Autre région française, Italie
LUCIANI	GIAMBRUNI	BATTILONI	Autre région française
MATTEI	SOMAGLIA	DEMASI	Italie
ROSSI	SAGRETTI	GIOVINAZZO	Italie
PIETRI	DOGANI	BRIGATO	Italie
BARTOLI	BARAGLIORI	FURFARO	Italie
POLI	BORGOMANI	CAPRETTI	Italie
SANTONI	TRIGANTI	SORBARA	Italie
PAOLI	CASALUNGA	GRANINI	Italie
NICOLAI	NEGRINELLI	DEROSAS	Italie
MARIANI	BIOVARDI	MULTARI	Italie
LECA	CIATTINI	CAVATA	Corse
FILIPPI	FRIMIGACCI-STEPHANOPOLI	FEIBELMAN	Allemagne
AGOSTINI		BRONZINI DE CARAFFA	Italie
ANDREANI	RAFFONI	ORNEC	Autre région française
MONDOLONI	VELOSI	SCHINTO	Autre région française, Italie
ORSINI	TAGLIAYOLI	PRONESTI	Italie
COLOMBANI	CIANFARELLI	INZAINA	Italie
GIUDICELLI	DELLIPERI	ZERENI	Italie
SUSINI	MEZZAVIA	BENEFORTI	Italie
CESARI	NUSI	PASTACALDI	Italie
GRAZIANI	PISINETTI	FRANCONERI	Italie
COLONNA	SPEZZINO	FRORES	Portugal
POGGI	MAGGIORETTI	ISONI	Italie
ALFONSI	GUISEPPONI	LOCANDRO	Italie
GRIMALDI	PUCINI	LIZZERI	Italie
COSTA	ALBERIGI	MEDDA	Italie
FRANCESCHI	BOLENCINI	BROZZU	Italie
PERETTI	BUCOGNANI	TERAMO	Italie

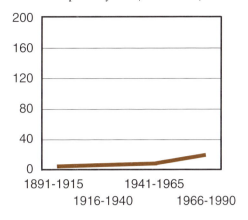

Évolution du nombre de patronymes (en milliers) sur un siècle en Corse

A la fin du XIXème et au début du XXème siècle, la crise économique a encouragé l'émigration de la population corse vers la métropole et les territoires d'outremer. A partir des années cinquante, les premiers plans de mise en valeur de la Corse incitent la population à développer l'île (essor touristique, industriel, agricole). Même si le nombre de patronymes présents dans l'île a plus que doublé, il reste très inférieur en variété à ce que l'on retrouve dans la plupart des régions de France. La population immigrée représente aujourd'hui 10,5% de la population de l'île, soit 0,6% de la population immigrée totale en France.

Les 30 nouveaux noms les plus portés apparus en Corse entre 1941 et 1965 et leur origine	
OUESLATI	Tunisie
LEGATO	Italie
SERRERI	Autre région française
KRIMI	Tunisie
ORNECK	Autre région française
MANNIA	Italie
CHIORBOLI	Italie
ZENASNI	Maroc
KLAI	Tunisie
ARFAOUI	Tunisie
PICCIOCCHI	Espagne, Italie
DE BARTOLO	Italie
SEDIRI	Tunisie
TAHIRI	Maroc
EL OUESLATI	Tunisie
SPAKOW	Europe de l'Est
LUNGARELLA	Italie
PEDRANGHELU	Italie
ABIDI	Maroc, Algérie, Tunisie
GUDDELMONI	Autre région française
CULEDDU	Autre région française
POLIGANI	Italie
APARINE	Russie
POLIFERIO	Italie
OPPECINI	Italie
KAHLAOUI	Maroc
MEJRI	Tunisie, Arabie Saoudite, Lybie
IENCO	Italie
SATGIA	Grèce
GERARDESCHI	Italie

Les 30 nouveaux noms les plus portés apparus en Corse entre 1966 et 1990 et leur origine	
OUERGHI	Tunisie
AKALAI	Algérie
SAFFOUR	Maroc
KHAZRI	Algérie
ZEBIR	Maghreb
OUKHAI	Tunisie
BALIL	Maroc
KEHEL	Maroc
EL MAHI	Algérie
EL YAAGOUBI	Turquie
EL ALLALI	Maroc
AMIMI	Maroc
EL KHALFIOUI	Maroc
AZAHAF	Maroc
BARHOUMI	Tunisie
MOUMOU	Maroc
FEZAI	Tunisie
CHARKI	Maroc
SOUFARI	Algérie
GORENDIAWE	Non trouvée
BABZINE	Maghreb
KANNI	Mascareignes
OUAKKAT	Maroc
FAOUZI	Tunisie, Maroc
ETTALHAOUI	Maroc
KALLOUCH	Maroc
YACHOU	Maroc
GHOUILI	Tunisie
HAIDA	Maroc
ESSEBI	Tunisie

D.O.M.

Evolution du nombre de patronymes en D.O.M.

	1891-1915	1916-1940	1941-1965	1966-1990
Nb de patronymes	42 722	47 088	49 226	63 150
Dont nb de patronymes nouveaux :				
venus d'autre régions de France	-	4 338	5 047	14 568
venus de l'extérieur	-	5 419	5 102	16 594

79,38% des patronymes comptent moins de 50 naissances sur un siècle.
20,59% des patronymes comptent entre 50 et 9 999 naissances sur un siècle.
0,02% des patronymes comptent plus de 10 000 naissances sur un siècle.

Les 30 noms les plus portés en D.O.M. depuis 1891	Les 29 principaux noms de D.O.M. disparus depuis 1915	Les 30 nouveaux noms les plus portés apparus en D.O.M. entre 1916 et 1940 et leur origine	
PAYET	NOMASIE	K-BIDI	Mascareignes
GRONDIN	OPIFEX	BADAT	Inde
HOARAU	KAGNEL	MOULLAN	Mascareignes
FONTAINE	PACIFIX	KAYAMARE	Amérique du Sud
BOYER	MASCARILLE	COLTER	Mascareignes
HOAREAU	CAETAN	GARRIBA	Antilles
ROBERT	MIRANDOR	SIALA-CHAMBA	Mascareignes
RIVIERE	THESSIS	MINIAMA	Mascareignes
MAILLOT	COUAMA	ISSA	Liban, Syrie, Sénégal
DIJOUX	NUPELE	KADMI	Tunisie
TECHER	BOLIEU	M'RADAMY	Madagascar
LEBON	NARDAL	MANGATA-RAMSAMY	Madagascar
LAURET	PERALINE	TIAN-VAN-KAI	Vietnam
BEGUE	DORBA	VA	Laos
CLAIN	VAULBERT DE	CIREDERF	Antilles
TURPIN	CHANTILLY	BETZY	Grece
BENARD	RACHAMBE	ANGOL	Antilles
CADET	SPIRN	SAITI	Maroc, Espagne
GONTHIER	FAUBLAS	ABODI	Inde
SAUTRON	PIPIROLE	CHLOE	Antilles
DAMOUR	SANSNOM	MAHADZERE	Madagascar
THOMAS	CLOZEAT	SIVA	Inde
ETHEVE	PLETHON	TIZOMBA	Mascareignes, Inde
JOSEPH	RANGUESSAMY	CATINEVEL	Mascareignes
MOREL	ADRAMELECK	PERMALNAIQUIN	Mascareignes
MUSSARD	AMALLE	BABOU-CARIMBACASSE	Inde
PICARD	FAULANT	XAVIR	Antilles
NATIVEL	GELATE	CHANDI	Antilles
DALLEAU	FRAGILUS	NARAYANIN RAMAYE	Madagascar
JEAN-BAPTISTE	DE GROUT	BOQUI-QUENI	Inde

Évolution du nombre de patronymes (en milliers) sur un siècle en D.O.M

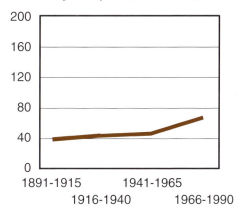

La courbe du nombre de patronymes ne cesse de croître, surtout depuis 1966, dans les D.O.M. (Guadeloupe, Martinique, Réunion, Guyane). Cette progression s'explique notamment par l'arrivée de populations européennes, chinoises, hindoues et africaines dans les îles ainsi que par celle de populations sud américaines (surtout brésiliennes) en Guyane.

Les 30 nouveaux noms les plus portés apparus en D.O.M. entre 1941 et 1965 et leur origine	
TIOUKA	Surinam
D'EXPORT	Mascareignes
BEHARY-LAUL-SIRDER	Amérique du Sud
JUBITANA	Amérique du Sud
KILINAN	Amérique du Sud
AMAYOTA	Amérique du Sud
BEGARIN-RODIERE	Antilles
HOUNG-CHUI-KIEN	Chine
NORINO	Brésil
GALIMA	Amérique du Sud
NAISSO	Amérique du Sud
KOUYOURI	Amérique du Sud
TAVEA	Mascareignes
SINAMA-VALLIAMEE	Mascareignes
ASAITIE	Non trouvée
AH-VANE	Chine
DESSAI	Algérie
BISSOUNDIAL-JOABSING	Inde
KAGO	Amérique du Sud
KICHENIN-MOUTALOU	Mascareignes, Inde
OUADI	Syrie, Maghreb
NATARE	Mascareignes, Maghreb
SABAJO	Surinam
SOUPAYA-VALLIAMA	Mascareignes
RELMY-MADINSKA	Antilles
REMANALY	Inde
JASAWANT-GHIRAOU	Amérique du Sud
MAZANIELLO-CHEZOL	Antilles
MAGEN-TERRASSE	Antilles
MANSOOR	Inde

Les 30 nouveaux noms les plus portés apparus en D.O.M. entre 1966 et 1990 et leur origine	
YA	Côte-d'Ivoire
DJOE	Les Comores
PRIKA	Hongrie
TOUPOUTI	Amérique du Sud
ABLANC	Amérique du Sud
BAKAMAN	Amérique du Sud
NGWETE	Surinam
GUIMI	Maghreb
LOUISSAINT	Haiti
KOESE	Surinam
ANAKABA	Amérique du Sud
HAABO	Surinam
BACAR	Les Comores
VILSAINT	Les Comores
FERREIRA PIRES	Portugal
LASSOUKA	Turquie
MISSIDJAN	Arménie
ANISETTI	Amérique du Sud
APOUYOU	Amérique du Sud
ABOEKA	Surinam
AKBARALY	Inde
BUISSERETH	Amérique du Sud
MOEDE	Surinam
ALONTOESA	Amérique du Sud
ABISOINA	Amérique du Sud
TCHA	Sénégal, Mali, Côte d'Ivoire
SOKE	Cameroun
TEL-AGNESA	Autre région française
AKOEBA	Amérique du Sud
MAC-INTOSH	Ecosse

Franche-Comté

Evolution du nombre de patronymes en Franche-Comté				
	1891-1915	1916-1940	1941-1965	1966-1990
Nb de patronymes	26 838	34 252	41 248	54 322
Dont nb de patronymes nouveaux :				
venus d'autre régions de France	-	11 442	13 997	16 757
venus de l'extérieur	-	7 213	4 799	7 484

91,71% des patronymes comptent moins de 50 naissances sur un siècle.
7,97% des patronymes comptent entre 50 et 999 naissances sur un siècle.
0,24% des patronymes comptent plus de 1 000 naissances sur un siècle.

Les 30 noms les plus portés en Franche-Comté depuis 1891	Les 28 principaux noms de Franche-Comté dsparus depuis 1915	Les 30 nouveaux noms les plus portés apparus en Franche-Comté entre 1916 et 1940 et leur origine	
FAIVRE	FLAIM	CORREIA	Portugal
MARTIN	LOREILLARD	HAMADI	Turquie, Algérie
MOREL	BOURNEL BOSSON	SALHI	Syrie, Algérie, Tunisie
ROY	DELAVE	HADJADJI	Tunisie, Algérie, Maroc
PERRIN	BOLE REDDAT	ANTUNES	Portugal
CLERC	COSTE-DES-COMBES	MORENO-LOPEZ	Portugal
GIRARD	VERNOD	DEMIR	Yougoslavie, Turquie
RICHARD	SOUGRE	DE SOUSA	Portugal
BERNARD	MOITRISSIEZ	RAHAL	Tunisie, Maroc, Algérie
JACQUOT	GROUGNOT	ABDELLI	Tunisie
LAMBERT	LAHAUSSIERE	SIMOES	Portugal
GROSJEAN	FORTELY	FILISETTI	Italie
RENAUD	TREFFET	CHIKHI	Algérie
BOURGEOIS	JOLVOT	SAHRAOUI	Maroc, Algérie
GAUTHIER	GUILGOZ	VARDANEGA	Italie
ROBERT	SEYTA	CHALABI	Algérie
LAURENT	BAPTAILLARD	BARATA	Portugal
HUMBERT	FONTANA DIT	ZILIO	Italie
SIMON	FONTANI	RUCHS	Suisse
MONNIER	LIGEOT	SOLTANI	Iran, Maghreb
BAILLY	MICHAUD-PIPE	DAHMANI	Turquie, Tunisie
PETIT	CHIANTARRETTO	KHELOUFI	Algérie, Maroc, Tunisie
JEANNIN	VREPILLOT	CARDOSO	Portugal, Espagne
MOUGIN	ANTONIAZZO	KEBAILI	Maroc, Tunisie
TOURNIER	PROST-COUSIN	GLAB	Pologne
LACROIX	JEANNAND	PIRALLA	Italie
PETITJEAN	MARESCHAL DE	DEMERS	Canada
MAIRE	LONGEVILLE	HASNAOUI	Maroc
GUYOT	GRANDHUMBERT	PANSERI	Italie
VUILLEMIN	BATTENT	OLEI	Italie

Évolution du nombre de patronymes (en milliers) sur un siècle en Franche-Comté

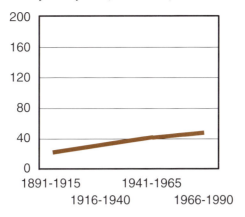

La progression du nombre des patronymes présents en Franche-Comté est constante depuis un siècle, mais s'accélère depuis les années 1950. Il est vrai qu'avec ses industries spécifiques (automobiles, motrices TGV, découpage et transformation des matières plastiques, industries de précision), la Franche-Comté est une région performante qui attire de nombreuses populations extérieures. 6,2% de la population francomtoise est issue de l'immigration (soit 1,6% de la population immigrée sur l'ensemble du térritoire français).

Les 30 nouveaux noms les plus portés apparus en Franche-Comté entre 1941 et 1965 et leur origine	
HAKKAR	Algérie
YILMAZ	Turquie
YILDIRIM	Turquie
BOUADMA	Algérie
HEDJEM	Algérie
DOGAN	Turquie
BOUDJADJA	Algérie
GHERABI	Algérie
CELIK	Turquie, Italie
AIB	Turquie
KHAOUA	Algérie
GUELLATI	Algérie
MAHAMDI	Algérie
LABIDI	Tunisie
VENDOLA	Italie
HAMLIL	Algérie
TOUEL	Algérie
BOUBEKA	Algérie
AOUADI	Tunisie
KHEDIM	Maroc
CHEKHAB	Algérie
ZERKOUM	Algérie
HAMNACHE	Algérie
BENSEDIRA	Algérie
KAYA	Turquie
ALIOUANE	Algérie
DE MURCIA	Espagne
BOUSSAHA	Tunisie
GHELLAB	Algérie
BOUNAZOU	Algérie

Les 30 nouveaux noms les plus portés apparus en Franche-Comté entre 1966 et 1990 et leur origine	
YILDIZ	Turquie
KILIC	Yougoslavie, Turquie
OZDEMIR	Turquie
OZTURK	Turquie
TBATOU	Maroc
GUNES	Turquie
TIFAOU	Algérie
AYDIN	Turquie
GUNGOR	Turquie
KOCAK	Turquie
GUEMAZI	Algérie
CALISKAN	Turquie
ERDOGAN	Turquie
AKTAS	Turquie
EL BOUAYADI	Maroc
NFAOUI	Maroc
AKGUL	Turquie
DEMIREL	Turquie
AKYOL	Turquie
AKCAY	Turquie
OUAHDI	Algérie
SAADOUDI	Algérie
ESKIER	Turquie
BICER	Turquie
ATASOY	Turquie
JHILAL	Maroc
ALTUN	Turquie
SENGONUL	Turquie
ERDEM	Turquie
KARATAS	Turquie

Ile-de-France

Evolution du nombre de patronymes en Ile-de-France				
	1891-1915	1916-1940	1941-1965	1966-1990
Nb de patronymes	179 137	249 631	297 538	406 850
Dont nb de patronymes nouveaux :				
venus d'autre régions de France	-	55 336	51 521	54 202
venus de l'extérieur	-	52 019	45 823	124 399

87,63% des patronymes comptent moins de 50 naissances sur un siècle.
12,31% des patronymes comptent entre 50 et 9 999 naissances sur un siècle.
0,01% des patronymes comptent plus de 10 000 naissances sur un siècle.

Les 30 noms les plus portés en Ile-de-France depuis 1891	Les 28 principaux noms d'Ile-de-France disparus depuis 1915	Les 30 nouveaux noms les plus portés apparus en Ile-de-France entre 1916 et 1940 et leur origine	
MARTIN	PINOTIER	TRAORE	Mali, Sénégal, Guinée, Côte-d'Ivoire
PETIT	LE DEMOR	DE SOUSA	Portugal
DUBOIS	PERLMANN	PIRES	Portugal
MOREAU	ZITTRER	COULIBALY	Turquie, Algérie, Syrie, Soudan, Liban
THOMAS	NAVATSKY	HADDAD	Liban, Syrie, Soudan, Turquie, Tunisie
BERNARD	DESMOLIERE	DIARRA	Mali
RICHARD	CARDOZO DE	CORREIA	Portugal
LEROY	BETHENCOURT	AFONSO	Portugal
LEFEVRE	KANNENGUISER	FOFANA	Guinée
SIMON	DUCOURAY	ANTUNES	Portugal
ROBERT	GUTTRON	KONATE	Mali
DURAND	LAHOUSSET	CARDOSO	Portugal, Espagne
LAURENT	MELINER	LOURENCO	Portugal
ROUSSEAU	RIVOLLET-BARAT	KEITA	Soudan, Guinée
LEFEBVRE	UTRE	ZERBIB	Algérie
MICHEL	FALKIN	SIDIBE	Mali
FOURNIER	RESIMBEAU	BARBOSA	Portugal
DAVID	BURLETH	BENHAMOU	Maroc, Tunisie
LAMBERT	EDWABSKI	SIMOES	Portugal
GARNIER	PIENGEON	UZAN	Tunisie
LEGRAND	KANTOROWITCH	DIAWARA	Mali
MERCIER	SPIGLER	DA CRUZ	Portugal
GIRARD	BERNOT DE CHA-	N'DIAYE	Tchad, Sénégal, Mali
BERTRAND	RANT	ZAOUI	Algérie
DUPONT	MECAMBRIDGE	ABITBOL	Tunisie, Maroc
GUERIN	LAUNSTROFFER	SOW	Sénégal
VINCENT	DECOUTS	SLIMANI	Algérie, Maroc, Tunisie
FONTAINE	TESSONNAIRE	BELLAICHE	Turquie
FRANÇOIS	AUDEBINE	MANSOURI	Algérie, Tunisie
DUVAL	SEICARD	TOUITOU	Algérie

Évolution du nombre de patronymes (en milliers) sur un siècle en Ile-de-France

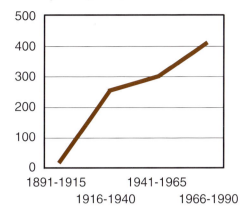

L'Ile-de-France a toujours été une région attractive. Le nombre de patronymes y est en progression. Cette progression s'est même accélérée depuis l'Après-Guerre.

Capitale économique et politique, l'Ile-de-France est au second rang des régions industrielles européennes après Londres tout en demeurant une grande région agricole. Les activités tertiaires occupent quant à elles plus des trois-quarts des actifs de la région. Paris concentre la plupart des sièges sociaux de banques, compagnies d'assurances et des 500 plus grandes entreprises du pays. Les possibilités d'emploi y sont plus importantes que partout ailleurs en France, d'où un afflux continuel de populations. La population immigrée y représente 14% de la population totale soit 37,5 % de la population immigrée en France.

Les 30 nouveaux noms les plus portés apparus en Ile-de-France entre 1941 et 1965 et leur origine	
SISSOKO	Sénégal, Mali, Tchad
DOUCOURE	Sénégal
DIAKITE	Soudan, Guinée
SOUMARE	Mali
DEMBELE	Mali, Sénégal
DIABY	Mali, Sénégal, Guinée
GASSAMA	Guinée
LIM	Cambodge
KEBE	Guinée
KANOUTE	Mali
BATHILY	Mali
SAKHO	Mali, Guinée
KONTE	Sénégal, Mali
MOHAMMAD	Pakistan
CISSOKO	Mali
ZEGHOUDI	Algérie
TOUNKARA	Mali
NDIAYE	Sénégal
BAH	Guinée
ASSOUS	Tunisie
MEZOUAR	Algérie
DIABIRA	Mali
UNG	Chine
MAMOU	Tunisie
DOUMBIA	Guinée
MOKEDDEM	Algérie
HAMANI	Egypte
OSMANI	Algérie
RAHMOUNI	Algérie
CISSOKHO	Guinée

Les 30 nouveaux noms les plus portés apparus en Ile-de-France entre 1966 et 1990 et leur origine	
NIAKATE	Soudan, Guinée
BARADJI	Sénégal, Mali, Tchad
SOUKOUNA	Mali
TIMERA	Mali
DIAKHITE	Mauritanie
MEITE	Côte-d'Ivoire
GAKOU	Mali
HAIDARA	Mali
YALAP	Turquie
DIAGOURAGA	Mali
KARAMOKO	Côte-d'Ivoire
YATERA	Mauritanie
TANDJIGORA	Mali
YILDIZ	Turquie
DIAKHO	Sénégal
YABAS	Turquie
FADIGA	Sénégal
NIMAGA	Mali
DIEDHIOU	Sénégal
AYDIN	Turquie
DOUCARA	Mali
GANDEGA	Mauritanie
AIDARA	Sénégal
BAGAYOKO	Mali
KHORCHID	Liban
SISSAKO	Mali
MALONGA	Congo
OZTURK	Turquie
MBAYE	Sénégal
MARIKO	Tchécoslovaquie

Languedoc-Roussillon

Evolution du nombre de patronymes en Languedoc-Roussillon				
	1891-1915	1916-1940	1941-1965	1966-1990
Nb de patronymes	37 689	49 427	63 116	88 375
Dont nb de patronymes nouveaux :				
venus d'autre régions de France	-	13 754	20 974	30 588
venus de l'extérieur	-	12 262	9 554	11 973

92,43% des patronymes comptent moins de 50 naissances sur un siècle.
7,56% des patronymes comptent entre 50 et 4 999 naissances sur un siècle.
0,01% des patronymes comptent plus de 5 000 naissances sur un siècle.

Les 30 noms les plus portés en Languedoc-Roussillon depuis 1891	Les 26 principaux noms du Languedoc-Roussillon disparus depuis 1915	Les 30 nouveaux noms les plus portés apparus en Languedoc-Roussillon entre 1916 et 1940 et leur origine	
VIDAL	ROUMEJEON	GUIRAO	Espagne
GARCIA	BRUEYS	PEREA	Espagne
MARTINEZ	BOURBOUYAS	CAPARROS	Espagne, Portugal
MARTIN	COURDOMY	ALCAZAR	Espagne
FABRE	BOUDOUSQUIER	AGUERA	Espagne
DURAND	ROUVAIROLLE	REVERTE	Espagne
SANCHEZ	AUBAPAN	MINARRO	Espagne
LOPEZ	LLUANCI	SALHI	Syrie, Algérie, Tunisie
MARTY	BONNAVENTURE-FARRIE	MARTOS	Espagne
PAGES		BENYAHIA	Algérie
BONNET	DUSTON DE VIL-LEREGLAN	QUINONERO	Espagne
ROUX		GALERA	Espagne
PEREZ	SERIEZ	JUAREZ	Espagne
BOUSQUET	BURGATA	SALMERON	Espagne
BLANC	SENAPE	DAOUDI	Algérie, Maroc
BERTRAND	SABATIER-DESAR-NAUD	JODAR	Espagne
MICHEL		PORRAS	Espagne
CROS	COUGOULIEN	AMARA	Algérie
ROBERT	FABRIAS	BERKANE	Maroc
BOYER	NOMPRE	CARRETERO	Espagne
GUIRAUD	LAMONDES	MUNUERA	Espagne
MAURIN	JEAN-PIERRE DIT PANNE	GONZALVEZ	Espagne
COSTE		YANG	Chine
DUMAS	LHURINE	BOUMAZA	Algérie
ARNAUD	CAMBOUNES	VIZCAINO	Espagne
ANDRE	CAMPARIES	GALDEANO	Espagne
PONS	JOUERY	HADDAD	Liban, Syrie, Soudan, Turquie, Tunisie
FERNANDEZ	JUNEY	CHERIFI	Algérie
BRUNEL	ALABEYRE	RIQUELME	Algérie, Espagne
BRUN	OZIOLS	CUADRADO	Espagne

Évolution du nombre de patronymes (en milliers) sur un siècle en Languedoc-Roussillon

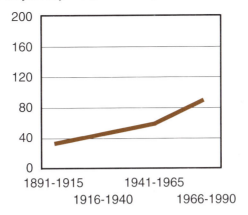

Depuis plus d'un siècle, le nombre de patronymes présents en Languedoc-Roussillon ne cesse de croître, surtout depuis les années 1960.

L'économie du Languedoc-Roussillon se situe dans une dynamique d'intégration à l'Europe et de coopération avec le bassin méditerranéen. La région possède un réseau neuf de PME industrielles et de services. De par sa situation géographique, elle attire particulièrement les populations maghrébines immigrées. La population immigrée représente au total 9,4 % de la population du Languedoc Roussillon. (soit 4,8 % de la population immigrée en France).

Les 30 nouveaux noms les plus portés apparus en Languedoc-Roussillon entre 1941 et 1965 et leur origine	
BENDJEDDOU	Algérie
DERRADJ	Tunisie
AIT-OUARET	Algérie
LAMRANI	Algérie
AIT OUARET	Algérie
BELKHITER	Algérie
DJAHNIT	Algérie
BENSAIDI	Algérie, Tunisie, Maroc
SALOUL	Algérie
BOUDACHE	Algérie
BELMAAZIZ	Algérie
ZENASNI	Maroc
RAHMOUNI	Algérie
DJENIDI	Algérie
BOUHLALA	Algérie
MEDINILLA	Espagne
BENLEFKI	Algérie
KEBDANI	Algérie
NAAMAR	Algérie
SAVIANA	Italie
BOUAZZAOUI	Maroc, Algérie
BOUKHELIFA	Algérie
PARRAGA	Espagne
HAJJI	Maroc
BEKHEIRA	Algérie
TOUHAMI	Tunisie
KHADRI	Algérie
KERRACHE	Algérie
BENHAMZA	Algérie
MAMOU	Tunisie

Les 30 nouveaux noms les plus portés apparus en Languedoc-Roussillon entre 1966 et 1990 et leur origine	
XIONG	Chine
AZZIMANI	Maroc
EL YAAGOUBI	Turquie
LAARAJ	Maroc
TCHA	Sénégal, Mali, Côte-d'Ivoire
EL FILALI	Maroc
AARAB	Maroc, Tunisie
EL AMRANI	Algérie, Maroc
EL YAAKOUBI	Maroc
BENAFITOU	Maroc
OUCHRIF	Maroc
AMOKHTARI	Maroc
EL GHOUCH	Maroc
SEKKAR	Algérie
SETTOUTI	Algérie
LAOUKIRI	Maroc
LABYAD	Maroc
BACCAM	Laos
TARIK	Maroc, Irak, autre région française
CHENTOUFI	Algérie
ABED-GHERS	Algérie
EL HARROUF	Maroc
AFKIR	Maroc
AHROUCH	Maroc
LAHRACH	Maroc
LAHSINI	Maroc
CHOUAIB	Liban, Maghreb
EL OUADGHIRI	Maroc
TAFROUTE	Maroc
LAKEHIH	Maroc

Limousin

Evolution du nombre de patronymes en Limousin				
	1891-1915	1916-1940	1941-1965	1966-1990
Nb de patronymes	26 457	29 395	33 806	35 442
Dont nb de patronymes nouveaux :				
venus d'autre régions de France	-	9 133	11 979	11 331
venus de l'extérieur	-	3 857	1 962	2 911

92,2% des patronymes comptent moins de 50 naissances sur un siècle.
7,67% des patronymes comptent entre 50 et 999 naissances sur un siècle.
0,13% des patronymes comptent plus de 1 000 naissances sur un siècle.

Les 30 noms les plus portés en Limousin depuis 1891	Les 30 principaux noms du Limousin disparus depuis 1915	Les 30 nouveaux noms les plus portés apparus en Limousin entre 1916 et 1940 et leur origine	
FAURE	MORNIAC	GUIRAO	Espagne
MOREAU	MARUTEIX	PEREA	Espagne
MARTIN	MAGAUTHIER	CAPARROS	Espagne, Portugal
DUPUY	PARTHONAUD	ALCAZAR	Espagne
FAUCHER	POULINAT	AGUERA	Espagne
BESSE	LAPLANCHAS	REVERTE	Espagne
BONNET	REYCHAVI	MINARRO	Espagne
THOMAS	MARUE	SALHI	Syrie, Algérie, Tunisie
VERGNE	CAREYMA	MARTOS	Espagne
DELAGE	LOUBEAUD	BENYAHIA	Algérie
COUDERT	DUTHEYRAT	QUINONERO	Espagne
ROUX	LETIXIER	GALERA	Espagne
ROCHE	VOINAUD	JUAREZ	Espagne
BOYER	DUFOUSSAT	SALMERON	Espagne
BERNARD	BEAUFIE	DAOUDI	Algérie, Maroc
DURAND	THARAUT	JODAR	Espagne
MONTEIL	CONCHART	PORRAS	Espagne
MAURY	HORTOLARIE	AMARA	Algérie
DUBOIS	VENDEAU	BERKANE	Maroc
RAYNAUD	MARNIVAUD	CARRETERO	Espagne
DUMAS	ARDOT	MUNUERA	Espagne
FAYE	BONAMAS	GONZALVEZ	Espagne
LAURENT	TOURTEAUD	YANG	Chine
GAUTHIER	VAROLLE	BOUMAZA	Algérie
PETIT	BOUDOUSSOUX	VIZCAINO	Espagne
LAVAUD	SAINPRIEST	GALDEANO	Espagne
BUISSON	BALLAIX	HADDAD	Liban, Syrie, Soudan, Turquie, Tunisie
DUFOUR	MARGOUTIER	CHERIFI	Algérie
BORDAS	MAZEAUDOIS	RIQUELME	Algérie, Espagne
ROBERT	LEONDOR	CUADRADO	Espagne

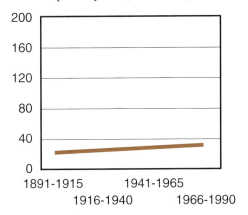

En Limousin, la courbe de croissance des patronymes ne progresse que lentement. C'est, avec la Corse, la région de France où l'on trouve la moins grande diversité de patronymes.

Les activités traditionnelles de la région (porcelaine, habillement, chaussures, mégisserie, élevage...), comme les nouvelles (matériel électrique et électronique, fabrication de papier carton et de céramique...) ne suffisent pas à attirer des populations importantes. Seulement 3,3% de la population régionale est issue de l'immigration, (soit 0,6% de la population totale immigrée en France).

Les 30 nouveaux noms les plus portés apparus en Limousin entre 1941 et 1965 et leur origine	
MOUZAOUI	Algérie
KOUCHA	Algérie
FELLAH	Tunisie
YILDIRIM	Turquie
ZEMANI	Algérie
GRANCHO	Portugal
CHIVALECK	Pologne
TROLIO	Italie
RUSTEM	Albanie
MAVISIC	Pologne
KHADRAOUI	Algérie
MAGALIOTTA	Italie
SAGAZ	Espagnol
BELGHERBIA	Maroc
PARAPIGLIA	Italie
ZYWOT	Pologne
KORTAA	Algérie
PALINHOS	Portugal
CORTIELLA-GASULL	Espagne
PERRIER-FAUCHER	Autre région française
MARAFFON	Autre région française
DU CRAY	Autre région française
LEOCADIO	Portugal
MEHIAOUI	Algérie
MACHANE	Algérie
CONT	Italie
CHAHIB	Maroc
GATHEN	-
EL YAMANI	Yemen
LYOUBI	Maroc

Les 30 nouveaux noms les plus portés apparus en Limousin entre 1966 et 1990 et leur origine	
CHONG TOUA	Chine
CHATTI	Syrie, Maghreb
AKDAG	Turquie
ERMISER	Turquie
BOUTEFFAH	Algérie
CETINKAYA	Turquie
AKSU	Turquie
ZIHI	Maroc
EROGLU	Turquie
OUJAOU	Maroc
BALTALI	Turquie
ANFOUH	Maroc
DAALAOUI	Maroc
VAN DILLEN	Hollande
AYDOGAN	Turquie
KOUDY	Turquie
GUNDUZ	Turquie
YASAR	Turquie
OZDEMIR	Turquie
CINAR	Turquie
BOUGHLEM	Maroc
KELES	Turquie
ZOUHAIR	Maroc
CARROLA	Portugal
PIFARO	Portugal
EL HARCHAOUI	Maroc
AOUNZOU	Maroc
EDDIBI	Maroc
HNINI	Maroc
BEZAIZ	Maroc

Lorraine

Evolution du nombre de patronymes en Lorraine				
	1891-1915	1916-1940	1941-1965	1966-1990
Nb de patronymes	62 954	81 405	102 752	103 869
Dont nb de patronymes nouveaux :				
venus d'autre régions de France	-	21 501	27 912	22 022
venus de l'extérieur	-	20 435	13 153	13 628

90,22% des patronymes comptent moins de 50 naissances sur un siècle.
9,75% des patronymes comptent entre 50 et 9 999 naissances sur un siècle.
0,01% des patronymes comptent plus de 10 000 naissances sur un siècle.

Les 30 noms les plus portés en Lorraine depuis 1891	Les 30 principaux noms de Lorraine disparus depuis 1915	Les 30 nouveaux noms les plus portés apparus en Lorraine entre 1916 et 1940 et leur origine	
MULLER	HILSAMER	DE SOUSA	Portugal
MARTIN	BASTENDORF	FILALI	Maroc
SCHMITT	HIEDELS	OUADAH	Algérie
MARCHAL	HUPPERTZ	KOWALCZYK	Pologne
THOMAS	WETTMANN	KAZMIERCZAK	Pologne
KLEIN	BELLERSHEIM	PIRES	Portugal
MATHIEU	WEIFS	WOJCIK	Pologne
MICHEL	OBLIERS	WALCZAK	Pologne
PERRIN	GEMMER	CARDOSO	Portugal, Espagne
GERARD	KELLERSCH	MOUSSAOUI	Algérie, Tunisie
HENRY	WIRKS	CORREIA	Portugal
WEBER	MIGLIANTI	AISSAOUI	Maroc, Tunisie
COLIN	SCHOOFF	BLASZCZYK	Pologne
FRANÇOIS	HUTTENREITER	PEGORARO	Italie
SIMON	FORSTBAUER	SAHRAOUI	Maroc, Algérie
LAURENT	RICKART	LUCZAK	Pologne
SCHNEIDER	SCHARFENBERGER	CHERFAOUI	Algérie
MEYER	BEXEN	MAJCHRZAK	Pologne
ANTOINE	TRETBAR	BARBOSA	Portugal
RICHARD	BRULTEZ	BATTISTON	Italie
HUMBERT	HEINLEIN	MALECKI	Pologne
NOEL	SAPONARI	SOBCZAK	Pologne
BECKER	MARKLOF	YAHIAOUI	Algérie, Tunisie
REMY	SCHLAUDRAFF	ARSLAN	Turquie
ANDRE	HASENKAMP	MANSOURI	Algérie, Tunisie
WAGNER	KNODT	SOW	Sénégal
MASSON	KOSTLMAIER	AFONSO	Portugal
BERNARD	THUMSHIRN	MATUSIAK	Pologne
PIERRE	SCHLODER	OLEJNICZAK	Pologne
DIDIER	AVENATTI	CHERIFI	Algérie

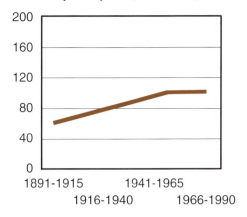

Après une très forte progression jusque dans les années 1950, le nombre de patronymes présents en Lorraine a vu sa croissance quasiment stoppée. Un phénomène qui s'explique notamment par la crise des deux grandes industries lorraines (sidérurgie et textile) : la région cessait d'être un moteur d'emploi et d'attirer de nouvelles populations. La Lorraine rassemble néanmoins 4,4% de la population immigrée en France, soit 7,9% de la population totale de la région.

Les 30 nouveaux noms les plus portés apparus en Lorraine entre 1941 et 1965 et leur origine		Les 30 nouveaux noms les plus portés apparus en Lorraine entre 1966 et 1990 et leur origine	
YILMAZ	Turquie	YILDIZ	Turquie
YILDIRIM	Turquie	AYDIN	Turquie
KAYA	Turquie	OZDEMIR	Turquie
HAKAN	Turquie	OZTURK	Turquie
MERIDJA	Turquie	KILIC	Yougoslavie, Turquie
MICCICHE	Italie	KORKMAZ	Turquie
CELIK	Turquie, Italie	OZKAN	Turquie
KHEBCHI	Algérie	AKYOL	Turquie
RUSSELLO	Italie	ERDOGAN	Turquie
MEDDAHI	Algérie	AKGUN	Turquie
GOMRI	Tunisie	CALISKAN	Turquie
BITAT	Algérie	SI LARBI	Algérie
FALVO	Italie	CELEBI	Turquie
BOUCETTA	Algérie	GUMUS	Turquie
CUTAIA	Tunisie	EL YAAGOUBI	Turquie
DABA	Algérie	DINC	Turquie
SCIBETTA	Italie	KOCAK	Turquie
KADOUCHE	Algérie	LEZIAR	Turquie
DOUAIR	Algérie	CINAR	Turquie
COLLURA	Italie	CAKIR	Turquie
HADDAOUI	Maroc	KAHRAMAN	Turquie
HAMADOUCHE	Algérie	CENDOL	Italie
SCARFO	Italie	CEVIK	Turquie
DILEK	Turquie	KELES	Turquie
AOUDACHE	Algérie	ILHAN	Maroc, Turquie
BOULAYOUNE	Algérie	UNLU	Turquie
PARLAGRECO	Italie	OZCAN	Turquie
ZAFFUTO	Italie	OGUZ	Turquie
GAMMELLA	Italie	BULUT	Turquie
RAHMOUNI	Algérie	COSKUN	Turquie

Midi-Pyrénées

Evolution du nombre de patronymes en Midi-Pyrénées				
	1891-1915	1916-1940	1941-1965	1966-1990
Nb de patronymes	43 783	62 270	81 846	95 587
Dont nb de patronymes nouveaux :				
venus d'autre régions de France	-	19 567	28 342	27 220
venus de l'extérieur	-	14 573	9 195	12 525

91,43% des patronymes comptent moins de 50 naissances sur un siècle.
8,57% des patronymes comptent entre 50 et 4 999 naissances sur un siècle.
0,01% des patronymes comptent plus de 5 000 naissances sur un siècle.

Les 30 noms les plus portés en Midi-Pyrénées depuis 1891	Les 21 principaux noms de Midi-Pyrénées disparus depuis 1915	Les 30 nouveaux noms les plus portés apparus en Midi-Pyrénées entre 1916 et 1940 et leur origine	
MARTY	MIROUZE DITE	PIRES	Portugal
FABRE	CASTEILLA	NADALIN	Italie
VIDAL	CLAJAC	BONALDO	Italie
BOUSQUET	FAUP DIT MADRAT	ANTUNES	Portugal
DURAND	BAGARADES	LOURENCO	Portugal
ROQUES	BASTOULH	MORANDIN	Italie
GARCIA	DENJEAN DITE	DE SOUSA	Portugal
DELMAS	BRACHAL	CADAMURO	Portugal
ABADIE	MAURY DIT	CAPARROS	Espagne, Portugal
BLANC	PAPOT	VAZZOLER	Autriche
FAURE	DEGEILH DITE	CORREIA	Portugal
PUJOL	LACALLE	VENZAL	Espagne
BONNET	LOUBET DITE	CESTER	Espagne
BOYER	TUZE	AFONSO	Portugal
REY	MAURETTE DITE	MARCATO	Portugal
MARTIN	MONDET	BIASOTTO	Italie
DUPUY	SERVAT DITE	GALERA	Espagne
COSTES	COUSTURE	BOUMAZA	Algérie
PONS	PONSOLLE DE	FASAN	Italie
ANDRIEU	PETIT	FOCHESATO	Italie
PAGES	PRAT DITE	RIQUELME	Algérie, Espagne
LACOMBE	MANUGUET	PIOVESAN	Italie
MAUREL	DREUILHES	ZITOUNI	Tunisie
COMBES	FOURNIALIS	BRAZZALOTTO	Italie
RIVIERE	AUSTRI	YANG	Chine
MARTINEZ	YOUNET	GASPAROTTO	Italie
PUECH	SUBERFONTAN	FAGGION	Italie
SOULIE	MATRACY	BUOSI	Italie
CROS	SIEURANNE	DE NADAI	Italie
MAURY	MONTGUEZY	ZAMUNER	Italie

Évolution du nombre de patronymes (en milliers) sur un siècle en Midi-Pyrénées

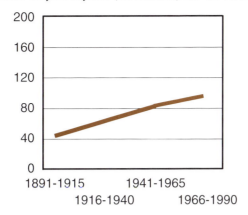

Depuis un siècle, le nombre de patronymes ne cesse de croître en Midi-Pyrénées. Place forte de l'Europe pour les hautes technologies, leader en Europe pour les activités aéronautiques et spatiales, leader en France en matière de systèmes automatiques, de robotique, de microbiologie, d'électronique (composants) mais aussi dans l'industrie du cuir, des semences, du traitement de la laine, la région attire les chercheurs d'emploi, ce qui favorise ainsi une plus grande variété de patronymes. 7% de la population de Midi-Pyrénées est issue de l'immigration, (soit 4,1% de la population immigrée totale en France).

Les 30 nouveaux noms les plus portés apparus en Midi-Pyrénées entre 1941 et 1965 et leur origine	
M'HAMDI	Tunisie
KHATTOU	Algérie
DJAOUTI	Algérie
RAZALI	Algérie, Maroc
BENDIB	Algérie
KIHAL	Algérie
GUERRAOUI	Maroc, Algérie
BENANIBA	Algérie
FERCHICHI	Tunisie
BRESEGHELLO	Italie
SELAMNIA	Algérie
NEDJARI	Algérie
MECHITOUA	Algérie
SLAMNIA	Algérie
BENAMA	Algérie
CECCAREL	Italie
BENGOUA	Algérie
LINCETTO	Italie
CENTOMO	Italie
IMELHAINE	Algérie
NOUI	Algérie
MENDAS	Espagne
TAIDER	Algérie
BELKONIENE	Algérie
HADDADA	Algérie, Liban, Syrie
MAMOU	Tunisie
CAVEZZAN	Australie, Italie
BERKOUK	Algérie
KHATTAB	Syrie
BELGUELLAOUI	Algérie

Les 30 nouveaux noms les plus portés apparus en Midi-Pyrénées entre 1966 et 1990 et leur origine	
REMIL	Algérie
XIONG	Chine
BESSOLTANE	Algérie
BENKOUAR	Algérie
BARHOUMI	Tunisie
EL HADRATI	Maroc
MEBERBECHE	Algérie
AJDID	Maroc
DOUARA	Tunisie
KRADCHI	Algérie
M'HAMEDI	Tunisie
BOUSSEDRA	Maroc, Algérie
OTHMANI	Turquie
ABBACH	Maroc
KEZZI	Maroc
TAGHRI	Algérie
SECHAO	Laos
AHAMOUT	Maroc
KARDJOUDJ	Algérie
TCHA	Sénégal, Mali, Côte-d'Ivoire
EL HADDOUCHI	Algérie
KAOUARI	Algérie
AFKIR	Maroc
EL BOUZIDI	Maroc
BENDERBAL	Algérie
HRITANE	Maroc
OUMRIDA	Maroc
BROCHADO	Portugal
AICHOUCH	Algérie
EL ALI	Maroc

Nord-Pas-de-Calais

Evolution du nombre de patronymes dans le Nord-Pas-de-Calais				
	1891-1915	1916-1940	1941-1965	1966-1990
Nb de patronymes	63 181	97 715	100 350	115 484
Dont nb de patronymes nouveaux :				
venus d'autre régions de France	-	20 275	21 284	20 209
venus de l'extérieur	-	23 205	13 246	19 177

83,1% des patronymes comptent moins de 50 naissances sur un siècle.
16,55% des patronymes comptent entre 50 et 9 999 naissances sur un siècle.
0,01% des patronymes comptent plus de 10 000 naissances sur un siècle.

Les 30 noms les plus portés dans le Nord-Pas-de-Calais depuis 1891	Les 30 principaux noms du Nord-Pas-de-Calais disparus depuis 1915	Les 30 nouveaux noms les plus portés apparus dans le Nord-Pas-de-Calais entre 1916 et 1940 et leur origine	
LEFEBVRE	LIXAERDE	WALCZAK	Pologne
DUBOIS	DELAMAGENTIERE	SKRZYPCZAK	Pologne
LECLERCQ	FEUZY	KAZMIERCZAK	Pologne
LEROY	VERSPRILLE	DAHMANI	Turquie, Tunisie
LEMAIRE	WATTELIEZ	LUCZAK	Pologne
LEGRAND	BERQUINT	SOBCZAK	Pologne
CARON	HENNEUX	KOWALCZYK	Pologne
DUPONT	HAUTELOCQ	MAJCHRZAK	Pologne
PETIT	HEMAILLE	MATUSZAK	Pologne
VASSEUR	WIBAUW	NOWACZYK	Pologne
DELATTRE	COLAINTHIEZ	KASPRZAK	Pologne
CARPENTIER	DUBREMEZ	WLODARCZYK	Pologne
BERNARD	CAMYS	WOJCIK	Pologne
CARLIER	DEMEULEMEESTERE	MALECKI	Pologne
MARTIN	WABRY	GRZESKOWIAK	Pologne
PRUVOST	SINGE	OLEJNICZAK	Pologne
DESCAMPS	BROUCHETTE	BRAHIMI	Algérie, Tunisie
DELANNOY	INCONNUE	BLASZCZYK	Pologne
DUFOUR	CAUQUERAUMONT	SOLTYSIAK	Pologne
FONTAINE	DENDONCKERE	OUALI	Algérie
ROUSSEL	CROHENT	KUCHARSKI	Algérie
FRANÇOIS	DEPRACTERE	MAZUREK	Algérie
DUMONT	MEYKERCKE	DRICI	Algérie
FOURNIER	RYKEN	CHERIFI	Algérie
LAURENT	VANGRAESCHEPE	ANTKOWIAK	Pologne
FLAMENT	DESAINTAUBERT	BOUNOUA	Pologne
COUSIN	AGEDELINE	MUSIAL	Pologne
JOLY	KEUCHE	SPYCHALA	Pologne
LELEU	UTS	ZAOUI	Algérie
MOREL	RYHEUL	DE SOUSA	Portugal

Évolution du nombre de patronymes sur un siècle (en milliers) dans le Nord-Pas-de-Calais

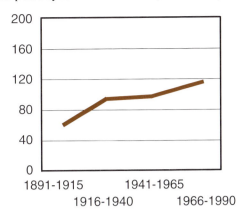

Le Nord-Pas-de-Calais était, dès la fin du XIXème siècle, une région de tradition industrielle et minière, attirant les populations à la recherche d'emploi. La région a ainsi connu jusqu'en 1940 une forte hausse du nombre de patronymes présents. Une hausse stoppée nette par la Seconde Guerre mondiale et ne reprenant son essor que dans les années 1960. Faut-il s'attendre à un nouveau palier ? Le Nord-Pas-de-Calais voit en effet certains de ses principaux secteurs économiques (textile, confection, sidérurgie) en difficulté. 4,8% de la population régionale est issue de l'immigration, (soit 4,6% de la population immigrée en France).

Les 30 nouveaux noms les plus portés apparus dans le Nord-Pas-de-Calais entre 1941 et 1965 et leur origine	
KHITER	Algérie
BENBAHLOULI	Algérie
HASSAINI	Algérie
BENHADDOUCHE	Algérie
DEMDOUM	Algérie
AOUADI	Tunisie
FEDDAL	Algérie
HEBBAR	Algérie
NOUI	Algérie
FERAHTIA	Algérie
BACHIRI	Maroc
FELOUKI	Algérie
KERRAR	Maroc, Algérie
GHOMARI	Algérie
OURAGHI	Algérie
KAHOUL	Tunisie
GHERAB	Algérie
SERHANI	Maroc
OUFFA	Algérie
LADROUZ	Algérie
SEHIL	Tunisie
RAHMOUNI	Algérie
LAKHAL	Maroc
GASMI	Tunisie
BOUARFA	Algérie
BOUDINA	Algérie
IDRI	Maroc
MEZDOUR	Algérie
MAHIEDDINE	Algérie
GHOUL	Algérie

Les 30 nouveaux noms les plus portés apparus dans le Nord-Pas-de-Calais entre 1966 et 1990 et leur origine	
EL MANSOURI	Algérie, Maroc, Tunisie
ZEKHNINI	Maroc
BOUCHAHDANE	Algérie
FAOUZI	Tunisie, Maroc
AZAHAF	Maroc
BOUFERKAS	Algérie
AARAB	Maroc, Tunisie
NACHIT	Maroc
ARDJOUNI	Algérie
AIT BAHA	Maroc
EL BOUJJOUFI	Maroc
MABCHOUR	Maroc
BOUKHRISS	Algérie
AZAOUM	Maroc
BOUKROUH	Algérie
AFKIR	Maroc
ABERKAN	Turquie
OZTURK	Turquie
BENCHRIFA	Maroc
SEBBACHE	Algérie
ABROUGUI	Tunisie
DEMIRCI	Turquie
DJEBIEN	Algérie
OUBAALI	Maroc
EL MOUSSAOUI	Maroc
LAHOUAICHRI	Maroc
HENNACH	Maroc
HADJLOUM	Algérie
AYATE	Algérie
ACHAHBAR	Maroc

Basse-Normandie

Evolution du nombre de patronymes en Basse-Normandie

	1891-1915	1916-1940	1941-1965	1966-1990
Nb de patronymes	28 099	41 237	44 702	51 356
Dont nb de patronymes nouveaux :				
venus d'autre régions de France	-	16 079	14 954	15 869
venus de l'extérieur	-	6 284	3 133	4 019

91,16% des patronymes comptent moins de 50 naissances sur un siècle.
8,82% des patronymes comptent entre 50 et 4 999 naissances sur un siècle.
0,01% des patronymes comptent plus de 5 000 naissances sur un siècle.

Les 30 noms les plus portés en Basse-Normandie depuis 1891	Les 30 principaux noms de Basse-Normandie disparus depuis 1915	Les 30 nouveaux noms les plus portés apparus en Basse-Normandie entre 1916 et 1940 et leur origine	
MARIE	RAINEL	DORSY	Autre région française
MARTIN	LE BELLENGER	MANGELEER	Belgique
DUVAL	OGENT	TIFAGNE	Autre région française
JEANNE	DEREVIERS	MOUSSAOUI	Algérie, Tunisie
LEFEVRE	DETRAIS	FIJALKOWSKI	Pologne
HEBERT	SUFFISAIS	RENE DIT DEROUVILLE	Autre région française
LEROY	JIRET	DEMINGUET	Autre région française
GAUTIER	FLOCHARD	GESQUIN	Autre région française
GUERIN	SEPT-VANT	DE LA LOSA	Portugal
HAMEL	MESNIGER	FARRIS	Italie
SIMON	POTERE	COIEFFEY	Autre région française
LECONTE	AFNEL	LEPAULOUX	Autre région française
LEMONNIER	LEGAMBIER	PIRES	Portugal
DURAND	JOBENNE	LASIS	Autre région française
LELIEVRE	GROUAL	TOMIETTO	Italie
LEROUX	THIBOTTAIS	PERTEQUIN	Autre région française
LANGLOIS	LE GOADET	CACITTI	Italie
MORIN	AVOISE	ANTUNES	Portugal
DUPONT	SAUSSEREAUX	TIRAPU	Espagne
MOREL	JOUEY	PENNERAS	Espagne
MICHEL	GASTBLED	SLIMANE	Algérie
ANNE	LEREVERAND	BEN AHMED	Algérie
JEAN	ANNE-QUENTIN	LECAIME	Autre région française
DUBOIS	ORESME	SBROLLINI	Italie
DELAUNAY	ADELINE-DUBOSQ	TANNEVET	Autre région française
FONTAINE	JACOTIER	BELKACEM	Algérie
HUET	LEMESNIER	CARDOSO	Portugal, Espagne
GOSSELIN	MONTGOUBERT	BRETAU	Italie, Autre région française
MAUGER	SEPVANTS	BRACKX	Belgique
LETELLIER	LEFRAST	STEMPINSKI	Pologne

Évolution du nombre de patronymes (en milliers) sur un siècle en Basse-Normandie

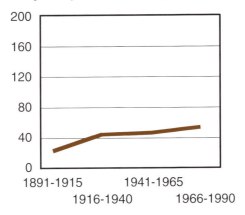

La courbe de croissance des patronymes est à peu près constante et régulière en Basse-Normandie. Elle s'infléchit après la Première Guerre mondiale jusqu'aux années 1960. Un ralentissement peut-être dû aux pertes de la Grande Guerre, mais aussi à l'exode rural. Actuellement, la population immigrée représente 1,9% de la population totale de Basse-Normandie soit 0,6% de la population immigrée nationale.

Les 30 nouveaux noms les plus portés apparus en Basse-Normandie entre 1941 et 1965 et leur origine		Les 30 nouveaux noms les plus portés apparus en Basse-Normandie entre 1966 et 1990 et leur origine	
YILMAZ	Turquie	OZDEMIR	Turquie
BELAMRI	Algérie	ALTUN	Turquie
LAISSOUB	Algérie	YILDIZ	Turquie
BENMERZOUG	Tunisie	KILIC	Yougoslavie, Turquie
SADALLAH	Algérie	YA	Côte-d'Ivoire
GOUREMAN	Belgique	SAFOU	Maroc
CANTERO Y GRIJELMO	Espagne	SENTURK	Turquie
BENFRID	Algérie	GURLER	Turquie
HARID	Algérie	AKTAS	Turquie
MERAH	Algérie	ERGUN	Turquie
NAIRI	Tunisie	KEVEK	Turquie
LEMORTELLEC	Autre région française	KHOUMAME	Maroc
BOULARAOUI	Algérie	KARAKAYA	Turquie
HELGUERA	Espagne	KANACHE	Algérie
CHENINA	Tunisie	ARIROU	Maroc
HARRAT	Algérie	ERDOGAN	Turquie
BENSABEUR	Algérie	AYDIN	Turquie
DUPOST	Autre région française	GUNGOR	Turquie
GIESZCZYK	Pologne	MLAYAH	Tunisie
LIAMANI	Algérie	BOUSMID	Algérie
TABI	Algérie	DRIBAL	Maroc
TEKKOUK	Algérie	SAGLAM	Turquie
LADJADJ	Algérie	CASTRO DE MACEDO	Espagne
KUBRIJANOW	Pologne	GODMANE	Algérie
ARBOUZ	Algérie	ZRITA	Non trouvée
ELMAHJOUB	Maroc	BENKOUDAD	Maroc
SELLAMINE	Maghreb	KASAY	Turquie
ABEKHOUKH	Maghreb	AAJJAN	Maroc
PICHON-LEROY	Autre région française	XIONG	Chine
BOUTAMINE	Algérie	COSKUN	Turquie

Haute-Normandie

Evolution du nombre de patronymes en Haute-Normandie

	1891-1915	1916-1940	1941-1965	1966-1990
Nb de patronymes	33 684	50 093	55 292	71 070
Dont nb de patronymes nouveaux :				
venus d'autre régions de France	-	19 761	18 014	21 740
venus de l'extérieur	-	8 484	5 589	8 735

92,1% des patronymes comptent moins de 50 naissances sur un siècle.
7,89% des patronymes comptent entre 50 et 4 999 naissances sur un siècle.
0,01% des patronymes comptent plus de 5 000 naissances sur un siècle.

Les 30 noms les plus portés en Haute-Normandie depuis 1891	Les 27 principaux noms de Haute-Normandie disparus depuis 1915	Les 30 nouveaux noms les plus portés apparus en Haute-Normandie entre 1916 et 1940 et leur origine	
LEFEBVRE	SCHOTLAND	SOW	Sénégal
DUVAL	GRAUCHER	SALL	Sénégal
PETIT	MOSKOVIZ	PREIRA	Portugal
LEROY	DEOLOGENT	N'DIAYE	Tchad, Sénégal, Mali
MARTIN	D'HOCQUELUS	COULIBALY	Turquie, Algérie, Syrie, Soudan, Liban
LANGLOIS	DE CAUDECOTE	BARBOSA	Portugal
LEROUX	NETTUM	PIRES	Portugal
HEBERT	PACQUERAULT	DE SOUSA	Portugal
BENARD	BOSGUERARD	NIANG	Sénégal
LECLERC	CLEROULT	DEMAEGDT	Belgique
ROUSSEL	DURDENT	SLIMANI	Algérie, Maroc, Tunisie
BLONDEL	PRESTEAUX	BELKACEM	Algérie
LEVASSEUR	DIODORE DIT	MOUSSAOUI	Algérie, Tunisie
SIMON	DELESTRE	SIMOES	Portugal
PREVOST	SEINEUR	TRAORE	Mali, Sénégal, Guinee, Côte-d'Ivoire
CARPENTIER	BREDVILLE	SARR	Sénégal
DELAMARE	DEBOULETS	KHIAR	Algérie
LETELLIER	HENNEVELT	PEIXOTO	Portugal
MOREL	DE DENESVRES	HAMZAOUI	Maroc
LEFRANCOIS	DE DOMECY	HAMADACHE	Algérie
LESUEUR	FRANCOIS MARIN	LAUWEREYS	Belgique
DUMONT	MARIE DIT BINET	MERABET	Algérie
DESCHAMPS	GAVIGNOT	CHETIOUI	Maroc, Algérie, Tunisie, Lybie
MORIN	GRANLUND	ANTUNES	Portugal
LUCAS	GREMOIN	GARGALA	Pologne
CARON	LADOUBE	KEITA	Soudan, Guinée
PICARD	PIZANY	BADJI	Sénégal
FONTAINE	MALIDE	MANSOURI	Algérie, Tunisie
DURAND	FILHIATRE	GROENWONT	Belgique
DELAUNAY	INCOLLI	AMARA	Algérie

Évolution du nombre de patronymes (en milliers) sur un siècle en Haute-Normandie

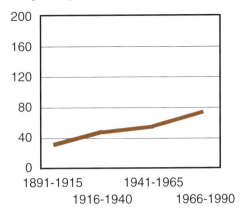

Ralentie pendant l'Entre-Deux-Guerres et l'immédiat Après-Guerre 1940-1945, la croissance du nombre de patronymes reste cependant bien nette sur le siècle dans cette région.

Sa tradition manufacturière ancienne et sa position d'estuaire entre Paris et la Manche ont fait de la Haute-Normandie une région industrielle (automobile, production d'énergie, chimie, pharmacie, industries du verre et du papier-carton, plasturgie, fonderie, mécanique, agroalimentaire, textile, cuir, construction navale) suffisamment puissante pour attirer la main d'œuvre extérieure. La population immigrée y représente 3,5% soit 1,4% de la population immigrée totale en France.

Les 30 nouveaux noms les plus portés apparus en Haute-Normandie entre 1941 et 1965 et leur origine	
DJOUBRI	Algérie
ZEGGAI	Algérie
CHATI	Algérie
KONTE	Sénégal, Mali
ZEGHOUDI	Algérie
TEBBAL	Turquie
CHETTOUH	Algérie
KHALOUA	Maroc
DIAKITE	Soudan, Guinée
LAHRECHE	Algérie
DEMBELE	Mali, Sénégal
GUERZA	Algérie
MAHROUCHI	Algérie
DIATTA	Sénégal
BELBEY	Algérie
BOUCETTA	Algérie
DJEMEL	Tunisie
SOUMARE	Mali
DASYLVA	Portugal
ARRAHMANE	Algérie
TEMAGOULT	Algérie
DERRAZ	Algérie
GUENNI	Algérie
OUCHA	Algérie
ALLOUACHE	Algérie
HACIANE	Algérie
AKROUR	Algérie
ZALILA	Tunisie
BERIOUCHE	Algérie
CHARTUZET	Pologne

Les 30 nouveaux noms les plus portés apparus en Haute-Normandie entre 1966 et 1990 et leur origine	
NIAKATE	Soudan, Guinée
M'BODJI	Sénégal, Tchad, Mali
TALLA	Sénégal
DEH	Sénégal
MOUAOUED	Algérie
RAHO-MOUSSA	Algérie
OZDEMIR	Turquie
GADIO	Sénégal, Mauritanie
ALASSANE	Mauritanie
BARADJI	Sénégal, Mali, Tchad
KEYTA	Soudan, Guinée
BEN ZINA	Tunisie
GUINOUBI	Tunisie
BENMILOUDI	Algérie
KENEME	Sénégal
KASSID	Maroc
BESSAL	Turquie
KILIC	Yougoslavie, Turquie
LOURAGH	Maroc
GUELIL	Egypte
AAMCHOUNE	Maroc
BOUKERROUCHE	Algérie
DHIFI	Tunisie
TLICH	Espagne, Tunisie
SAWANEH	Gambie
GROUTSCHE	Allemagne
AIT SIDI MOH	Algérie
HAMTTAT	Algérie
KARADUMAN	Turquie
DIAGOURAGA	Mali

Pays de la Loire

	1891-1915	1916-1940	1941-1965	1966-1990
Nb de patronymes	42 001	54 242	61 708	79 308
Dont nb de patronymes nouveaux :				
venus d'autre régions de France	-	18 940	19 238	24 604
venus de l'extérieur	-	7 712	4 888	8 025

89,27% des patronymes comptent moins de 50 naissances sur un siècle.

10,67% des patronymes comptent entre 50 et 9 999 naissances sur un siècle.

0,01% des patronymes comptent plus de 10 000 naissances sur un siècle.

Les 30 noms les plus portés en Pays de la Loire depuis 1891	Les 28 principaux noms des Pays de la Loire disparus depuis 1915	Les 30 nouveaux noms les plus portés apparus en Pays de la Loire entre 1916 et 1940 et leur origine	
MARTIN	LE DIHOLEN	CORREIA	Portugal
MOREAU	PEQUINEAU	BELHACHEMI	Algérie
ROUSSEAU	JULEAU	PIRES	Portugal
RICHARD	VANCELLE	MOUA	Vietnam
DAVID	SAINARD	REKIK	Tunisie
DURAND	CHEDEPEAU	DE JESUS	Portugal, Espagne
GAUTIER	QUENEICHDU	FREDOUELLE	Autre région française
GUERIN	BERTHEN DE	DRIDI	Algérie, Tunisie
ROBIN	POMMERY	DE SOUSA	Portugal
BERNARD	LELARDIC DE	ANTUNES	Portugal
PINEAU	LAGANRY	SLIMANI	Algérie, Maroc, Tunisie
MENARD	BRUHAND	YANG	Chine
POIRIER	MAOUIN	RINTAUD	Autre région française
TESSIER	RIVOISIT	KHELIFI	Tunisie
GIRARD	TIGOUT	MELOCCO	Italie
CHEVALIER	TAILLIFAIT	YOUSFI	Maroc, Algérie
ROBERT	MENCEAU	MALDONADO	Espagne, Portugal
GUILLET	MAUSEAU	KARA	Turquie, Algérie, Hongrie
GARNIER	JURLAUD	HADDOU	Maroc
MARTINEAU	JULIENNES	POLOUBINSKI	Pologne
CHARRIER	BOUESTEL	CARDOSO	Portugal, Espagne
BLANCHARD	TALOUARD	DESVERONNIERES	Autre région française
LEROUX	BRACHOU	ANTHIER	Autre région française
THOMAS	BOURBIGO	AFONSO	Portugal
LEROY	DOMAGEAUX	GALLOT-LAVALLEE	Autre région française
MORIN	OUDIN-LANOE	SAHRAOUI	Maroc, Algérie
MARCHAND	BRINTAIS	EHERMANN	Allemagne
LUCAS	ELFRAY	HAUVIEUX	Autre région française
PASQUIER	TREVILE	TOUMI	Maroc, Tunisie, Algérie
RENAUD	CINAIS	DELLE-CASE	Espagne

Évolution du nombre de patronymes (en milliers) sur un siècle en Pays de la Loire

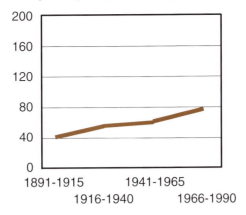

Le nombre de patronymes en Pays de la Loire n'a cessé de croître depuis 1891.

Ayant su tirer profit de sa facade maritime (tourisme, pêche, activités portuaires), de son agriculture, et développer parallèlement de nombreux secteurs industriels (agroalimentaire, habillement, cuir-chaussure, électronique, bois-ameublement, mécanique, fonderie, travail des métaux, automobile, construction navale et aéronautique...), la région a toujours attiré les migrants, aussi bien des régions voisines que de l'étranger. On y trouve 1,2% de la population immigrée en France, soit 1,6% de la population totale de la région.

Les 30 nouveaux noms les plus portés apparus en Pays de la Loire entre 1941 et 1965 et leur origine	
BENZINA	Tunisie
DOGAN	Turquie
YILMAZ	Turquie
BARKALLAH	Tunisie
HAOUAS	Tunisie
BOUALEM	Tunisie
OULLAMI	Tunisie
ABIDI	Maroc, Algérie, Tunisie
SOUISSI	Tunisie
MAZZOBEL	Italie
BOURACHID	Algérie
TAGADIRT	Algérie
CELIK	Turquie, Italie
ZEDIRA	Algérie
BELHAMITI	Algérie
EDEB	Algérie
BELDJILALI	Algérie
CHERKIT	Algérie
REKAB	Tunisie
PULICE	Italie, Tunisie
BAHLOUL	Egypte, Algérie
BOUABDALLAH	Algérie
SELMANE	Tunisie
CHENIOUR	Tunisie
GHECHAM	Algérie
ATONATTY	Autre région française, Italie
LE MIEN	Autre région française
GASMI	Tunisie
CHKIR	Algérie, Tunisie, Maroc
HADJRES	Algérie

Les 30 nouveaux noms les plus portés apparus en Pays de la Loire entre 1966 et 1990 et leur origine	
TCHA	Sénégal, Mali, Côte-d'Ivoire
OZTURK	Turquie
AYDIN	Turquie
HAMHAM	Maroc
MALALI	Maroc
MSSASSI	Maroc
CHU YANG HEU	Chine
BOUHNOUCHE	Algérie
KILIC	Yougoslavie, Turquie
BEN ZINA	Tunisie
YILDIZ	Turquie
BAHJAOUI	Maroc
MAKHFI	Maroc
LAANAYA	Algérie, Tunisie, Maroc
HMAMOUCH	Maroc
EL AZHAR	Algérie
QOUCHBAL	Maroc
XIONG	Chine
ECHAJIAA	Maroc
CHHITI	Maroc
ERDOGAN	Turquie
CAKIR	Turquie
DRIBEK	Turquie
CANKAYA	Turquie
TURKMEN	Turquie
GUENANA	Algérie
CHAACHOUI	Tunisie, Maroc
EL MARZOUKI	Maroc
GUIST'HAU	Autre région française
HOUSTANI	Maroc

Picardie

Evolution du nombre de patronymes en Picardie				
	1891-1915	1916-1940	1941-1965	1966-1990
Nb de patronymes	39 046	62 354	64 699	77 558
Dont nb de patronymes nouveaux :				
venus d'autre régions de France	-	21 537	19 229	21 537
venus de l'extérieur	-	13 845	6 457	9 473

91,0% des patronymes comptent moins de 50 naissances sur un siècle.
8,91% des patronymes comptent entre 50 et 4 999 naissances sur un siècle.
0,01% des patronymes comptent plus de 5 000 naissances sur un siècle.

Les 30 noms les plus portés en Picardie depuis 1891	Les 30 principaux noms de Picardie disparus depuis 1915	Les 30 nouveaux noms les plus portés apparus en Picardie entre 1916 et 1940 et leur origine	
LEFEVRE	BAENZIGER	KOWALCZYK	Pologne
LEROY	BEQUEBOIS	DE SOUSA	Portugal
PETIT	LASSENY	CORREIA	Portugal
CARON	HESSPEELS	TRAORE	Mali, Sénégal, Guinée, Côte-d'Ivoire
MARTIN	DEMONVIELLE	KHALDI	Syrie, Maghreb
LEFEBVRE	DUPIGNON	WOJCIK	Pologne
LEMAIRE	SUIVENEZ	LARIBI	Algérie
DUBOIS	DEBROTONNE	CIESLAK	Pologne
LEGRAND	BLANCAIN	BARBOSA	Portugal
CARPENTIER	JUDASSE	KAZMIERCZAK	Pologne
VASSEUR	VRAYE	GRACZYK	Pologne
DUPONT	DELITE	STEPIEN	Pologne
DUMONT	GORGILLER	WALCZAK	Pologne
FOURNIER	CHAPPUIS-ROUX	DAHMANI	Turquie, Tunisie
LECLERCQ	CEUNEN	JANIAK	Pologne
FRANÇOIS	FULENNE	N'DIAYE	Tchad, Sénégal, Mali
DUFOUR	CABOCHART	AISSAOUI	Maroc, Tunisie
ROUSSEL	GONDANT	PIRES	Portugal
CARLIER	PENDLEBURG	YAHIAOUI	Algérie, Tunisie
FONTAINE	DUTELLIER	CARREEL	Angleterre
MOREL	LABRUVOIR	CARDOSO	Portugal, Espagne
MERCIER	GREPPER	MOKHTARI	Tunisie, Algérie, Maroc, Pakistan
BOUCHER	DUMOITIE	WLODARCZYK	Pologne
BARBIER	AFTON	MATUSIAK	Pologne
ROGER	RIEDMULER	RHUIN	Pologne
DUPUIS	QUEUTAT	DE REKENEIRE	Belgique
BOULANGER	DOURDEVIE	SOKOL	Tchécoslovaquie
RICHARD	JOQUILIVE	ZIANE	Algérie
LEROUX	KEILHACK	LOURENCO	Portugal
LEJEUNE	STIEVEZ	KOVAC	Yougoslavie

Évolution du nombre de patronymes (en milliers) sur un siècle en Picardie

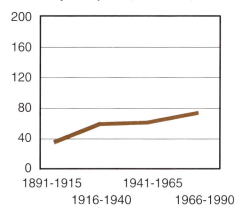

Comme la région Nord-Pas-de-Calais, la Picardie a vu la croissance du nombre de patronymes présents sur son territoire quasiment stoppée pendant et à l'issue de la Seconde Guerre mondiale.

Située au centre d'un triangle Paris-Londres-Bruxelles, la Picardie est aujourd'hui le passage obligé des grands échanges européens et la première région d'investissements étrangers en France. Un dynamisme qui attire les populations nouvelles et a contribué à donner à la région un nombre à nouveau croissant de patronymes avec entre autres 4,7% d'immigrés, soit 2,1% de la population immigrée totale en France.

Les 30 nouveaux noms les plus portés apparus en Picardie entre 1941 et 1965 et leur origine	
HAMADOUCHE	Algérie
BEDROUNI	Algérie
GUELFAT	Algérie
HERIZI	Tunisie
ANDASMAS	Egypte
TEURKI	Algérie
MAHBOUB	Algérie
BENKHELFALLAH	Algérie
DIAKITE	Soudan, Guinée
ZEMRAK	Algérie
AZIL	Maroc, Algérie, Tunisie
BENKHEROUF	Algérie
SIAB	Algérie
CHELLAT	Algérie
MERAOUMIA	Algérie
SOUMARE	Mali
BOUABIDA	Algérie
ABLAOUI	Algérie
LAARIBI	Maroc
BEN HADDOU	Maroc, Algérie
NOUI	Algérie
LAHMER	Algérie
BORDJI	Tunisie
TOUBACHE	Algérie
MOSTEFAOUI	Algérie
VANDEPAER	Belgique
BENZERFA	Algérie
ADJAOUD	Algérie
NAKIB	Tunisie
GASSAMA	Guinee

Les 30 nouveaux noms les plus portés apparus en Picardie entre 1966 et 1990 et leur origine	
CHBIKI	Maroc
EL KIHEL	Maroc
BOULAFRAD	Algérie
COSKUN	Turquie
EL MILOUDI	Maroc
AKABLI	Maroc
OURAHOU	Maroc
AZDAD	Maroc
YATABARE	Mali
BOUDCHAR	Maroc
SIRAJ	Maroc
BOUMADRA	Maroc
EL KARKOUB	Maroc
BELHAK	Maroc
BAKKALI	Maroc
EL MANSOURI	Algérie, Maroc, Tunisie
GUERGUET	Algérie
ABRUNHOSA	Portugal
EL KABLI	Maroc
CHERRAJ	Maroc
FADHLOUN	Tunisie
LAHRACH	Maroc
YANOURI	Maroc
SOUKOUNA	Mali
YATERA	Mauritanie
CHARKI	Maroc
LAHMAIDI	Maroc
KARAKUYU	Turquie
ESSANOUSSI	Maroc
AYDIN	Turquie

Poitou-Charentes

Evolution du nombre de patronymes en Poitou-Charentes				
	1891-1915	1916-1940	1941-1965	1966-1990
Nb de patronymes	39 950	44 555	55 152	57 760
Dont nb de patronymes nouveaux :				
venus d'autre régions de France	-	15 146	18 889	17 139
venus de l'extérieur	-	6 601	3 766	4 778

91,04% des patronymes comptent moins de 50 naissances sur un siècle.
8,93% des patronymes comptent entre 50 et 4 999 naissances sur un siècle.
0,01% des patronymes comptent plus de 5 000 naissances sur un siècle.

Les 30 noms les plus portés en Poitou-Charentes depuis 1891	Les 29 principaux noms de Poitou-Charentes disparus depuis 1915	Les 30 nouveaux noms les plus portés apparus en Poitou-Charentes entre 1916 et 1940 et leur origine	
MOREAU	JOURDINAUD	BOUAZZA	Tunisie
MARTIN	VEYEAUX	DE SOUSA	Portugal
BERNARD	IMBOURT	PIRES	Portugal
ROY	GRELAULT	MOIROU	Autre région française
ROUSSEAU	FRICART	ANTUNES	Portugal
GUERIN	MAUVIGNE	CORREIA	Portugal
BRUNET	CHARPENTON	GOUIONNET	Autre région française
TEXIER	CASTETS-CARRISCOT	FREITAS	Portugal
RICHARD	BENUREAUD	CARDOSO	Portugal, Espagne
GIRARD	POYER-POULET	MOREIRA DA SILVA	Portugal
ROBIN	BAZAUTE	RAMDANE	Algérie
DAVID	FOUILLERS	MOUSSOUNI	Algérie
GIRAUD	COUGOURDEAU	DE CHECCHI	Italie
BONNEAU	BASLAN	FINCATO	Italie
PETIT	ALLELIE	LE DANNOIS	Autre région française
BLANCHARD	BARROUSSEAUD	MENZATO	Italie
MORIN	DUMONTAIX	BOUMALHA	Algérie
RENAUD	RONDINEAUD	PAGNUCCO	Italie
ROBERT	CARTOST	AVINIO	Italie
THOMAS	GANIVET-	QUEIROS	Portugal, Espagne
BONNET	LAGRANGE	BIAIS-SAUVETRE	Autre région française
MICHAUD	METOYE	AMAIL	Autre région française
BERTRAND	PERAZAT	LOURENCO	Portugal
DELAGE	CROISEMARI	DA CRUZ	Portugal
DURAND	FOLETIERE	AGAUT	Autre région française
DUBOIS	LHEDET	BELKACEM	Algérie
MERCIER	KOPHE	BEN ABED	Algérie
BODIN	AUXENELLE	GADSAUD	Autre région française
BONNIN	AMBRENOIS	MIGRAN	Autre région française
ROUX	AUGEREAUD	TALEB	Algérie

Évolution du nombre de patronymes (en milliers) sur un siècle en Poitou-Charentes

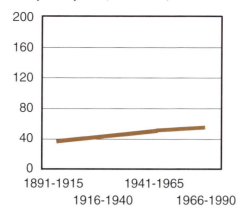

Le nombre de patronymes a fortement augmenté en Poitou-Charentes jusqu'aux années 1960, mais connaît depuis lors une progression ralentie. Une industrie agroalimentaire forte ne suffit pas à faire de la région Poitou-Charente un territoire suffisamment dynamique sur le plan économique pour attirer largement de nouvelles populations. On ne trouve en Poitou-Charentes que 0,8% de la population immigrée en France, ce qui représente 2,1% de la population totale de la région.

Les 30 nouveaux noms les plus portés apparus en Poitou-Charentes entre 1941 et 1965 et leur origine		Les 30 nouveaux noms les plus portés apparus en Poitou-Charentes entre 1966 et 1990 et leur origine	
BOUHASSOUN	Algérie	BENALLOU	Algérie
KEFIF	Espagne, Maghreb	LEKFIF	Maroc
BALGHI	Maroc	REZZOUM	Maroc
TOBAYAS	Espagne	BENBAMMOU	Maroc
NABTI	Algérie	QUEIROGA	Portugal
ZAREB	Pologne	RAMALHETE	Portugal
KARKI	Turquie	ARREBOLA SANCHIS	Espagne
ROUIBAH	Algérie	ZEBLANE	Algérie
CHAVANEL-ALBIRA	Autre région française	ZEFFOUR	Algérie
TOUALBIA	Algérie	TARHOUCHI	Algérie
ZEHRAOUI	Algérie	JIMENEZ HUALDE	Espagne
LOHUES	Hollande	BENREKTA	Algérie
SPANJERS	Hollande	MOHA OU MAATI	Maroc
BETTAYEB	Algérie	AKHANNICH	Maroc
KERZAZI	Algérie	MARINHO-GOMES	Portugal
CEDANO	Espagne	MOREIRAS	Portugal
HAFSI	Algérie	BOUKHAL	Maroc
DJERDJAR	Tunisie	DAKDAKI	Maghreb
DISCEPOLI	Italie	EL CHERQUI	Maghreb
RODRIGUES-ANTUNES	Portugal	UFAKAK	Turquie
MERIOUA	Algérie	EL BARK	Maroc
DJABRI	Algérie	KAPUSUZ	Turquie
HAZENBERG	Hollande	BOUTREA	Algérie
MEKHALFA	Algérie	ANAHNAH	Maroc
AIDAOUI	Algérie	AOUAGHI	Algérie
TURSKY	Tchécoslovaquie	CHOUG	Tunisie
GASSELING	Roumanie	MOUTALIB	Maroc
DJEDOUI	Algérie	ABRUNHOSA MAXIMINO	Espagne
ATMOUNI	Algérie	EDDIBES	Maroc
KOCKEN	Hollande	CINAR	Turquie

Provence-Alpes-Côte-d'Azur

Evolution du nombre de patronymes en Provence-Alpes-Côte-d'Azur				
	1891-1915	1916-1940	1941-1965	1966-1990
Nb de patronymes	64 676	91 679	126 021	176 052
Dont nb de patronymes nouveaux :				
venus d'autre régions de France	-	25 550	38 934	48 071
venus de l'extérieur	-	25 466	21 791	30 987

92,5% des patronymes comptent moins de 50 naissances sur un siècle.
7,48% des patronymes comptent entre 50 et 4 999 naissances sur un siècle.
0,01% des patronymes comptent plus de 5 000 naissances sur un siècle.

Les 30 noms les plus portés en Provence-Alpes-Côte-d'Azur depuis 1891	Les 30 principaux noms de Provence-Alpes-Côte-d'Azur disparus depuis 1915	Les 30 nouveaux noms les plus portés apparus en Provence-Alpes-Côte-d'Azur entre 1916 et 1940 et leur origine	
MARTIN	ANTONNOBILI	SAHRAOUI	Maroc, Algérie
BLANC	BIDELEUX	CAPARROS	Espagne, Portugal
ROUX	VAJO	HADDAD	Liban, Syrie, Soudan, Turquie, Tunisie
MICHEL	USSEGLIO GROS	DRIDI	Algérie, Tunisie
BERNARD	OMEGNA	PAPAZIAN	Arménie
GIRAUD	BARNEOUD FAGUE	SARKISSIAN	Arménie
ARNAUD	DEVIZIO	BENHAMOU	Maroc, Tunisie
GARCIA	ACCONIO	DERDERIAN	Arménie
FABRE	FUNEREAU	MOUSSAOUI	Algérie, Tunisie
MARTINEZ	LUBRANO DI RICCO	AMARA	Algérie
BRUN	SIREILLE	MARKARIAN	Arménie
BOYER	VIRGULTI	SLIMANI	Algérie, Maroc, Tunisie
REYNAUD	ETALLE	TRABELSI	Tunisie
FAURE	MIFFRET	ZERBIB	Algérie
BERTRAND	DEMOLINI	BOUZID	Algérie, Tunisie
LOPEZ	ASTARBE	RAHAL	Tunisie, Maroc, Algérie
DURAND	DYEPELISSON	KRIKORIAN	Arménie
AUBERT	EYMONI	TAGUELMINT	Algérie
BONNET	ORSOLANO	MALDONADO	Espagne, Portugal
IMBERT	DRAJ	ARAB	Algérie
FERNANDEZ	MONTURA	HAMMAMI	Tunisie
GIRARD	SALZOTTO	MALTESE	Tunisie
ROSSI	ALLONC	MERABET	Algérie
ROBERT	EBURNEO	CHAOUCH	Tunisie
REY	CIALIERO	GRAMMATICO	Italie
SANCHEZ	COERO BORGA	TERZIAN	Arménie
PASCAL	DESFONTIS	BOGHOSSIAN	Arménie
LAUGIER	DOVARA	GIOVINAZZO	Italie
PEREZ	FILICCHI	KADRI	Tunisie
JEAN	GIOGLIO	BOUZIDI	Algérie

Évolution du nombre de patronymes (en milliers) sur un siècle en Provence-Alpes-Côte-d'Azur

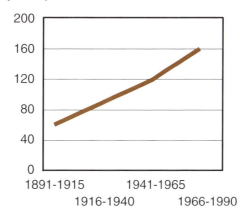

Le nombre de patronymes présents dans la région Provence-Alpes-Côte-d'Azur a quasiment triplé en un siècle. Cette région détient le record de croissance démographique en France : la mer, le soleil et les emplois y ont régulièrement attiré des populations venues de toute l'Europe. Héritière d'une antique tradition d'échanges, l'économie a su s'y développer efficacement, notamment dans les industries à forte valeur ajoutée (chimie, construction électrique et électronique, aéronautique, agroalimentaire, production et distribution d'énergie). 10,2% de la population régionale est issue de l'immigration, soit 10,5% de la population immigrée nationale.

Les 30 nouveaux noms les plus portés apparus en Provence-Alpes-Côte-d'Azur entre 1941 et 1965 et leur origine	
LABIDI	Tunisie
AGUENI	Algérie
BRIKI	Maroc, Algérie, Tunisie
DJELLOULI	Tunisie
FERCHICHI	Tunisie
BOUGHANMI	Algérie
GASMI	Tunisie
DOGHMANE	Algérie
BEJAOUI	Tunisie
DJELASSI	Tunisie
TIGHILT	Algérie
DEKHIL	Algérie
ABIDI	Maroc, Algérie, Tunisie
ZENASNI	Maroc
OUESLATI	Tunisie
AMROUNE	Algérie
GHILAS	Algérie
AZAMOUN	Maroc
AYARI	Tunisie
RAHMOUNI	Algérie
TACHOUAFT	Algérie
MEGUENNI-TANI	Tunisie
IKHERBANE	Algérie
BEDDOU	Algérie
SADELLI	Algérie
BOUCETTA	Algérie
BOUKOULT	Algérie
IDRI	Maroc
OUALANE	Algérie
TAORMINA	Italie

Les 30 nouveaux noms les plus portés apparus en Provence-Alpes-Côte-d'Azur entre 1966 et 1990 et leur origine	
BENALLOU	Algérie
LEKFIF	Maroc
REZZOUM	Maroc
BENBAMMOU	Maroc
QUEIROGA	Portugal
RAMALHETE	Portugal
ARREBOLA SANCHIS	Espagne
ZEBLANE	Algérie
ZEFFOUR	Algérie
TARHOUCHI	Algérie
JIMENEZ HUALDE	Espagne
BENREKTA	Algérie
MOHA OU MAATI	Maroc
AKHANNICH	Maroc
MARINHO-GOMES	Portugal
MOREIRAS	Portugal
BOUKHAL	Maroc
DAKDAKI	Maghreb
EL CHERQUI	Maghreb
UFAKAK	Turquie
EL BARK	Maroc
KAPUSUZ	Turquie
BOUTREA	Algérie
ANAHNAH	Maroc
AOUAGHI	Algérie
CHOUG	Tunisie
MOUTALIB	Maroc
ABRUNHOSA MAXIMINO	Espagne
EDDIBES	Maroc
CINAR	Turquie

Rhône-Alpes

Evolution du nombre de patronymes en Rhône-Alpes				
	1891-1915	1916-1940	1941-1965	1966-1990
Nb de patronymes	70 429	101 404	129 895	185 398
Dont nb de patronymes nouveaux :				
venus d'autre régions de France	-	26 578	35 260	45 869
venus de l'extérieur	-	26 350	21 590	37 664

88,42% des patronymes comptent moins de 50 naissances sur un siècle.
11,56% des patronymes comptent entre 50 et 9 999 naissances sur un siècle.
0,01% des patronymes comptent plus de 10 000 naissances sur un siècle.

Les 30 noms les plus portés en Rhône-Alpes depuis 1891	Les 27 principaux noms de Rhône-Alpes disparus depuis 1915	Les 30 nouveaux noms les plus portés apparus en Rhône-Alpes entre 1916 et 1940 et leur origine	
MARTIN	TRIPIER CHAMP	SLIMANI	Algérie, Maroc, Tunisie
FAURE	GROSBEGNIN	DE SOUSA	Portugal
BLANC	LAUTHEAL	MAZZILLI	Italie
BERNARD	DAGNY	MANSOURI	Algérie, Tunisie
ROUX	GIRONDIERE	CORREIA	Portugal
DURAND	TONERIEUX	MEBARKI	Tunisie
MOREL	PLANCHE-BANSIN	ANTUNES	Portugal
PERRIN	MARCHAND-REVERD	YAHIAOUI	Algérie, Tunisie
ROCHE		MANGIONE	Italie
REY	JEME	SCARINGELLA	Italie
BRUN	RISSOUAND	PIRES	Portugal
PERRET	DUMAZ-DIT-LIAUDET	ZOUAOUI	Tunisie
GIRAUD		SAHRAOUI	Maroc, Algérie
GIRARD	OSSEZIO	HADDAD	Liban, Syrie, Soudan, Turquie, Tunisie
LAURENT	TERPEND BERNADIN	CARDOSO	Portugal, Espagne
BONNET	THIGNARD	BRAHMI	Algérie
REYNAUD	MERMET-DIT-MOINE	STRIPPOLI	Italie
DUMAS		BRAHIMI	Algérie, Tunisie
ROBERT	CHEVELLU	ZAIDI	Algérie
MICHEL	DEREILLEUX	GERACI	Tunisie
ARNAUD	CIZABUIRE	IDIR	Algérie
RICHARD	CABOD	DAHMANI	Turquie, Tunisie
MOULIN	COMPAR	CAPARROS	Espagne, Portugal
BOUVIER	GELLAS	BARBOSA	Portugal
VINCENT	PIRAUD-GABERT	KARA	Turquie, Algérie, Hongrie
BESSON	REPUGNET	MOUSSAOUI	Algérie, Tunisie
VIAL	CHAMARDON	SALHI	Syrie, Algérie, Tunisie
GAILLARD	TOURRING	DRIDI	Algérie, Tunisie
BERTRAND	SANZONI	BELHADJ	Maroc, Algérie
FAVRE	VERCHET	AISSAOUI	Maroc, Tunisie

Évolution du nombre de patronymes (en milliers) sur un siècle en Rhône-Alpes

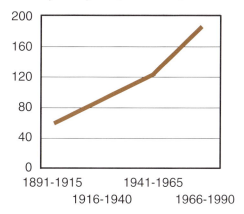

Constante dans la région Rhône-Alpes, la progression du nombre des patronymes s'y est encore accélérée depuis les années 1960. Bénéficiant de caractéristiques géographiques favorables, la région exerce un fort pouvoir d'attraction sur les populations voisines, comme sur les populations immigrées. Avec 11,3% de la population immigrée en France, la région se situe en seconde position après l'Ile-de-France (37,5%) et avant la Provence-Alpes-Côte-d'Azur (10,5%). La part de la population immigrée représente 8,8% de la population totale en Rhône-Alpes.

Les 30 nouveaux noms les plus portés apparus en Rhône-Alpes entre 1941 et 1965 et leur origine	
YILMAZ	Turquie
LAIDOUNI	Tunisie
GASMI	Tunisie
BOUGHANMI	Algérie
TAIAR	Turquie
HAMANI	Egypte
DOGAN	Turquie
RAHMOUNI	Algérie
KAYA	Turquie
CHELLALI	Algérie
AYARI	Tunisie
MESSAI	Algérie
BOUABDALLAH	Algérie
KAABECHE	Algérie
SMARA	Algérie
KHENICHE	Algérie
JAOUADI	Tunisie
TATAH	Algérie
MAANANE	Algérie
CELIK	Turquie, Italie
AOUADI	Tunisie
LABIDI	Tunisie
YILDIRIM	Turquie
CETIN	Turquie
BEJAOUI	Tunisie
MAJERI	Tunisie
ZOGHLAMI	Tunisie
GHODBANE	Algérie
AIFA	Algérie
DAHMANE	Algérie

Les 30 nouveaux noms les plus portés apparus en Rhône-Alpes entre 1966 et 1990 et leur origine	
YILDIZ	Turquie
OZTURK	Turquie
OZKAN	Turquie
AYDIN	Turquie
ERDOGAN	Turquie
OZDEMIR	Turquie
KILIC	Yougoslavie, Turquie
BULUT	Turquie
AVCI	Turquie
KOCAK	Turquie
OTHMANI	Turquie
CELIKOZ	Turquie
KARTAL	Turquie
KARAKAYA	Turquie
SHAIEK	Turquie
KARATAS	Turquie
YASAR	Turquie
KILINC	Turquie
CALISKAN	Turquie
JEBARI	Turquie
AYHAN	Turquie
BRAIKI	Turquie
GUNDUZ	Turquie
COSKUN	Turquie
OZCAN	Turquie
DEMIRAL	Turquie
GUNES	Turquie
KESKIN	Turquie
BACCAM	Laos
CINAR	Turquie

DÉPARTEMENTS

Ain

Évolution du nombre de patronymes sur un siècle			
1891 à 1915	1916 à 1940	1941 à 1965	1966 à 1990
12 142	14 704	18 305	22 569

Migration des patronymes de l'Ain
vers les différentes régions de France depuis un siècle

Sur les 379 Mortel nés en France sur le siècle, les deux tiers sont du département de l'Ain.

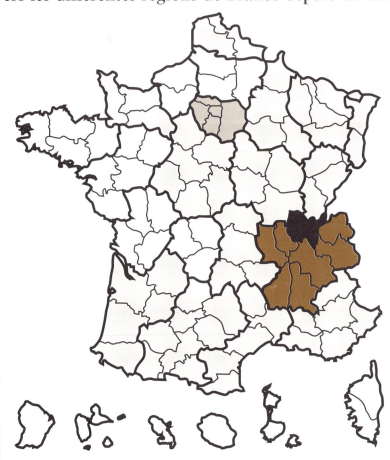

Carte établie en étudiant la migration des patronymes qui n'étaient présents que dans l'Ain en 1891 - 1915.

0 - 1%   1 - 10%   10 - 20%   20 - 30%   30 - 51%

% des migrants ayant choisi cette destination

Les 10 noms les plus portés de l'Ain		Les 10 noms les plus portés n'existant que dans l'Ain
1891 - 1915	1966 - 1990	
MOREL	MOREL	LADRE
PERRET	PERRET	BOBILLET
BERNARD	BERNARD	CARJOT
BLANC	MARTIN	HENRI DIT GUILLAUMIN
PONCET	BLANC	PERTREUX
FAVRE	PERRIN	PERTANT
PERRIN	PONCET	GRYOT
MARTIN	CHANEL	CAZOIR
CHANEL	JACQUET	DUPONT-PATANT
JACQUET	FAVRE	FLOUTTET

Aisne

Évolution du nombre de patronymes sur un siècle			
1891 à 1915	**1916 à 1940**	**1941 à 1965**	**1966 à 1990**
18 426	31 289	31 513	32 525

Migration des patronymes de l'Aisne vers les différentes régions de France depuis un siècle

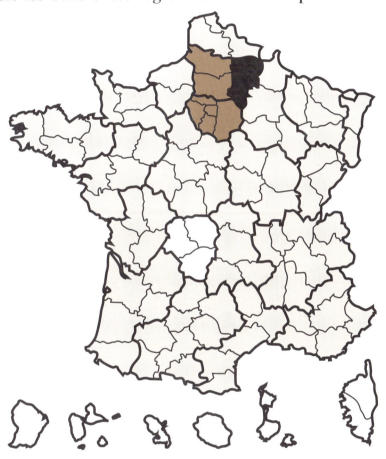

Un enfant trouvé sur le parvis de Notre-Dame sous la Révolution a été nommé Jxxx. Ce nom existe toujours, surtout ici (25 naissances sur 28).

Carte établie en étudiant la migration des patronymes qui n'étaient présents que dans l'Aisne en 1891 - 1915.

| 0 - 1% | 1 - 10% | 10 - 20% | 20 - 30% | 30 - 51% |

% des migrants ayant choisi cette destination

Les 10 noms les plus portés de l'Aisne		Les 10 noms les plus portés n'existant que dans l'Aisne
1891 - 1915	**1966 - 1990**	
LEFEVRE	LEFEVRE	DELACHER
LEGRAND	LEGRAND	VANHAEZEVELDE
MARTIN	MARTIN	DESAVENELLE
CARLIER	LEROY	WAUQUAIRE
LEMAIRE	DUPONT	TARAMINY
LEROY	LEMAIRE	ROBASCIOTTI
DUFOUR	CARLIER	DE RAUW
DUBOIS	DUBOIS	FEUILLIETTE
DUPONT	PETIT	SABREJA
PETI	LEFEBVRE	ROCOULET

Allier

Évolution du nombre de patronymes sur un siècle			
1891 à 1915	1916 à 1940	1941 à 1965	1966 à 1990
13 701	18 804	25 173	24 612

Migration des patronymes de l'Allier vers les différentes régions de France depuis un siècle

C'est ici que l'on trouve le plus de Lamartine, un nom encore porté par 330 personnes en France.

Bernard est le 2ème nom le plus porté de France, avec des variantes, comme Bernadat et Bernardon, dont l'Allier est le département de plus forte concentration.

Il y a près de 500 Cheminot en France, qui sont surtout de l'Allier.

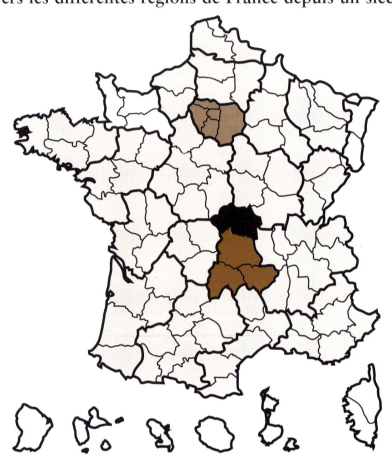

Carte établie en étudiant la migration des patronymes qui n'étaient présents que dans l'Allier en 1891 - 1915.

| 0 - 1% | 1 - 10% | 10 - 20% | 20 - 30% | 30 - 51% |

% des migrants ayant choisi cette destination

Les 10 noms les plus portés de l'Allier		Les 10 noms les plus portés n'existant que dans l'Allier
1891 - 1915	1966 - 1990	
MARTIN	MARTIN	FALENCHERE
GIRAUD	LAURENT	EGLIZOT
LAURENT	BERNARD	DECABANE
BERNARD	GIRAUD	GOUTEROT
AUCLAIR	BRUN	JARANTON
MOREAU	THOMAS	BLAIGNON
THEVENET	FOURNIER	BUVIN
GUILLAUMIN	FERNANDES	ZELAND
BRUN	MOREAU	AUJOÏNET
THOMAS	VINCENT	LORIOLLE

Alpes-de-Haute-Provence

Évolution du nombre de patronymes sur un siècle			
1891 à 1915	**1916 à 1940**	**1941 à 1965**	**1966 à 1990**
3 955	4 998	8 282	10 858

Migration des patronymes des Alpes-de-Haute-Provence vers les différentes régions de France depuis un siècle

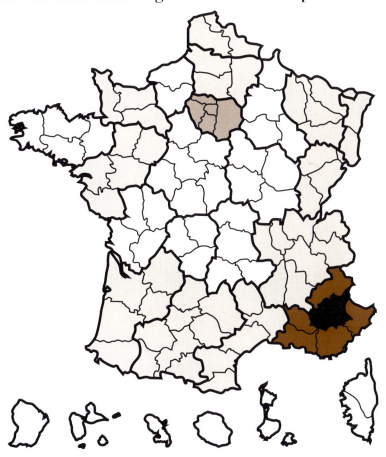

Jean-Armand Imbert, né ici en 1850, est l'un des premiers médecins à s'être penché sur la psychologie du travail. Il reste encore aujourd'hui environ 350 porteurs de ce nom dans le département.

Carte établie en étudiant la migration des patronymes qui n'étaient présents que dans les Alpes-de-Haute-Provence en 1891 - 1915.

| 0 - 1% | 1 - 10% | 10 - 20% | 20 - 30% | 30 - 51% |

% des migrants ayant choisi cette destination

Les 10 noms les plus portés des Alpes-de-Haute-Provence		Les 10 noms les plus portés n'existant que dans les Alpes-de-Haute-Provence
1891 - 1915	**1966 - 1990**	
BLANC	BLANC	ROMINOS
ROUX	MARTIN	CAMPY-COMTE
MARTIN	ROUX	RIVIAL
ARNAUD	GIRAUD	REYNIER-MONTLAUX
MICHEL	MICHEL	SAINT-DONNAT
GIRAUD	RICHAUD	SKIARA
RICHAUD	BERNARD	AGUILLENTI
MAUREL	GARCIN	HEIRIEY
GARCIN	ARNAUD	TILDAC
DAUMAS	MARTINEZ	MOIRAC

Hautes-Alpes

Évolution du nombre de patronymes sur un siècle			
1891 à 1915	1916 à 1940	1941 à 1965	1966 à 1990
3 800	4 882	7 577	10 067

Migration des patronymes des Hautes-Alpes vers les différentes régions de France depuis un siècle

C'est dans ce département que l'on trouve le moins de Petit, pourtant 4ème nom en France. Sur 105 463 naissances de Petit, seules 5 ont eu lieu ici.

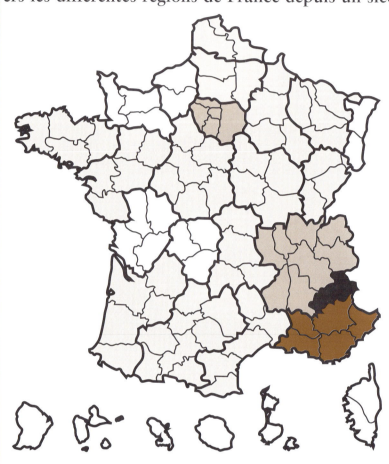

Carte établie en étudiant la migration des patronymes qui n'étaient présents que dans les Hautes-Alpes en 1891 - 1915.

0 - 1%	1 - 10%	10 - 20%	20 - 30%	30 - 51%

% des migrants ayant choisi cette destination

Les 10 noms les plus portés des Hautes-Alpes		Les 10 noms les plus portés n'existant que dans les Hautes-Alpes
1891 - 1915	1966 - 1990	
FAURE	FAURE	PRIEUR-BLANC
ROUX	MARTIN	DAMARIUS
MARTIN	BLANC	BERTRAND-PELISSON
BLANC	MICHEL	ALBERTIN-SIGOT
ARNAUD	ROUX	GRAS-LACOMBE
BOREL	ARNAUD	MEIZENQ
MICHEL	BERNARD	NUNIES
GARCIN	BOREL	GRAS-CHEL
LAGIER	GARCIN	SERTOUX
BERNARD	GIRAUD	ALLONETTO

Alpes-Maritimes

Évolution du nombre de patronymes sur un siècle			
1891 à 1915	1916 à 1940	1941 à 1965	1966 à 1990
20 219	30 161	40 725	61 037

Migration des patronymes des Alpes-Maritimes vers les différentes régions de France depuis un siècle

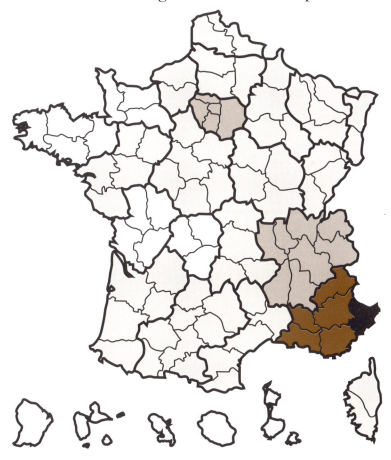

Tous les Barbarella sont nés dans ce département, tout comme les Aspro !

Carte établie en étudiant la migration des patronymes qui n'étaient présents que dans les Alpes-Maritimes en 1891 - 1915.

0 - 1%	1 - 10%	10 - 20%	20 - 30%	30 - 51%

% des migrants ayant choisi cette destination

Les 10 noms les plus portés des Alpes-Maritimes		Les 10 noms les plus portés n'existant que dans les Alpes-Maritimes
1891 - 1915	1966 - 1990	
LANTERI	MARTIN	LESSATINI
MARTIN	GARCIA	CIMBOLINI
ROUX	MARTINEZ	REBROIN
FARAUT	DALMASSO	BONAUT
GASTAUD	LOPEZ	RUBOLINI
VIALE	PEREZ	DELRIVO
GIORDANO	ROUX	BISTARELLI
PASTORELLI	BLANC	CIABAUT
DALMASSO	FERNANDEZ	PONZANELLI
ROSSI	ROSSI	SOLIMEIS

Ardèche

Évolution du nombre de patronymes sur un siècle			
1891 à 1915	1916 à 1940	1941 à 1965	1966 à 1990
8 171	9 890	11 549	14 093

Migration des patronymes d'Ardèche vers les différentes régions de France depuis un siècle

L'Ardèche est le département d'origine des frères Montgolfier. Mais, de 1891 à 1990, une seule des neuf naissances de Montgolfier y a eu lieu.

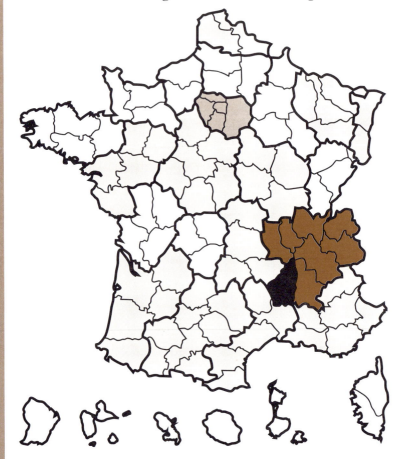

Carte établie en étudiant la migration des patronymes qui n'étaient présents qu'en Ardèche en 1891 - 1915.

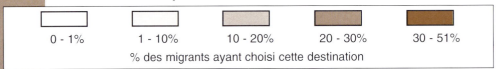

| 0 - 1% | 1 - 10% | 10 - 20% | 20 - 30% | 30 - 51% |

% des migrants ayant choisi cette destination

Les 10 noms les plus portés de l'Ardèche		Les 10 noms les plus portés n'existant qu'en l'Ardèche
1891 - 1915	1966 - 1990	
FAURE	FAURE	ESTYOULLE
REYNAUD	REYNAUD	MONTREVEL
ROCHE	MOULIN	SASSOLAS-SERRAYET
MOULIN	ROCHE	TEILHAS
MARTIN	MOUNIER	ANZORAS
ROUX	MARTIN	LIOUTIER
TEYSSIER	ARNAUD	PRALLY
COSTE	BERNARD	ROCHALON
BERTRAND	BONNET	TOURVIEILHE
CHAMBON	DUMAS	ISAAC-TOURRE

Ardennes

Évolution du nombre de patronymes sur un siècle			
1891 à 1915	1916 à 1940	1941 à 1965	1966 à 1990
12 591	19 298	21 150	20 150

Migration des patronymes des Ardennes vers les différentes régions de France depuis un siècle

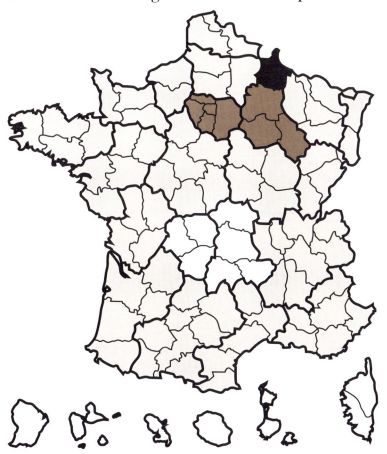

C'est un Nicolas Bailly qui créa sous la Révolution le département des Ardennes. Il y reste encore près de 150 personnes de ce nom.

Saviez-vous que c'est dans les Ardennes que l'on trouve le plus de Robinet ?

Il y a 1190 Lambinet en France... et le département de plus forte implantation est celui des Ardennes.

Carte établie en étudiant la migration des patronymes qui n'étaient présents que dans les Ardennes en 1891 - 1915.

0 - 1%   1 - 10%   10 - 20%   20 - 30%   30 - 51%

% des migrants ayant choisi cette destination

Les 10 noms les plus portés des Ardennes		Les 10 noms les plus portés n'existant que dans les Ardennes
1891 - 1915	1966 - 1990	
LAMBERT	LAMBERT	DOSSEREAUX
LEFEVRE	MARTIN	COISTIA
PETIT	GUILLAUME	DEHUZ
BERTRAND	LEROY	COPINNE
HENRY	DUPONT	DAUDHUI
GUILLAUME	FRANÇOIS	AGNEUS
DUPONT	SIMON	LIBECQ
SIMON	GERARD	LONGNIAUX
GILLET	PETIT	LONNIAUX
MARTIN	HENRY	BOCKOLTZ

Ariège

Évolution du nombre de patronymes sur un siècle			
1891 à 1915	**1916 à 1940**	**1941 à 1965**	**1966 à 1990**
6 843	7 593	9 416	8 955

Migration des patronymes de l'Ariège vers les différentes régions de France depuis un siècle

Sur les 117 naissances de Foix en Midi-Pyrénées, seules deux ont eu lieu en Ariège.

Le nom Phebus n'existe plus, Gaston Phébus étant mort sans descendance après avoir tué son fils unique.

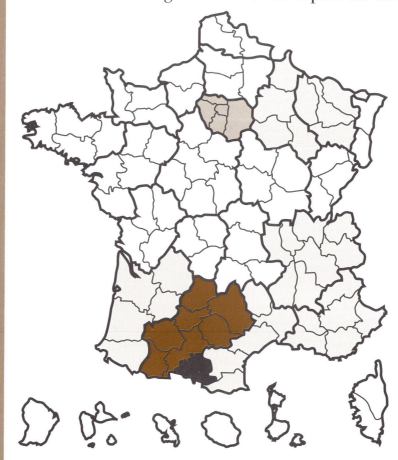

Carte établie en étudiant la migration des patronymes qui n'étaient présents que dans l'Ariège en 1891 - 1915.

| 0 - 1% | 1 - 10% | 10 - 20% | 20 - 30% | 30 - 51% |

% des migrants ayant choisi cette destination

Les 10 noms les plus portés de l'Ariège		Les 10 noms les plus portés n'existant qu'en Ariège
1891 - 1915	**1966 - 1990**	
PUJOL	PUJOL	LOUBET DIT SARTROU
DEDIEU	GARCIA	UBRA DITE BIEUSSES
YCHENNE	EYCHENNE	CLAUSTRE DITE BARBANERE
SOULA	MARTINEZ	LOUBET DITE SARTROU
GALY	DEJEAN	SABLE DITE FOURTASSOU
LAFFONT	GALY	MERCADERRE
VERGE	LAFFONT	SERVAT DIT PAILLARES
DEJEAN	VIDAL	PIQUEMAL DIT PASTRE
FAURE	SOULA	CHEIL
DUPUY	MARTY	SERVAT DITE PAILLARES

90

Aube

Évolution du nombre de patronymes sur un siècle			
1891 à 1915	1916 à 1940	1941 à 1965	1966 à 1990
11 653	17 516	19 314	21 715

Migration des patronymes de l'Aube vers les différentes régions de France depuis un siècle

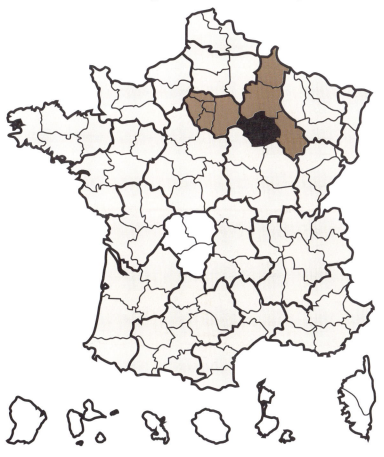

Il y a peu de Pauvre en France. Mais sur 43 naissances en un siècle, 32 sont survenues dans l'Aube.

Carte établie en étudiant la migration des patronymes qui n'étaient présents que dans l'Aube en 1891 - 1915.

0 - 1%   1 - 10%   10 - 20%   20 - 30%   30 - 51%

% des migrants ayant choisi cette destination

Les 10 noms les plus portés de l'Aube		Les 10 noms les plus portés n'existant que dans l'Aube
1891 - 1915	1966 - 1990	
MARTIN	MARTIN	CORZELIUS
PETIT	PETIT	JENNERET
ROYER	LAURENT	PFAFFENZELLER
LAURENT	ROYER	NACQUEMOUCHE
GERARD	ROBERT	CLIBERT
SIMON	SIMON	SIMON DIT ROY
GARNIER	THOMAS	PICARA
THOMAS	FRANÇOIS	CRENILLER
ROBIN	MICHEL	DANJIN
GAUTHIER	GERARD	DROZIERES

Aude

Évolution du nombre de patronymes sur un siècle			
1891 à 1915	1916 à 1940	1941 à 1965	1966 à 1990
10 408	14 014	16 282	19 507

Migration des patronymes de l'Aude
vers les différentes régions de France depuis un siècle

Il y a eu au moins
un Petitgars né
dans l'Aude.

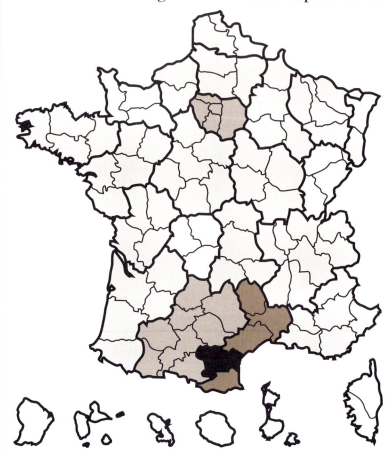

Carte établie en étudiant la migration des patronymes qui n'étaient présents que dans
l'Aude en 1891 - 1915.

0 - 1%	1 - 10%	10 - 20%	20 - 30%	30 - 51%

% des migrants ayant choisi cette destination

Les 10 noms les plus portés de l'Aude		Les 10 noms les plus portés n'existant que dans l'Aude
1891 - 1915	1966 - 1990	
MARTY	GARCIA	LABENC
RAYNAUD	MARTINEZ	GRAULHET
VIDAL	SANCHEZ	JUNIS
FABRE	MARTY	PEANY
BOUSQUET	LOPEZ	BERNIOLE
CROS	VIDAL	CHICHILI
BONNET	PEREZ	HORETY
GUIRAUD	RAYNAUD	ARLETAZ
PECH	FABRE	RAMBOUL
FAURE	GIMENEZ	SALSEGNAC

Aveyron

Évolution du nombre de patronymes sur un siècle			
1891 à 1915	1916 à 1940	1941 à 1965	1966 à 1990
9 007	11 880	12 740	12 582

Migration des patronymes de l'Aveyron vers les différentes régions de France depuis un siècle

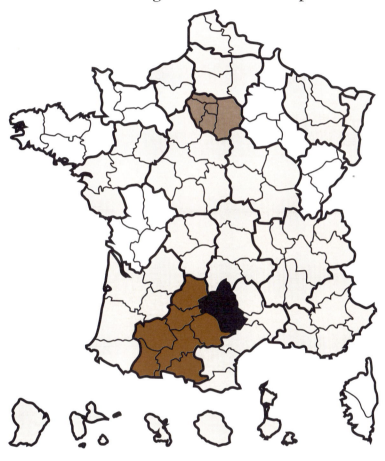

Carte établie en étudiant la migration des patronymes qui n'étaient présents qu'en Aveyron en 1891 - 1915.

Baby et Boy, aux consonnances faussement anglaises, comptent parmi les noms les plus portés d'Aveyron.

0 - 1%	1 - 10%	10 - 20%	20 - 30%	30 - 51%

% des migrants ayant choisi cette destination

Les 10 noms les plus portés de l'Aveyron		Les 10 noms les plus portés n'existant qu'en Aveyron
1891 - 1915	1966 - 1990	
FABRE	FABRE	BONNEFE
BOUSQUET	BOUSQUET	DELPHIEUX
MARTY	COSTES	MONTBRESSOUS
COSTES	MARTY	CASSAGNES-GOURDON
DELMAS	LACOMBE	LAGRIFFOULIERE
LACOMBE	RAYNAL	BALASQUIE
RAYNAL	DURAND	COMMAYRAS
DURAND	DELMAS	EDOIR
PUECH	PUECH	DAYNIEZ
BOYER	VIDAL	MILHAVY

Bouches-du-Rhône

Évolution du nombre de patronymes sur un siècle			
1891 à 1915	1916 à 1940	1941 à 1965	1966 à 1990
39 183	53 831	73 931	101 705

Migration des patronymes des Bouches-du-Rhône
vers les différentes régions de France depuis un siècle

Fernand Contandin était le véritable nom de l'acteur Fernandel. 34 des 38 Contandin nés en France de 1891 à 1990 sont nés dans ce département.

Ricard et le pastis sont bien nés sous le même soleil ! Le département de plus forte implantation du nom Ricard est celui des Bouches-du-Rhône.

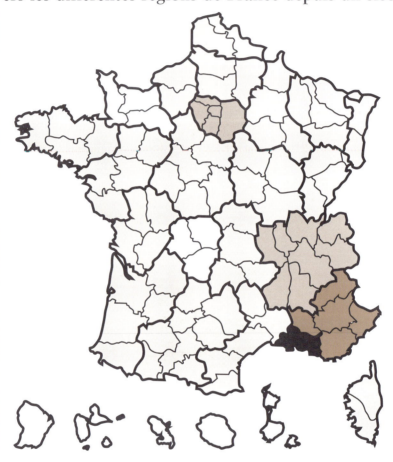

Carte établie en étudiant la migration des patronymes qui n'étaient présents que dans les Bouches-du-Rhône en 1891 - 1915.

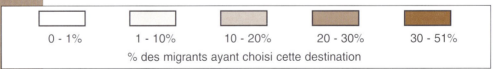

| 0 - 1% | 1 - 10% | 10 - 20% | 20 - 30% | 30 - 51% |

% des migrants ayant choisi cette destination

Les 10 noms les plus portés des Bouches-du-Rhône		Les 10 noms les plus portés n'existant que dans les Bouches-du-Rhône
1891 - 1915	1966 - 1990	
MARTIN	GARCIA	BENEFRO
BLANC	MARTINEZ	PRINDERRE
MICHEL	FERNANDEZ	PANISSON
ROUX	MARTIN	TUCCELLI
ARNAUD	SANTIAGO	GALLAFRIO
FABRE	LOPEZ	MENDELLA
GIRAUD	RODRIGUEZ	BITTAU
BERNARD	SANCHEZ	GINIEL
BRUN	PEREZ	BOURTEAU
BOYER	BLANC	BRAUQUIER

Calvados

Évolution du nombre de patronymes sur un siècle			
1891 à 1915	1916 à 1940	1941 à 1965	1966 à 1990
14 676	23 616	26 686	32 860

Migration des patronymes du Calvados vers les différentes régions de France depuis un siècle

Carte établie en étudiant la migration des patronymes qui n'étaient présents que dans le Calvados en 1891 - 1915.

0 - 1%	1 - 10%	10 - 20%	20 - 30%	30 - 51%

% des migrants ayant choisi cette destination

Il n'y a aucun Camenbert dans le Calvados car toutes les personnes de ce nom sont nées dans la Sarthe ! Mais on y recense quand même 50 naissances de Fromage...

Le Calvados compte particulièrement beaucoup de «matronymes» : Anne, Catherine, Marie, Marion, Marguerie, Robine, Thomasse...

Les 10 noms les plus portés du Calvados		Les 10 noms les plus portés n'existant que dans le Calvados
1891 - 1915	**1966 - 1990**	
MARIE	MARIE	THERESE DIT DUCHEMIN
LEFEVRE	JEANNE	RADULPHE
JEANNE	MARTIN	BUTEMPS
DUVAL	DUVAL	ORIEULT
HEBERT	LEFEVRE	MARTRAGNY
MARTIN	LEROY	VALLEREND
ANNE	GUERIN	CHERI DIT LENAULT
LEROY	HEBERT	LECORNICHON
CATHERINE	ANNE	RUMARE
GUERIN	LELIEVRE	LATURE

Cantal

Évolution du nombre de patronymes sur un siècle			
1891 à 1915	1916 à 1940	1941 à 1965	1966 à 1990
7 838	8 680	9 719	9 136

Migration des patronymes du Cantal
vers les différentes régions de France depuis un siècle

La moitié des Croute de France et 11 Maniac sur 19 sont nés dans le Cantal...

Bonnet, qui figure parmi les noms les plus portés du Cantal aujourd'hui, n'a rien à voir avec le couvre-chef... Il dérive d'un nom de baptême qu'un évêque de Clermont du VIIème siècle avait rendu populaire.

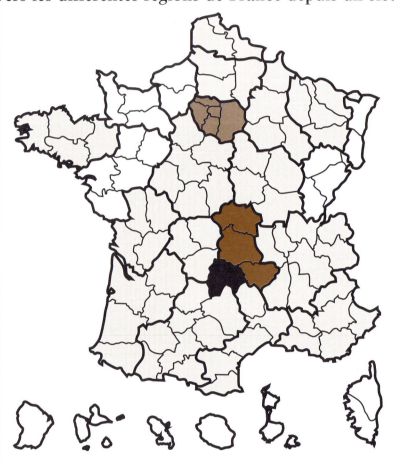

Carte établie en étudiant la migration des patronymes qui n'étaient présents que dans le Cantal en 1891 - 1915.

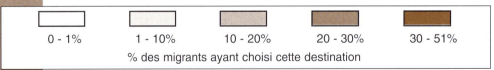

0 - 1%   1 - 10%   10 - 20%   20 - 30%   30 - 51%

% des migrants ayant choisi cette destination

Les 10 noms les plus portés du Cantal		Les 10 noms les plus portés n'existant que dans le Cantal
1891 - 1915	1966 - 1990	
SERRE	VIDAL	TIRABIE
VIDAL	DELMAS	PAIZONT
BOYER	BONNET	DELSOUT
ROBERT	MAGNE	POULVERELLES
ROCHE	LAPORTE	GAUZINTHE
LAFON	ROBERT	PRINTINHAC
VIGIER	SERRE	VERNEZOL
ROUX	LAFON	BRUGEIRE
DUMAS	CHARBONNEL	BUFFARAS
JUILLARD	FABRE	CAUFEYT

Charente

Évolution du nombre de patronymes sur un siècle			
1891 à 1915	1916 à 1940	1941 à 1965	1966 à 1990
14 149	16 528	19 536	20 746

Migration des patronymes de la Charente vers les différentes régions de France depuis un siècle

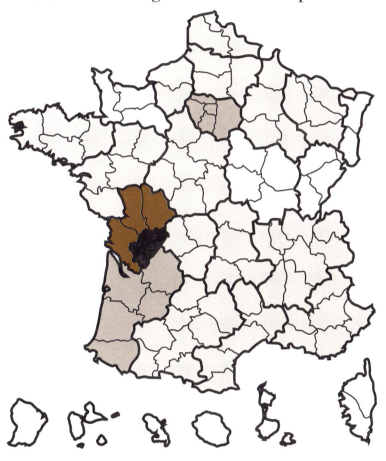

Les naissances de Mitterrand recensées en Charente sont celles du président et de ses frères et sœurs. Les autres ont eu lieu ailleurs, surtout dans la région Centre.

Carte établie en étudiant la migration des patronymes qui n'étaient présents qu'en Charente en 1891 - 1915.

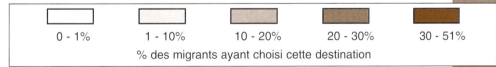

| 0 - 1% | 1 - 10% | 10 - 20% | 20 - 30% | 30 - 51% |

% des migrants ayant choisi cette destination

Les 10 noms les plus portés de la Charente		Les 10 noms les plus portés n'existant qu'en Charente
1891 - 1915	1966 - 1990	
MOREAU	MOREAU	MANNALIN
MARTIN	MARTIN	DESOUHANT
BERNARD	BERNARD	AMPAYRAT
DELAGE	DELAGE	PONTERY
PETIT	PETIT	TOURRAIS
VIGNAUD	ROY	BALUSSEAUD
ROUGIER	TEXIER	SAUGUEIL
ROY	ROUSSEAU	BALLUSSAUD
RIVET	THOMAS	SEMIOT
RAYNAUD	GAUTHIER	MISSUS

Charente-Maritime

Évolution du nombre de patronymes sur un siècle			
1891 à 1915	1916 à 1940	1941 à 1965	1966 à 1990
16 637	20 889	28 223	28 097

Sur les 13 Fêtard nés en France en un siècle, 10 ont vu le jour en Charente-Maritime.

Nom de Charente-Maritime, Baudry a gagné un *e* en franchissant l'Atlantique : les colons, imitant les surnoms locaux formés sur l'adjectif «beau», ont rajouté au XVIIIème un *e* à leur nom. Rare en France, Beaudry est majoritaire au Canada.

Migration des patronymes de Charente-Maritime vers les différentes régions de France depuis un siècle

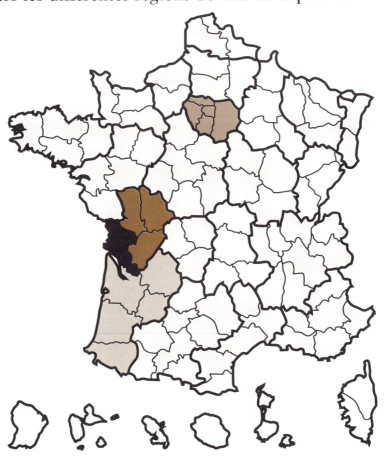

Carte établie en étudiant la migration des patronymes qui n'étaient présents qu'en Charente-Maritime en 1891 - 1915.

0 - 1%	1 - 10%	10 - 20%	20 - 30%	30 - 51%

% des migrants ayant choisi cette destination

Les 10 noms les plus portés de Charente-Maritime		Les 10 noms les plus portés n'existant qu'en Charente-Maritime
1891 - 1915	**1966 - 1990**	
MOREAU	MOREAU	OCQUETEAU
BERNARD	MARTIN	DAUBINIER
RENAUD	BERNARD	GACHINAT
MARTIN	ROY	DESBANDS
ROY	RICHARD	EDELINNE
GIRAUD	RENAUD	REPERE
ROUSSEAU	GUERIN	RAINGEONNEAU
RICHARD	ROBIN	MAROTEIX
GUERIN	ROBERT	VOLOKOVE
ROUX	ROUSSEAU	CHANSELLE

Cher

Évolution du nombre de patronymes sur un siècle			
1891 à 1915	1916 à 1940	1941 à 1965	1966 à 1990
12 077	15 417	18 784	19 965

Migration des patronymes du Cher vers les différentes régions de France depuis un siècle

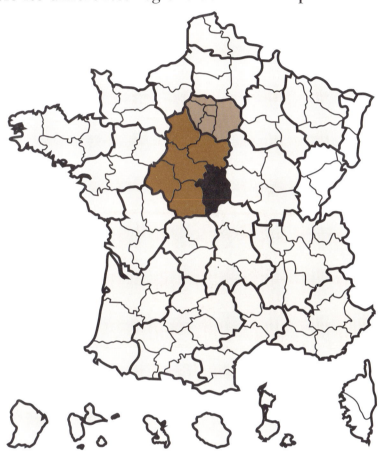

Carte établie en étudiant la migration des patronymes qui n'étaient présents que dans le Cher en 1891 - 1915.

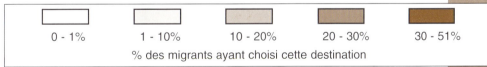

| 0 - 1% | 1 - 10% | 10 - 20% | 20 - 30% | 30 - 51% |

% des migrants ayant choisi cette destination

C'est dans le Cher, département d'origine de la famille du président de la République François Mitterrand, que l'on retrouve l'essentiel des 133 naissances de ce nom sur le siècle.

Les Nichon se trouvent particulièrement dans le Cher, avec 45 naissances sur 115 en un siècle.

Les 10 noms les plus portés du Cher		Les 10 noms les plus portés n'existant que dans le Cher
1891 - 1915	1966 - 1990	
MILLET	MARTIN	CHEVRETE
PETIT	MOREAU	DUSSAPIN
JACQUET	PETIT	CARLION
MARTIN	JACQUET	CLASIOT
BAILLY	DUBOIS	BORSELLE
DUBOIS	MILLET	CHOCHET
BRUNET	DA SILVA	FRODEFOND
MOREAU	ROGER	BORDYEUX
LEGER	THOMAS	RUTAUD
GIRAULT	GIRARD	ALFROIT

Corrèze

Évolution du nombre de patronymes sur un siècle			
1891 à 1915	1916 à 1940	1941 à 1965	1966 à 1990
10 373	11 645	14 854	16 230

Migration des patronymes de la Corrèze vers les différentes régions de France depuis un siècle

Amusant ? La quasi totalité des Glouton est née en Corrèze : 81 naissances sur 95.

Par le jeu des migrations, Chirac, nom de Corrèze qui compte un peu plus de 400 porteurs, se retrouve davantage porté sur Paris aujourd'hui.

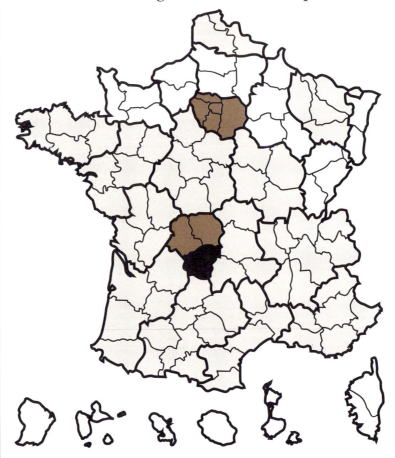

Carte établie en étudiant la migration des patronymes qui n'étaient présents qu'en Corrèze en 1891 - 1915.

0 - 1%	1 - 10%	10 - 20%	20 - 30%	30 - 51%

% des migrants ayant choisi cette destination

Les 10 noms les plus portés de la Corrèze		Les 10 noms les plus portés n'existant qu'en Corrèze
1891 - 1915	**1966 - 1990**	
MONTEIL	VERGNE	ALFAURT
BESSE	LAVAL	GUERGNE
VERGNE	MONTEIL	VERNANGEAL
COUDERT	MAURY	AGELOUX
DUPUY	BESSE	DONNEDEVIE
VIALLE	DA SILVA	ESCOUSSAT
LAVAL	BORDAS	LACORIE
CHASSAGNE	DUPUY	PATEAUD
FARGES	DELMAS	LISAT
MAURY	LACHAUD	POUCHOUT

Corse-du-Sud

Évolution du nombre de patronymes sur un siècle			
1891 à 1915	1916 à 1940	1941 à 1965	1966 à 1990
4 035	4 621	5 880	9 791

Migration des patronymes de la Corse-du-Sud vers les différentes régions de France depuis un siècle

Carte établie en étudiant la migration des patronymes qui n'étaient présents qu'en Corse-du-Sud en 1891 - 1915.

0 - 1%	1 - 10%	10 - 20%	20 - 30%	30 - 51%

% des migrants ayant choisi cette destination

Les Bonaparte n'ont pas fait souche en Corse-du-Sud. Aucune naissance sur le siècle de ce nom surtout présent maintenant dans le Calvados.

Costa... Ce nom du pourtour méditerranéen est très porté en Corse. Deux frères de ce nom, des Costa de Bastelica, comptent parmi les compagnons de Napoléon 1er.

Les 10 noms les plus portés en Corse-du-Sud		Les 10 noms les plus portés n'existant qu'en Corse-du-Sud
1891 - 1915	1966 - 1990	
LECA	LECA	REMITI
BARTOLI	SANTONI	CINARCA
CASANOVA	BARTOLI	CASAMAGGIORE
PIETRI	POLI	CAPODIMACCI
MONDOLONI	MONDOLONI	RISSOGLIO
SANTONI	CASANOVA	TELESFORI
NICOLAI	PIETRI	DELLASANTINA
POLI	TORRE	NADIZI
SUSINI	ROSSI	BORNEA
ROSSI	SUSINI	LODOVIGHI

Haute-Corse

Évolution du nombre de patronymes sur un siècle			
1891 à 1915	**1916 à 1940**	**1941 à 1965**	**1966 à 1990**
5 182	5 367	6 382	9 993

Migration des patronymes de la Haute-Corse vers les différentes régions de France depuis un siècle

En Corse, c'est ici que l'on retrouve le plus de noms se terminant par -i : Costantini, Ferrandini, Franconi, Franceschetti, Gabrielli, Massoni... ont leur implantation surtout en Haute-Corse.

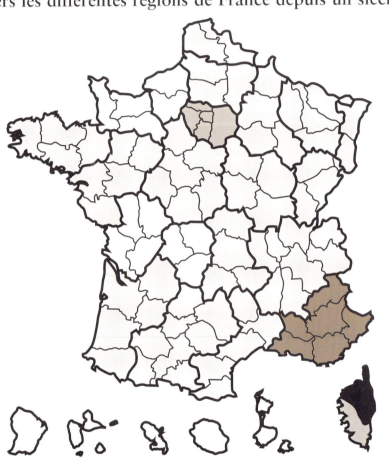

Carte établie en étudiant la migration des patronymes qui n'étaient présents qu'en Haute-Corse en 1891 - 1915.

| 0 - 1% | 1 - 10% | 10 - 20% | 20 - 30% | 30 - 51% |

% des migrants ayant choisi cette destination

Les 10 noms les plus portés de Haute-Corse		Les 10 noms les plus portés n'existant qu'en Haute-Corse
1891 - 1915	**1966 - 1990**	
ALBERTINI	ALBERTINI	BONAGGIUNTA
CASANOVA	MATTEI	BALDRICHI
MATTEI	LUCIANI	DOLESI
LUCIANI	ROSSI	PESCETTI
COLOMBANI	CASANOVA	BETTELANI
AGOSTINI	FILIPPI	CRASTUCCIO
ORSINI	AGOSTINI	ARRIVA
MARIANI	PAOLI	COLLARI
GIUDICELLI	ORSINI	MANNERINI
GRAZIANI	GRAZIANI	PONTERI

Côte-d'Or

Évolution du nombre de patronymes sur un siècle			
1891 à 1915	1916 à 1940	1941 à 1965	1966 à 1990
14 293	20 718	26 807	34 632

Migration des patronymes de Côte-d'Or vers les différentes régions de France depuis un siècle

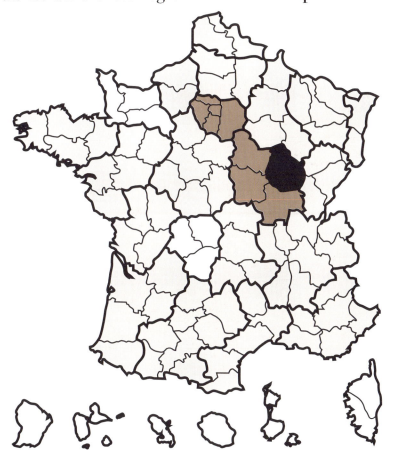

C'est ici que l'on trouve la plus forte concentration de Gagnepain (266 naissances sur les 1 527 recensées en France sur le siècle).

Carte établie en étudiant la migration des patronymes qui n'étaient présents qu'en Côte-d'Or en 1891 - 1915.

| 0 - 1% | 1 - 10% | 10 - 20% | 20 - 30% | 30 - 51% |

% des migrants ayant choisi cette destination

Les 10 noms les plus portés de Côte-d'Or		Les 10 noms les plus portés n'existant qu'en Côte-d'Or
1891 - 1915	1966 - 1990	
MARTIN	MARTIN	DEROUSSIAUX
GARNIER	BERNARD	NIPORTE
BERNARD	GARNIER	HUMBLIN
MOREAU	PETIT	SOLIOT
PETIT	MOREAU	FOUTOILLET
GIRARD	THOMAS	HIGUIER
PERROT	PERRIN	CLOLUX
ROY	ROBERT	EPERY
THOMAS	RICHARD	MATIRON
ROYER	GIRARD	REMILLIET

Côtes-d'Armor

Évolution du nombre de patronymes sur un siècle			
1891 à 1915	1916 à 1940	1941 à 1965	1966 à 1990
13 871	16 284	18 149	21 348

Riou est l'un des noms locaux les plus portés. Savez-vous qu'une Lucie Riou, décédée en 1915 à 95 ans, a été au Canada l'une des lauréates de la «guerre des berceaux» avec 567 descendants vivants à son décès ?

Curieusement, les Ollivier poussent... le long des côtes de la Manche. Ce nom surtout présent en Bretagne est porté ici par plus de 3 000 personnes.

Migration des patronymes des Côtes-d'Armor vers les différentes régions de France depuis un siècle

Carte établie en étudiant la migration des patronymes qui n'étaient présents qu'en Côtes-d'Armor en 1891 - 1915.

0 - 1%   1 - 10%   10 - 20%   20 - 30%   30 - 51%

% des migrants ayant choisi cette destination

Les 10 noms les plus portés des Côtes-d'Armor		Les 10 noms les plus portés n'existant que dans les Côtes-d'Armor
1891 - 1915	1966 - 1990	
HAMON	HAMON	LOGUIVY
HERVE	HERVE	LE CORREC
LE ROUX	THOMAS	DOMRAULT
LE GALL	RAULT	L ECHELARD
THOMAS	LE ROUX	GAYIC
OLLIVIER	LE GALL	JUDIL
LE GOFF	LE GOFF	MOUESAN
LUCAS	OLLIVIER	LOLLIEROUX
RAULT	MORIN	DAVAÏ
MORIN	ROUXEL	BRICQUER

Creuse

Évolution du nombre de patronymes sur un siècle			
1891 à 1915	1916 à 1940	1941 à 1965	1966 à 1990
10 026	10 337	10 381	7 467

Migration des patronymes de la Creuse
vers les différentes régions de France depuis un siècle

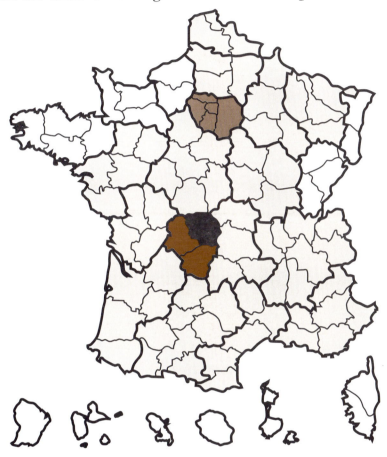

Carte établie en étudiant la migration des patronymes qui n'étaient présents qu'en Creuse en 1891 - 1915.

0 - 1%	1 - 10%	10 - 20%	20 - 30%	30 - 51%

% des migrants ayant choisi cette destination

Voici l'un des rares départements de France où l'on ne recense aucune naissance de Dupont !

Sur 57 naissances de Bourrique recensées sur le siècle, 33 viennent de la Creuse.

Les 10 noms les plus portés de la Creuse		Les 10 noms les plus portés n'existant que dans la Creuse
1891 - 1915	1966 - 1990	
MOREAU	MARTIN	AUBAISLE
PETIT	MOREAU	DEJOUHET
MARTIN	PETIT	FAREJEAUX
GIRAUD	VINCENT	LASCOUGIRAUD
TIXIER	GIRAUD	PALLEAUX
VINCENT	BRUNET	SIDRAT
DURAND	THOMAS	BEAUFERT
THOMAS	FAURE	CHARPEAUD
BERNARD	GUILLOT	MALAURON
GUILLOT	WINSTERSHEIM	BONNET-BEAUFRANC

Dordogne

Évolution du nombre de patronymes sur un siècle			
1891 à 1915	1916 à 1940	1941 à 1965	1966 à 1990
16 293	20 400	23 411	21 142

Migration des patronymes de la Dordogne vers les différentes régions de France depuis un siècle

C'est en Dordogne que l'on trouve la plus forte densité de Parisien ! 45 naissances sur 145.

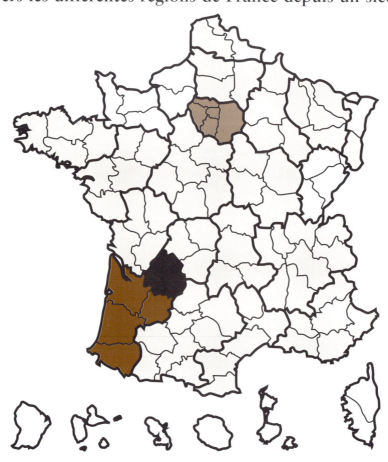

Carte établie en étudiant la migration des patronymes qui n'étaient présents qu'en Dordogne en 1891 - 1915.

0 - 1%	1 - 10%	10 - 20%	20 - 30%	30 - 51%

% des migrants ayant choisi cette destination

Les 10 noms les plus portés de Dordogne		Les 10 noms les plus portés n'existant qu'en Dordogne
1891 - 1915	1966 - 1990	
FAURE	FAURE	LAUSEILLE
MARTY	DUPUY	DESJOUX
DUPUY	MARTY	ALLICOT
LACOSTE	LACOSTE	BEAUCOUJAREIX
DELAGE	DELAGE	PUIMAILLE
PETIT	BESSE	SEES
LACOMBE	LAGARDE	PORTIL
DUMAS	DURAND	SANTRAND
BOYER	PETIT	CAPETTE-LAPLENE
LAGARDE	MOREAU	DRAPEYROUX

Doubs

Évolution du nombre de patronymes sur un siècle			
1891 à 1915	1916 à 1940	1941 à 1965	1966 à 1990
12 020	16 576	22 224	34 399

Migration des patronymes du Doubs vers les différentes régions de France depuis un siècle

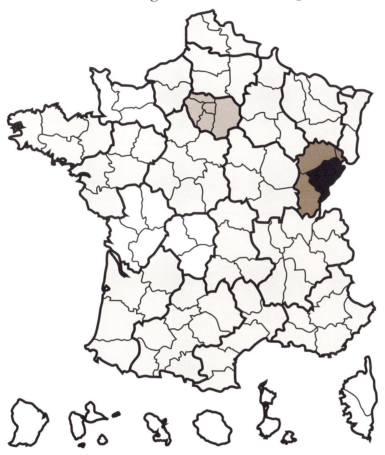

Les frères Lumière, inventeurs du cinéma, sont nés dans le Doubs en 1862 et 1864. Le nom y a depuis totalement disparu.

La terminaison des noms de famille en *-od* est caractéristique de Franche-Comté.

Carte établie en étudiant la migration des patronymes qui n'étaient présents que dans le Doubs en 1891 - 1915.

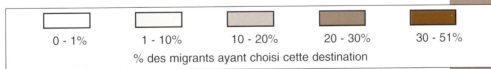

% des migrants ayant choisi cette destination

0 - 1%   1 - 10%   10 - 20%   20 - 30%   30 - 51%

Les 10 noms les plus portés du Doubs		Les 10 noms les plus portés n'existant que dans le Doubs
1891 - 1915	1966 - 1990	
FAIVRE	FAIVRE	DEVILLAIRS
VUILLEMIN	MARTIN	MILLESSE
ROY	MOREL	RUEFLIN
RENAUD	ROY	LETONDELLE
MOREL	VUILLEMIN	CHOUFFE
MARTIN	LAMBERT	GROSNIT
EANNIN	GIRARD	VOIREUCHON
GIRARD	MOUGIN	DUEDE
MAIRE	HUMBERT	GENILLOUX
CUENOT	RENAUD	BAUVAIR

Drôme

Évolution du nombre de patronymes sur un siècle			
1891 à 1915	1916 à 1940	1941 à 1965	1966 à 1990
9 954	13 035	20 006	29 511

Migration des patronymes de la Drôme vers les différentes régions de France depuis un siècle

Les petits bois, «bosc», ont donné leur nom à des familles sous de multiples formes : Bosc, Dubosc, Dubost... Dans la Drôme, ils ont principalement donné Bouchet, porté en France par plus de 25 000 personnes.

Le saviez-vous ? La famille de Raymond Barre, né à la Réunion, est originaire de la Drôme. Le nom n'y est plus porté que par 80 personnes environ.

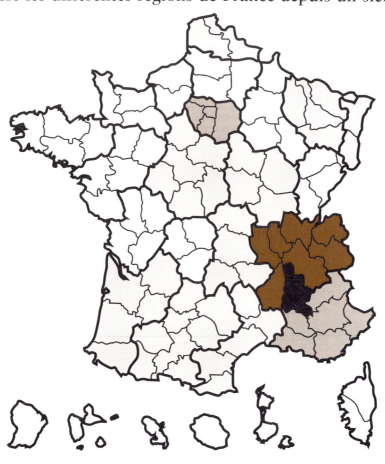

Carte établie en étudiant la migration des patronymes qui n'étaient présents que dans la Drôme en 1891 - 1915.

0 - 1%	1 - 10%	10 - 20%	20 - 30%	30 - 51%

% des migrants ayant choisi cette destination

Les 10 noms les plus portés de la Drôme		Les 10 noms les plus portés n'existant que dans la Drôme
1891 - 1915	1966 - 1990	
ROUX	FAURE	GAMORE
FAURE	REYNAUD	ALAYOT
BERNARD	MARTIN	BOUVAGNAT
ARNAUD	ROUX	JAMONET
REYNAUD	ARNAUD	LANGENOIR
BRUN	BERNARD	SOBLINET
GIRARD	ROBERT	CLEYSSAC
MARTIN	BLANC	MOURRARD
BLANC	REY	PAILLEREY
GAUTHIER	DURAND	DARNARD

Eure

Évolution du nombre de patronymes sur un siècle			
1891 à 1915	1916 à 1940	1941 à 1965	1966 à 1990
14 526	21 097	25 246	30 274

Migration des patronymes de l'Eure vers les différentes régions de France depuis un siècle

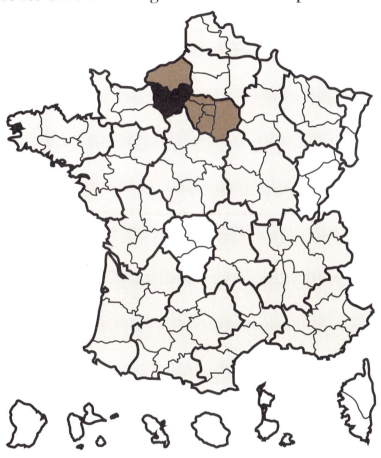

C'est dans l'Eure que l'on trouve le plus de Mérimée : 83 naissances sur 189 en un siècle.

Carte établie en étudiant la migration des patronymes qui n'étaient présents que dans l'Eure en 1891 - 1915.

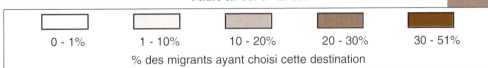

| 0 - 1% | 1 - 10% | 10 - 20% | 20 - 30% | 30 - 51% |

% des migrants ayant choisi cette destination

Les 10 noms les plus portés de l'Eure		Les 10 noms les plus portés n'existant que dans l'Eure
1891 - 1915	1966 - 1990	
LEFEBVRE	LEFEBVRE	TIONCK
DUVAL	MARTIN	DOMNEQUE
LEROY	DUVAL	BIDERE
PREVOST	LEROY	CHRICTOT
MARTIN	PETIT	LECROULLANT
LANGLOIS	LETELLIER	LARCONNIER
PETIT	MORIN	DURUFLEY
HEBERT	LANGLOIS	JOLUN
DELAMARE	ROUSSEL	LANGUEMIER
MORIN	DUBOIS	LEFLOIC

Eure-et-Loir

Évolution du nombre de patronymes sur un siècle			
1891 à 1915	1916 à 1940	1941 à 1965	1966 à 1990
11 102	15 188	20 295	27 787

Migration des patronymes d'Eure-et-Loir
vers les différentes régions de France depuis un siècle

Contrairement à ce que l'on pourrait croire, il n'y a eu qu'une seule naissance de Chippie en France !... et dans l'Eure-et-Loir.

Sur les 6 naissances de Queulevée sur le siècle, 4 ont eu lieu en Eure-et-Loir.

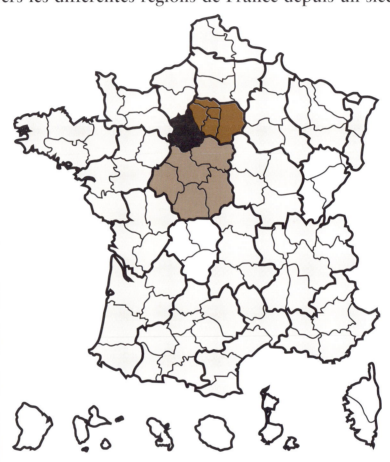

Carte établie en étudiant la migration des patronymes qui n'étaient présents que dans l'Eure-et-Loir en 1891 - 1915.

0 - 1%	1 - 10%	10 - 20%	20 - 30%	30 - 51%

% des migrants ayant choisi cette destination

Les 10 noms les plus portés d'Eure-et-Loir		Les 10 noms les plus portés n'existant qu'en Eure-et-Loir
1891 - 1915	1966 - 1990	
MARTIN	MARTIN	OUELLARD
ROUSSEAU	ROUSSEAU	BUSLOUP
MOREAU	GIRARD	GOUBILY
LEROY	DURAND	SAULTON
LECOMTE	LEROY	HARRICOT
GIRARD	MOREAU	THEAMUS
DURAND	MARCHAND	CHETTEAU
MARCHAND	LECOMTE	HAUZERAY
PELLETIER	LEGRAND	POILRAS
GUERIN	RICHARD	DUTEILLEUR

Finistère

Évolution du nombre de patronymes sur un siècle			
1891 à 1915	1916 à 1940	1941 à 1965	1966 à 1990
14 622	17 355	21 313	31 911

Migration des patronymes du Finistère vers les différentes régions de France depuis un siècle

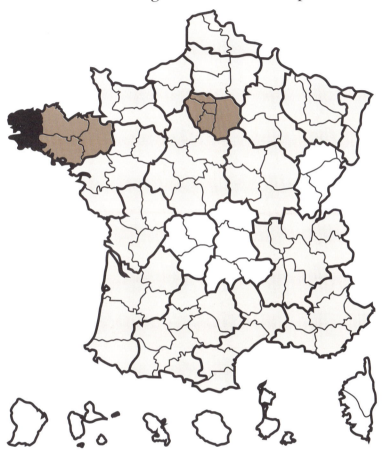

Les noms terminés en *ic* sont caractéristiques de la région : Allanic, Flohic, Jouannic...

Il n'y a qu'un seul Flic en France : il est né dans le Finistère au début du siècle.

Carte établie en étudiant la migration des patronymes qui n'étaient présents que dans le Finistère en 1891 - 1915.

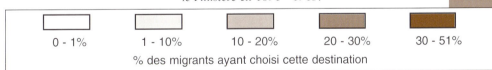

0 - 1%   1 - 10%   10 - 20%   20 - 30%   30 - 51%
% des migrants ayant choisi cette destination

Les 10 noms les plus portés du Finistère		Les 10 noms les plus portés n'existant que dans le Finistère
1891 - 1915	1966 - 1990	
LE GALL	LE GALL	QUEOURON
GUILLOU	LE GOFF	GUIRINEC
LE ROUX	LE ROUX	DIVANAC H
MORVAN	MORVAN	BROENNEC
LE GOFF	TANGUY	TORCHEN
SALAUN	GUILLOU	BERREGAR
TANGUY	GUEGUEN	TALADUN
GUEGUEN	PERON	DE KEROULLAS
RIOU	SALAUN	LERROL
PERON	PRIGENT	DAOUFARS

Gard

Évolution du nombre de patronymes sur un siècle			
1891 à 1915	**1916 à 1940**	**1941 à 1965**	**1966 à 1990**
13 182	18 874	26 514	34 548

Migration des patronymes du Gard vers les différentes régions de France depuis un siècle

Sophocle est un patronyme qui existe ! 11 naissances sur les 27 recensées sont du Gard.

Ac est une terminaison fréquente des patronymes dans le sud-ouest. Parmi les plus amusants : Arnac, qui se retrouve surtout dans le Gard (159 naissances sur 247).

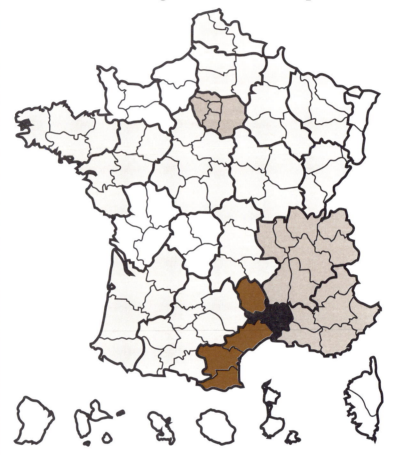

Carte établie en étudiant la migration des patronymes qui n'étaient présents que dans le Gard en 1891 - 1915.

0 - 1%   1 - 10%   10 - 20%   20 - 30%   30 - 51%

% des migrants ayant choisi cette destination

Les 10 noms les plus portés dans le Gard		Les 10 noms les plus portés n'existant que dans le Gard
1891 - 1915	**1966 - 1990**	
MARTIN	GARCIA	MIGOULE
ROUX	MARTINEZ	ARPINON
DUMAS	MARTIN	LIBRAD
DURAND	SANCHEZ	RICAULX
MICHEL	ROUX	HILLORION
FABRE	LOPEZ	ROUVEIRAND
VIDAL	DUMAS	TRANCHESSET
ANDRE	MICHEL	MANIPOU
MAURIN	DURAND	GAROSSINO
ROBERT	PEREZ	LESSUT

Haute-Garonne

Évolution du nombre de patronymes sur un siècle			
1891 à 1915	1916 à 1940	1941 à 1965	1966 à 1990
15 311	24 319	39 581	59 084

Migration des patronymes de Haute-Garonne vers les différentes régions de France depuis un siècle

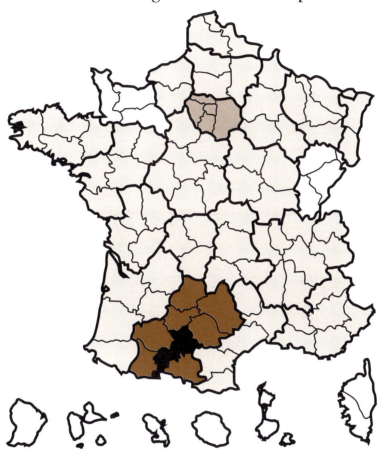

Un seul Pythagore et un seul Xénophon sont nés au cours de ce siècle : tous deux en Haute-Garonne.

Carte établie en étudiant la migration des patronymes qui n'étaient présents qu'en Haute-Garonne en 1891 - 1915.

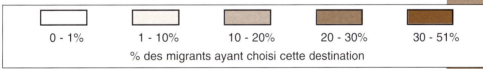

| 0 - 1% | 1 - 10% | 10 - 20% | 20 - 30% | 30 - 51% |

% des migrants ayant choisi cette destination

Les 10 noms les plus portés de Haute-Garonne		Les 10 noms les plus portés n'existant qu'en Haute-Garonne
1891 - 1915	1966 - 1990	
FAURE	GARCIA	LECHENETIER
MARTY	MARTINEZ	GARAIL
DUPUY	MARTY	ESCAZEAUX
ABADIE	MARTIN	LOMBEZ
CASTEX	FAURE	TROFIN
PUJOL	LOPEZ	ABADENS
VIDAL	PEREZ	COLOMIERS
ROQUES	SANCHEZ	CAUJOL
DEJEAN	VIDAL	DIFFIS
LAFFONT	RODRIGUEZ	BOLTANA

Gers

Évolution du nombre de patronymes sur un siècle			
1891 à 1915	1916 à 1940	1941 à 1965	1966 à 1990
8 515	11 794	14 184	10 630

Migration des patronymes du Gers vers les différentes régions de France depuis un siècle

Pellefigue... Ce nom aux parfums du Sud figure dans les 150 plus portés du Gers.

Tous les Grosgnet sont originaires du Gers (5 naissances depuis le début du siècle).

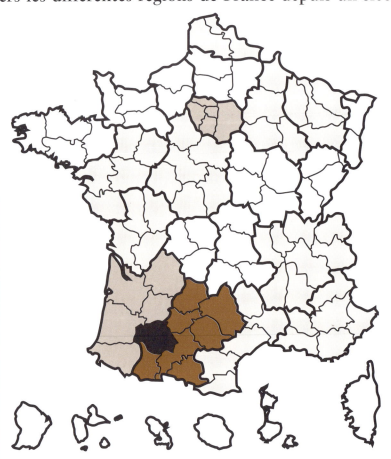

Carte établie en étudiant la migration des patronymes qui n'étaient présents que dans le Gers en 1891 - 1915.

0 - 1%	1 - 10%	10 - 20%	20 - 30%	30 - 51%

% des migrants ayant choisi cette destination

Les 10 noms les plus portés du Gers		Les 10 noms les plus portés n'existant que dans le Gers
1891 - 1915	**1966 - 1990**	
DUPUY	DUPUY	SOUFFARES
ABADIE	ABADIE	LAMANIVE
PERES	CARRERE	LAYRLE
LACOSTE	PERES	PELLALO
LALANNE	SABATHIER	CASTELLAVERAN
LAFFARGUE	LALANNE	MAIMIR
DUPRAT	GARCIA	MASSARTIQ
LASSERRE	DUPRAT	PARALTE
ADER	LACOSTE	REIGNAUT
FOURCADE	DUPOUY	FILLOUSE

Gironde

Évolution du nombre de patronymes sur un siècle			
1891 à 1915	1916 à 1940	1941 à 1965	1966 à 1990
35 612	46 751	55 424	69 486

**Migration des patronymes de la Gironde
vers les différentes régions de France depuis un siècle**

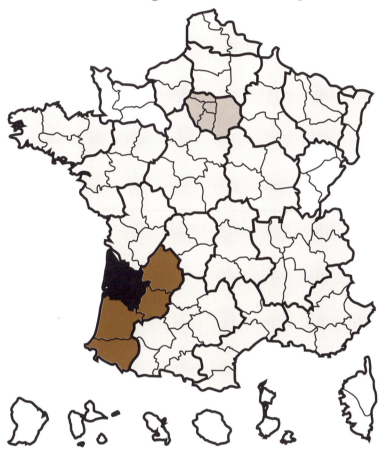

Carte établie en étudiant la migration des patronymes qui n'étaient présents
qu'en Gironde en 1891 - 1915.

0 - 1%	1 - 10%	10 - 20%	20 - 30%	30 - 51%

% des migrants ayant choisi cette destination

C'est en Gironde que l'on trouve presque tous les Coucou de France (10 naissances sur 13).

La Gironde attire au-delà des frontières. Parmi les 150 noms les plus portés, on trouve : Garcia, Gonzales, Sanchez, Perez, Lopez, Ruiz, Rodriguez, Martinez, Fernandez, Hernandez, Gomez...

Les 10 noms les plus portés de Gironde		Les 10 noms les plus portés n'existant qu'en Gironde
1891 - 1915	1966 - 1990	
MARTIN	MARTIN	LAPAILLERIE
DUPUY	GARCIA	THOMILAS
BERNARD	BERNARD	CHAVELARD
LAFON	DUPUY	ORIEDE
FAURE	FAURE	POURQUEY
DUBOURG	MOREAU	LEYNEY
ARNAUD	SANCHEZ	YSSARTIER
LACOSTE	ROBERT	MONTUZET
LALANNE	LOPEZ	MITRESSE
MOREAU	GONZALEZ	PEYRONNETTE

Hérault

Évolution du nombre de patronymes sur un siècle			
1891 à 1915	1916 à 1940	1941 à 1965	1966 à 1990
18 503	23 493	28 997	47 801

Migration des patronymes de l'Hérault
vers les différentes régions de France depuis un siècle

Amusant : les Passeport sont surtout nés dans l'Hérault !

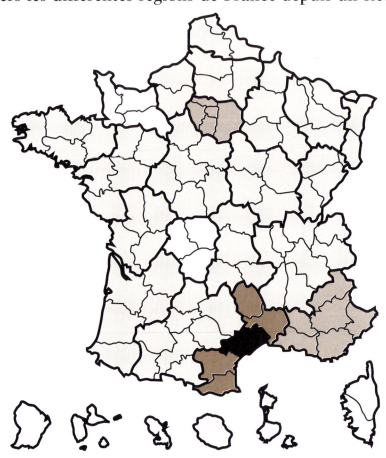

Carte établie en étudiant la migration des patronymes qui n'étaient présents que dans l'Hérault en 1891 - 1915.

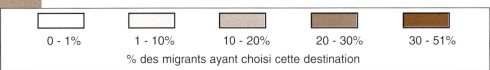

0 - 1%	1 - 10%	10 - 20%	20 - 30%	30 - 51%

% des migrants ayant choisi cette destination

Les 10 noms les plus portés de l'Hérault		Les 10 noms les plus portés n'existant que dans l'Hérault
1891 - 1915	1966 - 1990	
VIDAL	GARCIA	DERDEVET
FABRE	MARTINEZ	MATHIEU-DAUDE
CROS	LOPEZ	GANIGAL
DURAND	SANCHEZ	LACHELLO
BOUSQUET	PEREZ	MADAILLE
MARTIN	VIDAL	SCIO
COMBES	MARTIN	TARTIGLI
BONNET	FABRE	D ISSERNIO
MARTY	FERNANDEZ	ARMERIO
GUIRAUD	RODRIGUEZ	FROUNTIL

Ille-et-Vilaine

Évolution du nombre de patronymes sur un siècle			
1891 à 1915	1916 à 1940	1941 à 1965	1966 à 1990
15 488	19 635	24 823	33 728

Migration des patronymes d'Ille-et-Vilaine vers les différentes régions de France depuis un siècle

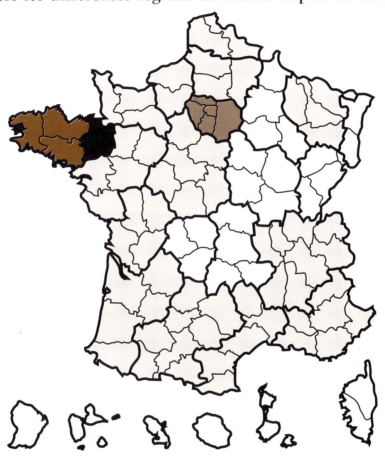

Carte établie en étudiant la migration des patronymes qui n'étaient présents qu'en Ille-et-Vilaine en 1891 - 1915.

Le nom Surcouf évoque immédiatement le fameux corsaire malouin. Presque disparu d'Ille-et-Vilaine (3 naissances sur 193), il se retrouve surtout en Normandie.

Un tiers des Loubard de France sont nés en Ille-et-Vilaine...

| 0 - 1% | 1 - 10% | 10 - 20% | 20 - 30% | 30 - 51% |

% des migrants ayant choisi cette destination

Les 10 noms les plus portés d'Ille-et-Vilaine		Les 10 noms les plus portés n'existant qu'en Ille-et-Vilaine
1891 - 1915	1966 - 1990	
GAUTIER	MARTIN	AUDROUING
MARTIN	GAUTIER	DENAYS
MOREL	SIMON	AVAGOT
SIMON	MOREL	AYESSE
RENAULT	THOMAS	LALFOND
GUERIN	ROBERT	DRENIAUD
ROBERT	HAMON	LECOULAN
LEFEUVRE	RENAULT	GUEDEUX
BRIAND	BRIAND	JOUBREIL
LEBRETON	LEFEUVRE	VAN BOURGOGNE

Indre

Évolution du nombre de patronymes sur un siècle			
1891 à 1915	1916 à 1940	1941 à 1965	1966 à 1990
9 673	11 882	18 731	15 517

Migration des patronymes de l'Indre vers les différentes régions de France depuis un siècle

Il n'y a eu qu'une seule naissance d'Excellence en France : elle a eu lieu au début du siècle dans l'Indre.

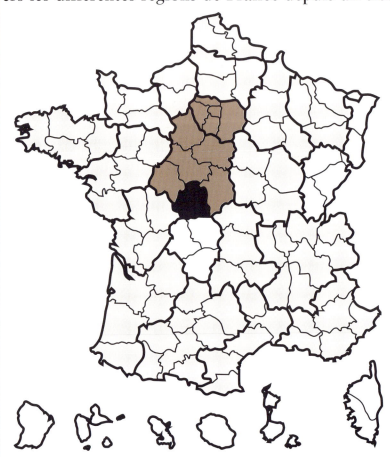

Carte établie en étudiant la migration des patronymes qui n'étaient présents que dans l'Indre en 1891 - 1915.

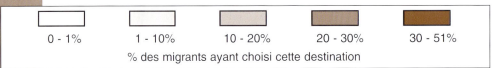

| 0 - 1% | 1 - 10% | 10 - 20% | 20 - 30% | 30 - 51% |

% des migrants ayant choisi cette destination

Les 10 noms les plus portés de l'Indre		Les 10 noms les plus portés n'existant que dans l'Indre
1891 - 1915	1966 - 1990	
MOREAU	MOREAU	MEILLIEN
ROBIN	ROBIN	COUNILLET
BRUNET	MARTIN	PULVERIN
RICHARD	RICHARD	ARRETAUD
BLANCHET	BRUNET	LEPAIR
BONNIN	THOMAS	PAILLAULT
MARTIN	BONNIN	JOISNOT
MOULIN	ROBERT	RAUCHAT
TISSIER	BONNET	BREUILLAULT
THOMAS	MOULIN	COURTILET

118

Indre-et-Loire

Évolution du nombre de patronymes sur un siècle			
1891 à 1915	1916 à 1940	1941 à 1965	1966 à 1990
14 179	19 910	26 217	33 573

Migration des patronymes d'Indre-et-Loire vers les différentes régions de France depuis un siècle

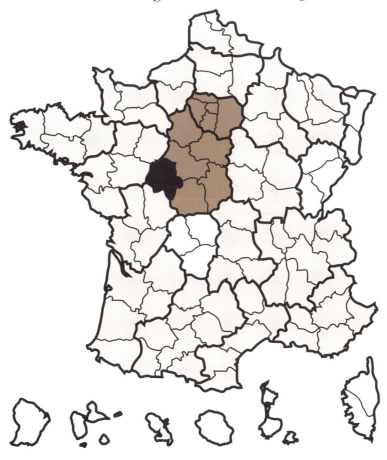

De nombreux noms du Val-de-Loire se retrouvent outre-atlantique. L'Université de la Nouvelle-Orléans vient d'ailleurs de se donner pour nom celui d'un Tourangeau : Paul Tulane.

Carte établie en étudiant la migration des patronymes qui n'étaient présents qu'en Indre-et-Loire en 1891 - 1915.

0 - 1%	1 - 10%	10 - 20%	20 - 30%	30 - 51%

% des migrants ayant choisi cette destination

Les 10 noms les plus portés d'Indre-et-Loire		Les 10 noms les plus portés n'existant qu'en Indre-et-Loire
1891 - 1915	1966 - 1990	
MOREAU	MOREAU	FROMIAU
ROBIN	MARTIN	ECHERSEAU
ROY	ROBIN	BUZELE
GIRARD	DUBOIS	JAMENOT
DUBOIS	RICHARD	SIROTE
MEUNIER	ROY	DOUGEZ
MARTIN	GIRARD	FREBOUT
ROUSSEAU	ROUSSEAU	BONNETTAT
RICHARD	GUERIN	HAUDILLE
BRAULT	DURAND	MERCERAND

119

Isère

Évolution du nombre de patronymes sur un siècle			
1891 à 1915	1916 à 1940	1941 à 1965	1966 à 1990
17 590	29 486	41 011	60 172

Migration des patronymes de l'Isère vers les différentes régions de France depuis un siècle

Les Glandu sont tous originaires de l'Isère : le nom n'était présent que là avant 1916. Sur les 76 naissances recensées par la suite, 54 sont de l'Isère.

C'est en Isère que l'on trouve le plus de Bouvier (8 % des porteurs du nom en France), nom de jeune fille de Jacqueline épouse Kennedy puis Onassis et savoyarde d'origine.

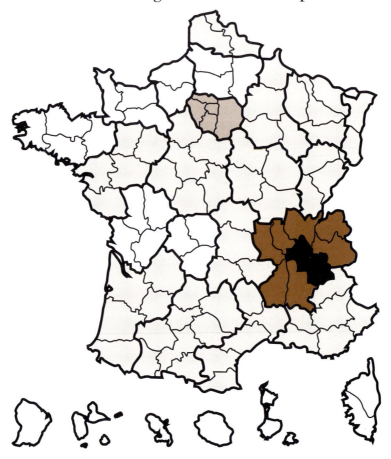

Carte établie en étudiant la migration des patronymes qui n'étaient présents qu'en Isère en 1891 - 1915.

0 - 1%	1 - 10%	10 - 20%	20 - 30%	30 - 51%

% des migrants ayant choisi cette destination

Les 10 noms les plus portés de l'Isère		Les 10 noms les plus portés n'existant qu'en Isère
1891 - 1915	**1966 - 1990**	
DURAND	MARTIN	GIROUD-GARAMPON
PERRIN	DURAND	SEIGLE-BUYAT
MARTIN	FAURE	GIROUD-CAPET
BERNARD	BERNARD	UGNON-CAFE
ROUX	PERRIN	SAVIOZ-FOUILLET
MOREL	GARCIA	MEILLAND-REY
BLANC	BLANC	ROUX-SIBILON
REY	MARTINEZ	BURRIAND
VIAL	ROUX	GUILLET-REVOL
BOUVIER	GIRARD	REY-TINAT

Jura

Évolution du nombre de patronymes sur un siècle			
1891 à 1915	1916 à 1940	1941 à 1965	1966 à 1990
9 464	11 489	13 153	15 254

Migration des patronymes du Jura
vers les différentes régions de France depuis un siècle

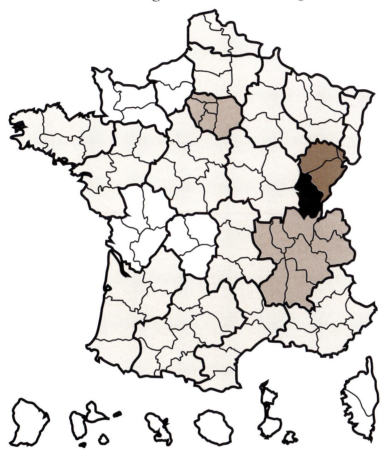

Le Jura est le département comptant le plus de Poux.

Crétin, difficile à porter aujourd'hui, est une forme régionale de Chrétien. Le Jura est le département de plus forte densité (883 naissances sur 4 197) de ce nom, qui figure au 22ème rang des demandes de changements.

Carte établie en étudiant la migration des patronymes qui n'étaient présents que dans le Jura en 1891 - 1915.

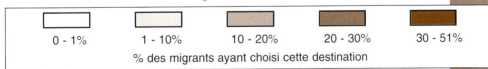

| 0 - 1% | 1 - 10% | 10 - 20% | 20 - 30% | 30 - 51% |

% des migrants ayant choisi cette destination

Les 10 noms les plus portés du Jura		Les 10 noms les plus portés n'existant que dans le Jura
1891 - 1915	1966 - 1990	
LACROIX	MARTIN	GUYGRAND
VINCENT	DURAND	ZADOINOFF
MILLET	BERNARD	BAILLY-BAZIN
PROST	VINCENT	GROS-TABUSSIAT
MICHAUD	BOURGEOIS	REGARD-JACOBEZ
BOURGEOIS	PROST	GAUTRONNET
MARTIN	BAILLY	SYRAME
BAILLY	MILLET	BAVOYSI
PERRIN	FAIVRE	CHANCENOT
FAIVRE	GUYON	PREVITALE

Landes

Évolution du nombre de patronymes sur un siècle			
1891 à 1915	1916 à 1940	1941 à 1965	1966 à 1990
9 140	11 110	14 915	17 836

Migration des patronymes des Landes
vers les différentes régions de France depuis un siècle

C'est dans les Landes que l'on compte le plus de Castets, un nom en progression au fil du siècle.

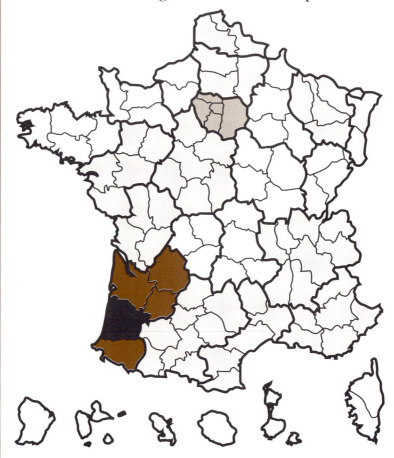

Carte établie en étudiant la migration des patronymes qui n'étaient présents que dans les Landes en 1891 - 1915.

| 0 - 1% | 1 - 10% | 10 - 20% | 20 - 30% | 30 - 51% |

% des migrants ayant choisi cette destination

Les 10 noms les plus portés des Landes		Les 10 noms les plus portés n'existant que dans les Landes
1891 - 1915	**1966 - 1990**	
DUPOUY	DUPOUY	DARRIBEYROS
LALANNE	LALANNE	VILATON
LAFITTE	LABORDE	GAMARDES
LABORDE	LAFITTE	MOMEN
LABAT	TASTET	DONTANS
LAFARGUE	LABAT	GOUSSEBAIRE
TASTET	LAFARGUE	LABROUQUAIRE
DUPRAT	LASSERRE	LACASSAIN
LASSERRE	CASTETS	LAUBIT
CASTETS	DUFAU	OTECHARD

Loir-et-Cher

Évolution du nombre de patronymes sur un siècle			
1891 à 1915	**1916 à 1940**	**1941 à 1965**	**1966 à 1990**
10 938	13 943	15 202	19 935

Migration des patronymes du Loir-et-Cher vers les différentes régions de France depuis un siècle

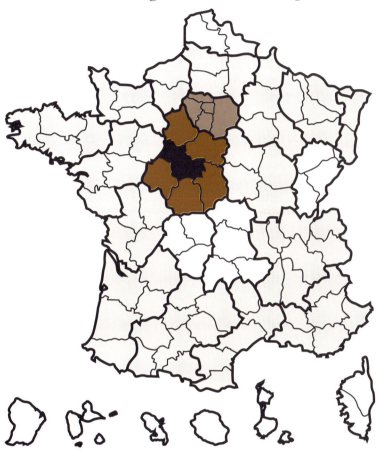

Une terminaison des noms de famille en -*eau* est caractéristique des noms de l'Ouest et du Centre.

Carte établie en étudiant la migration des patronymes qui n'étaient présents qu'en Loir-et-Cher en 1891 - 1915.

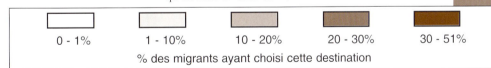

0 - 1%	1 - 10%	10 - 20%	20 - 30%	30 - 51%

% des migrants ayant choisi cette destination

Les 10 noms les plus portés du Loir-et-Cher		Les 10 noms les plus portés n'existant qu'en Loir-et-Cher
1891 - 1915	**1966 - 1990**	
MOREAU	MOREAU	REPINCAY
GAUTHIER	GAUTHIER	LYSE
LEROY	MARTIN	FISTAHL
BRETON	LEROY	OUGAZEAU
ROUSSEAU	DUBOIS	ARQUILLE
BESNARD	BRETON	GAUSSAND
PETIT	BIGOT	LAVRIEUX
DENIAU	BOULAY	TRUMAULT
DUBOIS	PETIT	AGILÈLIE
LEROUX	BESNARD	MEISTRE

Loire

Évolution du nombre de patronymes sur un siècle			
1891 à 1915	**1916 à 1940**	**1941 à 1965**	**1966 à 1990**
17 748	26 347	31 818	38 252

Migration des patronymes de la Loire vers les différentes régions de France depuis un siècle

L'acteur Pierre Etaix est l'une des figures de la Loire. Sur les 469 naissances d'Etaix en France sur le siècle, 308 ont eu lieu dans le département.

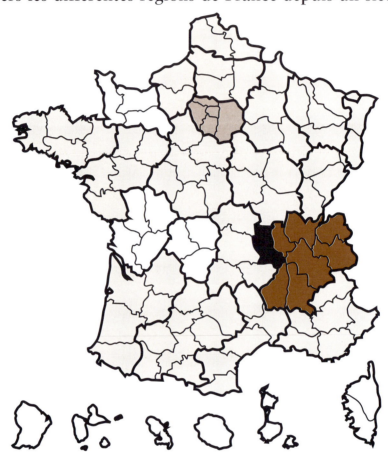

Carte établie en étudiant la migration des patronymes qui n'étaient présents que dans la Loire en 1891 - 1915.

0 - 1%   1 - 10%   10 - 20%   20 - 30%   30 - 51%

% des migrants ayant choisi cette destination

Les 10 noms les plus portés de la Loire		Les 10 noms les plus portés n'existant que dans la Loire
1891 - 1915	**1966 - 1990**	
FAURE	FAURE	GRANDGONNET
ROCHE	ROCHE	MONZY
DUMAS	MARTIN	VARINNIER
MARTIN	MOULIN	ROMEYRON
VIAL	DUMAS	DAMOIZET
MOULIN	GIRAUD	DERPET
PERRIN	VIAL	GUELERAUD
ROBERT	ROBERT	DAFAUT
GIRAUD	FAYOLLE	DODEVEY
BERGER	PERRIN	SIECLE

Haute-Loire

Évolution du nombre de patronymes sur un siècle			
1891 à 1915	1916 à 1940	1941 à 1965	1966 à 1990
6 401	7 243	8 275	8 018

Migration des patronymes de Haute-Loire vers les différentes régions de France depuis un siècle

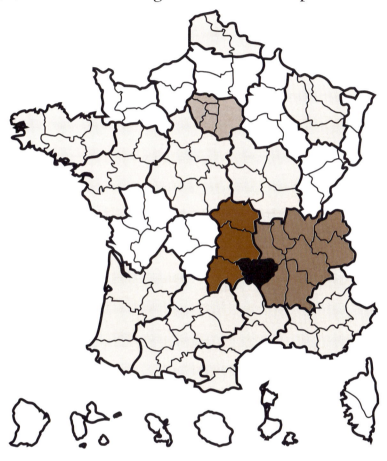

Les noms se terminant par -*enc* ou -*ias* sont typiquement du sud du Massif Central et notamment de la Haute-Loire.

Carte établie en étudiant la migration des patronymes qui n'étaient présents que dans la Haute-Loire en 1891 - 1915.

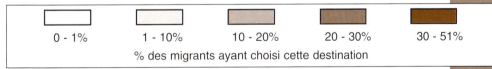

| 0 - 1% | 1 - 10% | 10 - 20% | 20 - 30% | 30 - 51% |

% des migrants ayant choisi cette destination

Les 10 noms les plus portés de Haute-Loire		Les 10 noms les plus portés n'existant qu'en Haute-Loire
1891 - 1915	**1966 - 1990**	
FAURE	BOYER	ANTHUS
ROCHE	ROCHE	JOUSSOUY
BOYER	MARTIN	QUOIZOLA
MARTIN	FAURE	ABREVOIR
BRUN	MICHEL	VALHORGUE
BONNET	ROUX	OFFEVES
MICHEL	LAURENT	DENOPCE
JOUVE	EXBRAYAT	ENJOLVIN
ROUX	BRUN	PRUNEYROLLES
SABATIER	CHAPUIS	ROUHAIRE

Loire-Atlantique

Évolution du nombre de patronymes sur un siècle			
1891 à 1915	1916 à 1940	1941 à 1965	1966 à 1990
17 731	24 911	30 465	42 318

Migration des patronymes de Loire-Atlantique
vers les différentes régions de France depuis un siècle

Ce département détient le record de naissances de Salaud (267 sur 536 en un siècle). Un nom d'origine germanique qui dérive en fait de *waldan*, signifiant gouverner.

Les Chauvin... ne l'étaient pas, le nom désignant à l'origine une personne chauve. Leur département de plus forte implantation est la Loire-Atlantique.

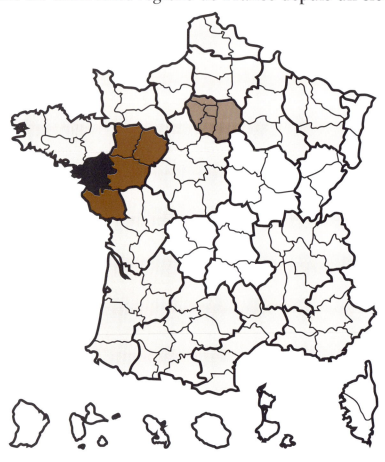

Carte établie en étudiant la migration des patronymes qui n'étaient présents qu'en Loire-Atlantique en 1891 - 1915.

0 - 1%	1 - 10%	10 - 20%	20 - 30%	30 - 51%

% des migrants ayant choisi cette destination

Les 10 noms les plus portés de Loire-Atlantique		Les 10 noms les plus portés n'existant qu'en Loire-Atlantique
1891 - 1915	1966 - 1990	
DAVID	MARTIN	DOSSEUL
MARTIN	DAVID	BOUILLETEAU
GAUTIER	MOREAU	CHOEMET
MOREAU	GAUTIER	MOSTEAU
MAHE	DURAND	LANIAUD
BRIAND	RICHARD	DENORT
ROUSSEAU	ROUSSEAU	MARZELLIERE
DURAND	GUERIN	DELECRAIN
GUERIN	ROBERT	BELLEFET
RICHARD	MAHE	COSSADE

Loiret

Évolution du nombre de patronymes sur un siècle			
1891 à 1915	1916 à 1940	1941 à 1965	1966 à 1990
13 525	19 533	27 986	39 308

Migration des patronymes du Loiret vers les différentes régions de France depuis un siècle

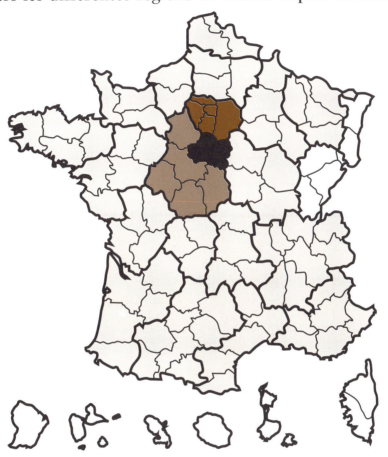

Carte établie en étudiant la migration des patronymes qui n'étaient présents que dans le Loiret en 1891 - 1915.

| 0 - 1% | 1 - 10% | 10 - 20% | 20 - 30% | 30 - 51% |

% des migrants ayant choisi cette destination

La majorité des Cabotin se trouvent dans le Loiret (67 naissances sur 101).

Les 1 200 Amirault que compte aujourd'hui la France sont cousins : ils descendent tous de Laurent Li Amirault, serf né vers 1160, affranchi en 1224 par un abbé d'Orléans.

Les 10 noms les plus portés du Loiret		Les 10 noms les plus portés n'existant que dans le Loiret
1891 - 1915	1966 - 1990	
ROUSSEAU	MARTIN	STOBRE
MOREAU	MOREAU	ABRUE
MARTIN	ROUSSEAU	TAFFALEAU
DURAND	DA SILVA	HACAN
GUERIN	DURAND	GRANDBIEN
GAUTHIER	DUBOIS	DEZOLU
MORIN	THOMAS	DESCAUSE
LOISEAU	GUERIN	AMANCY
MEUNIER	FERREIRA	BETHOUL
DUBOIS	SIMON	GERGADIER

Lot

Évolution du nombre de patronymes sur un siècle			
1891 à 1915	1916 à 1940	1941 à 1965	1966 à 1990
6 761	8 203	10 827	10 837

Migration des patronymes du Lot
vers les différentes régions de France depuis un siècle

Les Castagne sont fortement implantés dans le Lot : c'est là que l'on trouve le plus de naissances du nom.

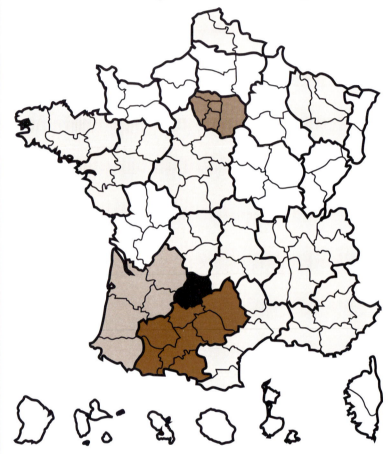

Carte établie en étudiant la migration des patronymes qui n'étaient présents que dans le Lot en 1891 - 1915.

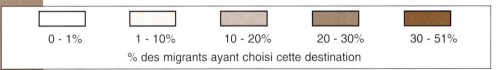

0 - 1%   1 - 10%   10 - 20%   20 - 30%   30 - 51%

% des migrants ayant choisi cette destination

Les 10 noms les plus portés du Lot		Les 10 noms les plus portés n'existant que dans le Lot
1891 - 1915	1966 - 1990	
LAFON	LAFON	CLARETY
DELPECH	MARTY	MENTIERES
DELMAS	LAVERGNE	FOUILHADE
MARTY	ROQUES	VINADE
ROQUES	DELMAS	GOURGOU
LAVAL	FABRE	SOUCIRAC
COUDERC	MAURY	AUFERIN
LACOMBE	LAFAGE	COURSINOU
BOUSQUET	DELPECH	JORDANET
LABORIE	GARCIA	SAINT-ROMA

Lot-et-Garonne

Évolution du nombre de patronymes sur un siècle			
1891 à 1915	1916 à 1940	1941 à 1965	1966 à 1990
12 673	17 960	23 288	24 377

Migration des patronymes du Lot-et-Garonne vers les différentes régions de France depuis un siècle

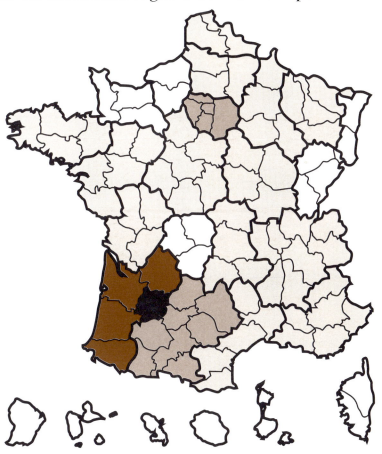

Agen en est le chef-lieu... mais aucun des Pruneau de France n'y est né. Quatre Prunes seulement y ont vu le jour en un siècle...

Carte établie en étudiant la migration des patronymes qui n'étaient présents que dans le Lot-et-Garonne en 1891 - 1915.

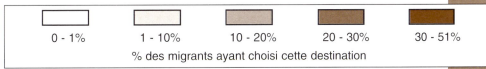

0 - 1%   1 - 10%   10 - 20%   20 - 30%   30 - 51%

% des migrants ayant choisi cette destination

Les 10 noms les plus portés du Lot-et-Garonne		Les 10 noms les plus portés n'existant que dans le Lot-et-Garonne
1891 - 1915	1966 - 1990	
DUPUY	MARTIN	PECOURNEAU
LACOMBE	GARCIA	PEBERAT
VIDAL	MARTINEZ	BOUCHEYROU
LAFFARGUE	BOUCHE	JONGLAS
BORDES	VIDAL	NAGOUA
FABRE	FABRE	SOURBEY
MARTIN	FERNANDEZ	BOTHIAN
DUBOURG	BERNARD	BOUYRELOU
LACOSTE	DUPUY	CAMAROQUE
LABADIE	LACOMBE	DAUBASSE

Lozère

Évolution du nombre de patronymes sur un siècle			
1891 à 1915	1916 à 1940	1941 à 1965	1966 à 1990
3 305	3 496	4 559	4 090

Les petits bois, «bosc», ont donné leur nom à des familles sous de multiples formes : Bosc, Dubosc, Dubost...
En Lozère, ils ont donné Bousquet, porté en France par plus de 21 000 personnes mais dont ce département reste celui de plus forte concentration.

Aucun Lozère ni aucun Mende ne sont nés ici. Sur le siècle, on compte pourtant 28 naissances de Lozère, principalement en Guadeloupe, et 52 Mende.

Migration des patronymes de Lozère vers les différentes régions de France depuis un siècle

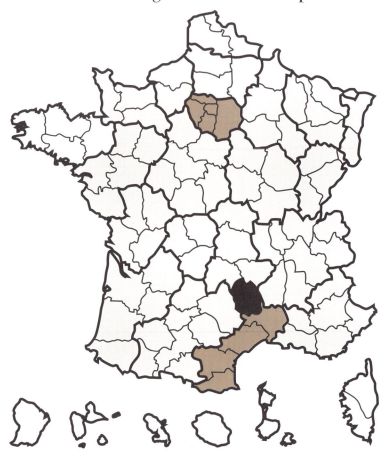

Carte établie en étudiant la migration des patronymes qui n'étaient présents qu'en Lozère en 1891 - 1915.

0 - 1%	1 - 10%	10 - 20%	20 - 30%	30 - 51%

% des migrants ayant choisi cette destination

Les 10 noms les plus portés de Lozère		Les 10 noms les plus portés n'existant qu'en Lozère
1891 - 1915	1966 - 1990	
MARTIN	MARTIN	CORRIGES
MAURIN	PAGES	BEAUZERAND
ROUX	DELMAS	SIMMARD
DURAND	MAURIN	BUFFEYRE
BRUNEL	BRUN	SAINT JULHAN
PAGES	ROUSSET	SAINT JULIAN
FAGES	BOULET	CALPERT
VIDAL	BRUNEL	PRONHEZE
ROUSSET	DALLE	TALAUSIER
ROBERT	DURAND	VERGELYS

Maine-et-Loire

Évolution du nombre de patronymes sur un siècle			
1891 à 1915	1916 à 1940	1941 à 1965	1966 à 1990
15 398	19 485	23 287	30 439

Migration des patronymes du Maine-et-Loire vers les différentes régions de France depuis un siècle

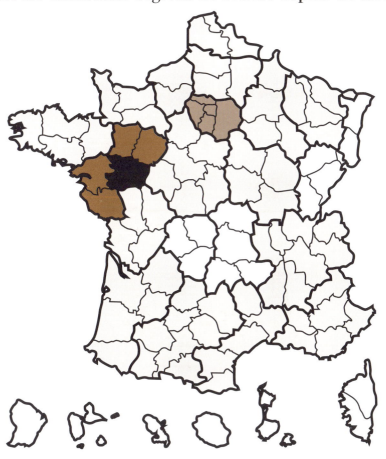

Carte établie en étudiant la migration des patronymes qui n'étaient présents qu'en Maine-et-Loire en 1891 - 1915.

0 - 1%	1 - 10%	10 - 20%	20 - 30%	30 - 51%

% des migrants ayant choisi cette destination

Voilà le département qui compte le plus de Samedi (52 naissances sur 113 sur le siècle) !

C'est en Maine-et-Loire que l'on trouve le plus de Boureau... un nom qui désignait simplement le bourrelier.

Les 10 noms les plus portés du Maine-et-Loire		Les 10 noms les plus portés n'existant qu'en Maine-et-Loire
1891 - 1915	1966 - 1990	
MARTIN	MARTIN	CRUBLEAU
MOREAU	MENARD	PASDOIT
MENARD	MOREAU	TROISPOILS
PINEAU	PINEAU	DELAFUYS
POIRIER	RICHARD	BOUCRE
ROBERT	POIRIER	FOUQUERON
RAIMBAULT	PASQUIER	MAUGOUR
DELAUNAY	ROUSSEAU	VERSILLER
RICHARD	DURAND	MORREVE
DURAND	GIRARD	CHESNAYE

Manche

Évolution du nombre de patronymes sur un siècle			
1891 à 1915	1916 à 1940	1941 à 1965	1966 à 1990
12 932	16 912	18 570	20 792

Migration des patronymes de la Manche vers les différentes régions de France depuis un siècle

Une terminaison des noms de famille en *ouf* est typique du Cotentin. Par exemple : Renouf ou Ozouf, repris dans un roman de Didier Decoin.

Amusant : un Gogo sur deux est né dans la Manche (118 naissances sur 257)...

Carte établie en étudiant la migration des patronymes qui n'étaient présents que dans la Manche en 1891 - 1915.

| 0 - 1% | 1 - 10% | 10 - 20% | 20 - 30% | 30 - 51% |

% des migrants ayant choisi cette destination

Les 10 noms les plus portés de la Manche		Les 10 noms les plus portés n'existant que dans la Manche
1891 - 1915	1966 - 1990	
MARIE	MARIE	LEBOIDRE
HAMEL	HAMEL	GODHEUX
HEBERT	JEANNE	MARGRITE
JEANNE	MARTIN	DELENTAIGNE
LEFEVRE	SIMON	LEPOITTEVIN-TOINE
SIMON	HEBERT	MOUCHEL-DESRIETTES
DUVAL	LECONTE	LORGANE
LECONTE	LEFEVRE	COLLAS-DUGENETEL
LEMONNIER	GAUTIER	LECROEL
LEROUX	LANGLOIS	SCHNADERER

Marne

Évolution du nombre de patronymes sur un siècle			
1891 à 1915	1916 à 1940	1941 à 1965	1966 à 1990
19 358	27 989	30 454	40 865

Migration des patronymes de la Marne vers les différentes régions de France depuis un siècle

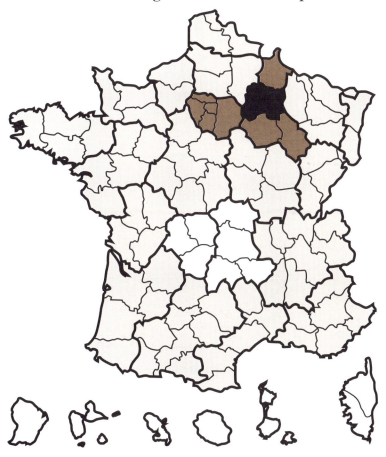

Carte établie en étudiant la migration des patronymes qui n'étaient présents que dans la Marne en 1891 - 1915.

0 - 1%	1 - 10%	10 - 20%	20 - 30%	30 - 51%

% des migrants ayant choisi cette destination

Quel est le point commun entre la Marne, la Vienne et l'Indre-et-Loire ? Ce sont les départements qui comptent le plus de Tarte (43 naissances chacun).

La quasi totalité des Inquiete de France est née dans la Marne (48 naissances sur 61).

Les 10 noms les plus portés de la Marne		Les 10 noms les plus portés n'existant que dans la Marne
1891 - 1915	1966 - 1990	
MARTIN	LEFEVRE	CHANGENOT
LEFEVRE	MARTIN	HEUCQ
PETIT	PETIT	LAHANTE
SIMON	SIMON	DENOIRJEAN
COLLARD	GERARD	SACLET
ROBERT	FRANÇOIS	BECTHOLD
MATHIEU	THOMAS	GERMEMONT
GERARD	DUBOIS	COSSIEZ
REMY	LEROY	GARNEAUX
HENRY	HENRY	LETANNAUX

Haute-Marne

Évolution du nombre de patronymes sur un siècle			
1891 à 1915	1916 à 1940	1941 à 1965	1966 à 1990
9 339	13 475	16 351	16 075

Migration des patronymes de Haute-Marne
vers les différentes régions de France depuis un siècle

C'est en Haute-Marne que l'on recense le plus de Pharisien (28 naissances sur 176 en France) !

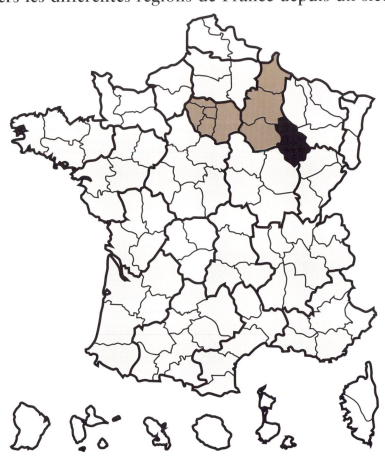

Carte établie en étudiant la migration des patronymes qui n'étaient présents qu'en Haute-Marne en 1891 - 1915.

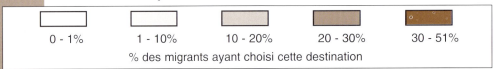

0 - 1%   1 - 10%   10 - 20%   20 - 30%   30 - 51%

% des migrants ayant choisi cette destination

Les 10 noms les plus portés de la Haute-Marne		Les 10 noms les plus portés n'existant qu'en Haute-Marne
1891 - 1915	1966 - 1990	
MARTIN	MARTIN	GRIGORD
ROYER	ROYER	CHOUFFAUT
COLLIN	COLLIN	DEARCK
HENRY	PETIT	AGNOT
PETIT	SIMON	CHRETIENOT
GARNIER	MICHEL	BURGONDE
MICHEL	GERARD	ERNSTH
ROBERT	ROBERT	LEMORGE
SIMON	HENRY	ESMINGER
GUYOT	FRANÇOIS	HYVRON

Mayenne

Évolution du nombre de patronymes sur un siècle			
1891 à 1915	1916 à 1940	1941 à 1965	1966 à 1990
8 879	10 249	10 994	12 703

Migration des patronymes de Mayenne
vers les différentes régions de France depuis un siècle

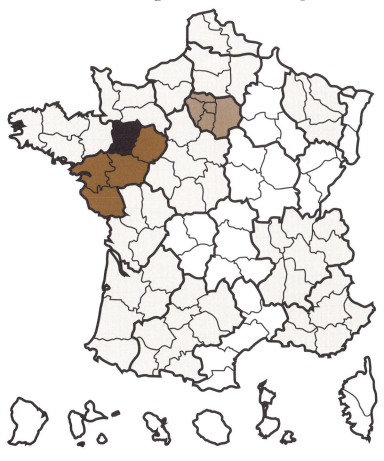

La Mayenne compte la seule naissance de Passif de ce siècle...

Carte établie en étudiant la migration des patronymes qui n'étaient présents qu'en Mayenne en 1891 - 1915.

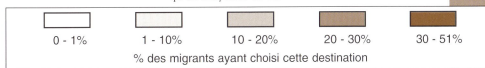

| 0 - 1% | 1 - 10% | 10 - 20% | 20 - 30% | 30 - 51% |

% des migrants ayant choisi cette destination

Les 10 noms les plus portés de Mayenne		Les 10 noms les plus portés n'existant qu'en Mayenne
1891 - 1915	1966 - 1990	
ROUSSEAU	ROUSSEAU	JOUFREAU
GARNIER	GARNIER	LOUIS DIT BENJAMIN
BRUNEAU	POIRIER	DOITTEE
POTTIER	FOURNIER	ROUSCHAUSSE
POIRIER	MARTIN	FALLASSE
DUVAL	MOREAU	BECHEPOIS
BOUVIER	DUVAL	PAGERI
FOURNIER	GOUGEON	CIMMIER
MORIN	LANDAIS	COURAPIE
GAUTIER	PAILLARD	ENDOUARD

Meurthe-et-Moselle

Évolution du nombre de patronymes sur un siècle			
1891 à 1915	1916 à 1940	1941 à 1965	1966 à 1990
27 259	41 447	48 883	51 182

Migration des patronymes de Meurthe-et-Moselle
vers les différentes régions de France depuis un siècle

Autrefois, Quirin était interchangeable avec Cuny, Hubert avec Humbert, Jacob avec Jacques... Particularité bien lorraine.

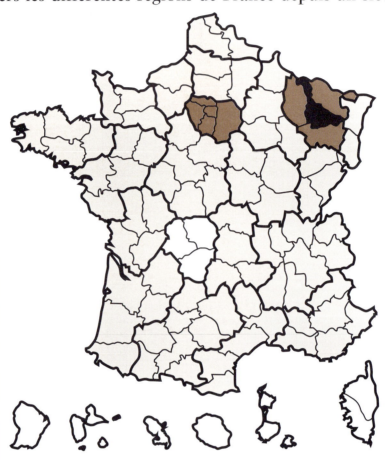

Carte établie en étudiant la migration des patronymes qui n'étaient présents qu'en Meurthe-et-Moselle en 1891 - 1915.

0 - 1%   1 - 10%   10 - 20%   20 - 30%   30 - 51%

% des migrants ayant choisi cette destination

Les 10 noms les plus portés de Meurthe-et-Moselle		Les 10 noms les plus portés n'existant qu'en Meurthe-et-Moselle
1891 - 1915	1966 - 1990	
MARCHAL	MARTIN	DIMINI
MARTIN	MARCHAL	VIN DIT DUBROSKY
FRANÇOIS	MICHEL	BOUTROUT
MICHEL	COLIN	SOFOLOSKI
LAURENT	THOMAS	LANBLIN
HENRY	SIMON	DELUBIN
COLIN	FRANÇOIS	HEUTZEN
THOMAS	HENRY	PALPART
GERARD	LAURENT	PLAID
SIMON	MATHIEU	THIENNEMENT

Meuse

Évolution du nombre de patronymes sur un siècle			
1891 à 1915	1916 à 1940	1941 à 1965	1966 à 1990
12 179	17 176	20 807	15 277

Migration des patronymes de la Meuse
vers les différentes régions de France depuis un siècle

La ligne Maginot était bien à l'Est... Ce patronyme est meusien.

Falala, nom du maire de Reims, porté aujourd'hui par 160 personnes, provient d'un soldat espagnol, arrivé au XVIème siècle près de Stenay et Montmédy, dans la Meuse.

La seule naissance de Mimile entre 1891 et 1990 est survenue dans la Meuse au début du siècle.

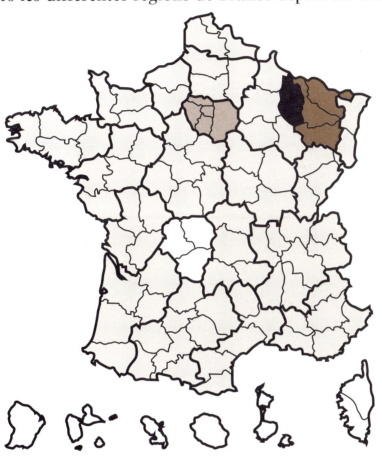

Carte établie en étudiant la migration des patronymes qui n'étaient présents que dans la Meuse en 1891 - 1915.

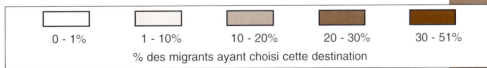

0 - 1%   1 - 10%   10 - 20%   20 - 30%   30 - 51%
% des migrants ayant choisi cette destination

Les 10 noms les plus portés de la Meuse		Les 10 noms les plus portés n'existant que dans la Meuse
1891 - 1915	1966 - 1990	
HENRY	MARTIN	BOULANGEE
FRANÇOIS	THOMAS	ENCHERIN
MARTIN	HENRY	CHAUMANN
HUSSON	HUMBERT	LORUM
MARCHAL	FRANÇOIS	VAUTROP
LAURENT	NICOLAS	BRACNAT
GERARD	LAURENT	WILLERMY
SIMON	GERARD	JOD
HUMBERT	AUBRY	GHILLINO
COLLIN	GUILLAUME	VAUDRIOT

Morbihan

| Évolution du nombre de patronymes sur un siècle | | | |
1891 à 1915	1916 à 1940	1941 à 1965	1966 à 1990
14 590	16 681	20 628	27 816

Migration des patronymes du Morbihan vers les différentes régions de France depuis un siècle

On y retrouve souvent les noms se terminant par -o : Eveno, Le Gallo, Caro, Jego, Guillo...

Brr... Tous les Ogre ou presque (25 sur 26) sont nés dans ce département !

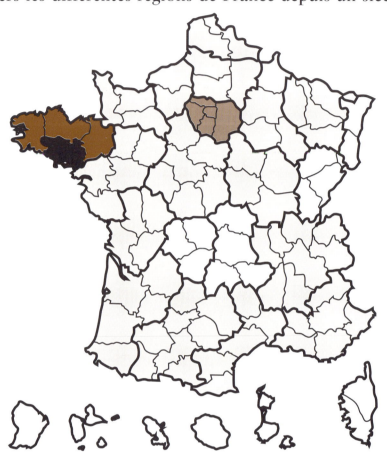

Carte établie en étudiant la migration des patronymes qui n'étaient présents que dans le Morbihan en 1891 - 1915.

| 0 - 1% | 1 - 10% | 10 - 20% | 20 - 30% | 30 - 51% |

% des migrants ayant choisi cette destination

Les 10 noms les plus portés du Morbihan		Les 10 noms les plus portés n'existant que dans le Morbihan
1891 - 1915	1966 - 1990	
LE GAL	LE GAL	LE POUEZARD
THOMAS	LE GOFF	GUEHENEC
LE GOFF	THOMAS	CONNANEC
LE ROUX	RIO	THACE
RIO	LE ROUX	LE BOULGE
GUEGAN	GUEGAN	GUMIAUX
GUILLEMOT	GUILLEMOT	LE BOURNE
LE FLOCH	DANIEL	LODEVIS
LE CORRE	TANGUY	COFFORNIC
LUCAS	NICOLAS	LE PAIR

Moselle

Évolution du nombre de patronymes sur un siècle			
1891 à 1915	1916 à 1940	1941 à 1965	1966 à 1990
32 596	39 865	57 510	61 572

Migration des patronymes de la Moselle vers les différentes régions de France depuis un siècle

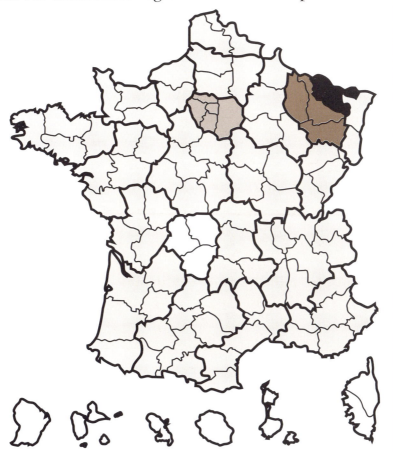

Carte établie en étudiant la migration des patronymes qui n'étaient présents qu'en Moselle en 1891 - 1915.

0 - 1%	1 - 10%	10 - 20%	20 - 30%	30 - 51%

% des migrants ayant choisi cette destination

Autrefois, on changait souvent de nom en franchissant la frontière linguistique. Un Fuchs devenait Renard au sud et un Chevalier immigré dans le nord de la Moselle actuelle était germanisé en Schwaller.

Les Spaghetti sont-ils Italiens ? Non, ils sont Mosellans : les 10 naissances recensées sur le siècle ont toutes eu lieu en Moselle !

Les 10 noms les plus portés de la Moselle		Les 10 noms les plus portés n'existant qu'en Moselle
1891 - 1915	1966 - 1990	
MULLER	MULLER	SCHOUN
SCHMITT	SCHMITT	THONNATTE
KLEIN	KLEIN	DEMPT
SCHNEIDER	WEBER	CHURKA
WEBER	SCHNEIDER	TRINKWELL
BECKER	BECKER	WEISSKOPP
WAGNER	MEYER	RESCHMANN
MEYER	WAGNER	BIRIG
JUNG	MARTIN	ESTREICH
SCHMIDT	BOUR	LAUMESFELT

Nièvre

Évolution du nombre de patronymes sur un siècle			
1891 à 1915	1916 à 1940	1941 à 1965	1966 à 1990
11 663	15 406	17 797	18 327

Migration des patronymes de la Nièvre vers les différentes régions de France depuis un siècle

C'est dans la Nièvre que les Quoi sont les plus nombreux. Les Quoique, plus rares, se retrouvent quant à eux en Midi-Pyrénées.

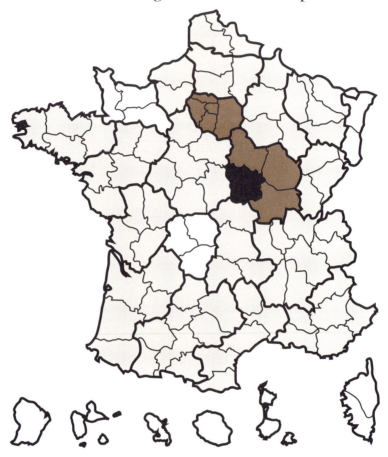

Carte établie en étudiant la migration des patronymes qui n'étaient présents que dans la Nièvre en 1891 - 1915.

0 - 1%   1 - 10%   10 - 20%   20 - 30%   30 - 51%

% des migrants ayant choisi cette destination

Les 10 noms les plus portés de la Nièvre		Les 10 noms les plus portés n'existant que dans la Nièvre
1891 - 1915	**1966 - 1990**	
MARTIN	MARTIN	MEULLEIMESTRE
MICHOT	PETIT	MESSAUX
MOREAU	BERNARD	VIESSIERE
PETIT	GAUTHIER	ROTENFLUE
CLEMENT	THOMAS	CHANDECLAIR
ROY	DURAND	DABENOC
BERNARD	MOREAU	JEANJIRARD
THOMAS	LAURENT	JERVAL
ROUSSEAU	ROY	NIAULAT
GUYOT	ROUSSEAU	BELLEVAUD

Nord

Évolution du nombre de patronymes sur un siècle			
1891 à 1915	1916 à 1940	1941 à 1965	1966 à 1990
49 962	69 008	78 491	97 102

Migration des patronymes du Nord vers les différentes régions de France depuis un siècle

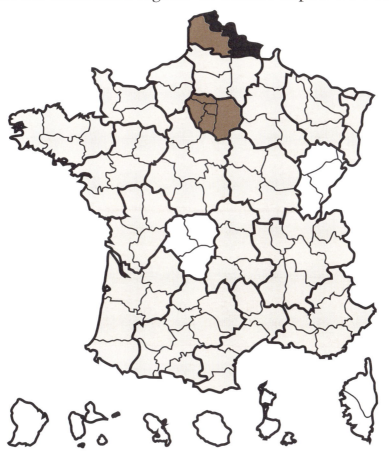

Carte établie en étudiant la migration des patronymes qui n'étaient présents que dans le Nord en 1891 - 1915.

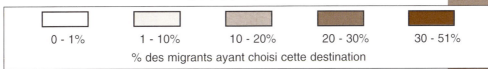

| 0 - 1% | 1 - 10% | 10 - 20% | 20 - 30% | 30 - 51% |

% des migrants ayant choisi cette destination

Il y a plus de 6 000 Vilain en France... mais c'est dans le Nord que l'on en trouve le plus.

Sur les 46 naissances de Popeye en France, 42 ont eu lieu dans ce département.

Les Payen sont du Nord... Ce nom, implanté surtout ici, désignait à l'origine un «paysan» ayant gagné la ville.

Les 10 noms les plus portés du Nord		Les 10 noms les plus portés n'existant que dans le Nord
1891 - 1915	1966 - 1990	
LEFEBVRE	LEFEBVRE	MAZEMAN
LECLERCQ	DUBOIS	FIOEN
DUBOIS	LECLERCQ	DELGARDE
LEMAIRE	LEROY	HUYGELIER
LEROY	LEMAIRE	IDROLLE
DUPONT	DUPONT	KEERHEM
CARLIER	LEGRAND	BRUYCHE
LEGRAND	CARLIER	HENNEGRAEVE
DESCAMPS	PETIT	MORITS
CARPENTIER	CARPENTIER	POUBLANG

Oise

Évolution du nombre de patronymes sur un siècle			
1891 à 1915	1916 à 1940	1941 à 1965	1966 à 1990
19 203	28 708	32 283	44 128

Migration des patronymes de l'Oise vers les différentes régions de France depuis un siècle

Amusant ? Toutes les naissances (3) de Porcelet ont eu lieu dans l'Oise. On y relève aussi 150 Goret et 22 Cochon !

Carte établie en étudiant la migration des patronymes qui n'étaient présents que dans l'Oise en 1891 - 1915.

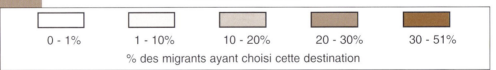

0 - 1%	1 - 10%	10 - 20%	20 - 30%	30 - 51%

% des migrants ayant choisi cette destination

Les 10 noms les plus portés de l'Oise		Les 10 noms les plus portés n'existant que dans l'Oise
1891 - 1915	1966 - 1990	
LEFEVRE	LEFEVRE	DEROCQUENCOURT
LEROY	MARTIN	DELACHAPELLE-MOREL
LEMAIRE	PETIT	BACHEVILLIERS
CARON	CARON	BARVIAUX
PETIT	LEROY	HARDIVILLEZ
DUBOIS	DUBOIS	GOESENS
MARTIN	LEMAIRE	BERNOVAL
LEGRAND	LEFEBVRE	DECAUFOUR
DUMONT	LEGRAND	LENGLIER
CARPENTIER	CARPENTIER	GILBERGUE

Orne

Évolution du nombre de patronymes sur un siècle			
1891 à 1915	1916 à 1940	1941 à 1965	1966 à 1990
10 754	15 299	16 838	17 567

Migration des patronymes de l'Orne vers les différentes régions de France depuis un siècle

Les seules naissances de Lénine en France ont eu lieu après 1917 et dans l'Orne.

Carte établie en étudiant la migration des patronymes qui n'étaient présents que dans l'Orne en 1891 - 1915.

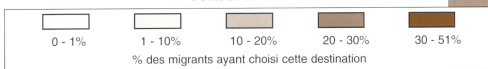

| 0 - 1% | 1 - 10% | 10 - 20% | 20 - 30% | 30 - 51% |

% des migrants ayant choisi cette destination

Les 10 noms les plus portés de l'Orne		Les 10 noms les plus portés n'existant que dans l'Orne
1891 - 1915	**1966 - 1990**	
DURAND	DUVAL	DESDOUYS
DUVAL	MARTIN	MONICAUT
GUERIN	DURAND	OZENE
MARTIN	MARIE	MAUPILER
POTTIER	GAUTIER	PICNOT
GARNIER	GUERIN	SURSOIS
HUET	LAUNAY	LIMIN
GAUTIER	POTTIER	BELLIES
LAUNAY	GARNIER	FRESNAYS
MORIN	ROUSSEL	VIEILPELLE

Pas-de-Calais

Évolution du nombre de patronymes sur un siècle			
1891 à 1915	1916 à 1940	1941 à 1965	1966 à 1990
28 680	52 861	48 919	47 787

Migration des patronymes du Pas-de-Calais
vers les différentes régions de France depuis un siècle

Les terminaisons en -*ez* ou -*aert* sont caractéristiques de la région Nord/Pas-de-Calais.

Le fameux Vidocq était né à Arras. Sur le siècle, on trouve encore 41 naissances de Vidocq, dont 35 en Pas-de-Calais.

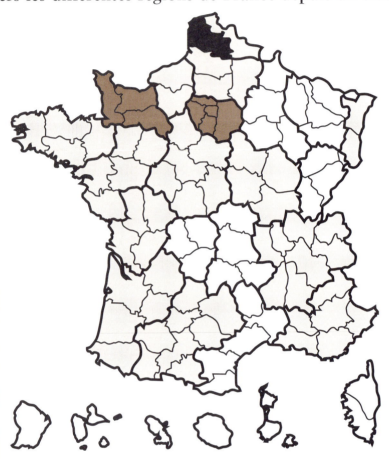

Carte établie en étudiant la migration des patronymes qui n'étaient présents que dans le Pas-de-Calais en 1891 - 1915.

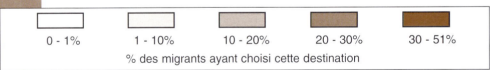

0 - 1%	1 - 10%	10 - 20%	20 - 30%	30 - 51%

% des migrants ayant choisi cette destination

Les 10 noms les plus portés du Pas-de-Calais		Les 10 noms les plus portés n'existant que dans le Pas-de-Calais
1891 - 1915	1966 - 1990	
LEFEBVRE	LEFEBVRE	VASEZ
CARON	CARON	BESDINIER
VASSEUR	VASSEUR	CAILLUYERE
DUBOIS	LEROY	AMBLANC
LEROY	DUBOIS	DEMBRONT
LEGRAND	LEGRAND	DUTHERAGE
LECLERCQ	DELATTRE	HERMILIER
DELATTRE	LEMAIRE	GROZEAU
PETIT	LECLERCQ	PAVEAUX
PRUVOST	PRUVOST	LOEUILLIEUX

Puy-de-Dôme

Évolution du nombre de patronymes sur un siècle			
1891 à 1915	1916 à 1940	1941 à 1965	1966 à 1990
13 333	20 737	28 061	34 847

Migration des patronymes du Puy-de-Dôme vers les différentes régions de France depuis un siècle

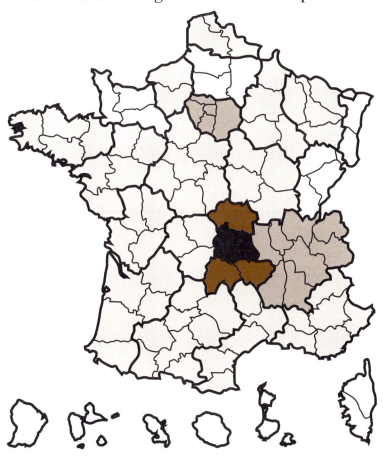

Les terminaisons de noms en *-ias* se retrouvent en Auvergne, notamment dans ce département.

La plupart des Cléopâtre sont nées dans le Puy-de-Dôme ! 16 naissances sur les 21 recensées entre 1891 et 1990.

Carte établie en étudiant la migration des patronymes qui n'étaient présents que dans le Puy-de-Dôme en 1891 - 1915.

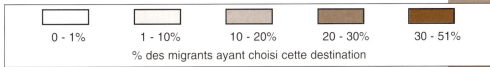

| 0 - 1% | 1 - 10% | 10 - 20% | 20 - 30% | 30 - 51% |

% des migrants ayant choisi cette destination

Les 10 noms les plus portés du Puy-de-Dôme		Les 10 noms les plus portés n'existant que dans le Puy-de-Dôme
1891 - 1915	1966 - 1990	
FAURE	MARTIN	MALALEUGE
MARTIN	DA SILVA	TOURREIX
ROUX	FAURE	DAIGUEBONNE
BOYER	ROUX	CARBOLET
TIXIER	PERREIRA	CIBERT-GOTON
ROCHE	BOYER	GUICHETTE-DEBORD
DUMAS	ROCHE	HERMILLE
FOURNIER	FERREIRA	MEGNEAUD
BERNARD	FERNANDES	GENILIER
VERDIER	BERNARD	BECHERIAS

Pyrénées-Atlantiques

Évolution du nombre de patronymes sur un siècle			
1891 à 1915	1916 à 1940	1941 à 1965	1966 à 1990
24 405	26 448	32 905	39 685

Ici se recoupent plusieurs frontières linguistiques, avec des noms gascons : Abadie, Cazamayou, Castéra..., basques : Etcheverry, Hirigoyen, Etchegaray... maintenant ibériques : Sanchez, Garcia, Lopez...

Au Moyen Age, Bayonne et Pau (forme gasconne de Paul) étaient des noms de baptême. Les patronymes Bayonne et Pau ne dérivent en fait pas des villes mais de ces noms de personne.

Tous les Revanche de ce siècle sont nés dans les Pyrénées-Atlantiques...

Migration des patronymes des Pyrénées-Atlantiques vers les différentes régions de France depuis un siècle

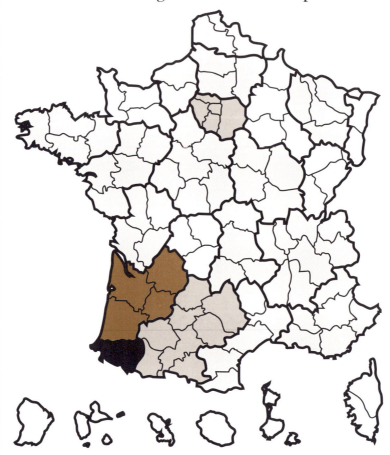

Carte établie en étudiant la migration des patronymes qui n'étaient présents que dans les Pyrénées-Atlantiques en 1891 - 1915.

0 - 1%	1 - 10%	10 - 20%	20 - 30%	30 - 51%

% des migrants ayant choisi cette destination

Les 10 noms les plus portés des Pyrénées-Atlantiques		Les 10 noms les plus portés n'existant que dans les Pyrénées-Atlantiques
1891 - 1915	1966 - 1990	
ETCHEVERRY	ETCHEVERRY	MOUSTIRATS
LABORDE	LABORDE	ANETAS
CAZENAVE	GARCIA	IHIDOY
LALANNE	LOPEZ	CHOUTCHOURROU
BORDENAVE	MARTIN	MASSONDE
LOUSTAU	MARTINEZ	OILLARBURU
CLAVERIE	CAZENAVE	DARGUY
CARRERE	SANCHEZ	LAGOUARRE
SALLABERRY	PEREZ	LEGARTO
LASSALLE	LALANNE	ARBELBIDE

Hautes-Pyrénées

Évolution du nombre de patronymes sur un siècle			
1891 à 1915	1916 à 1940	1941 à 1965	1966 à 1990
8 642	11 832	17 236	17 860

Migration des patronymes des Hautes-Pyrénées vers les différentes régions de France depuis un siècle

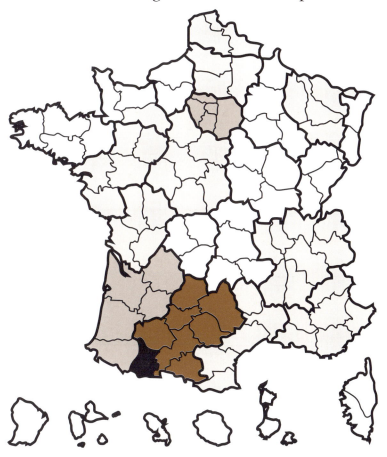

Pierre (Pé) était au XIIème siècle le nom de baptême le plus fréquent du Béarn. Il a donné naissance à une multitude de patronymes : Pémartin, Pébay, Pébaqué, Pépouey, Pédepau, Pédarros, Pédebéarn, Pédeprat...

C'est ici que l'on a la seule naissance d'Exposition du siècle.

Carte établie en étudiant la migration des patronymes qui n'étaient présents que dans les Hautes-Pyrénées en 1891 - 1915.

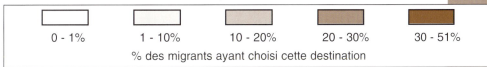

0 - 1%	1 - 10%	10 - 20%	20 - 30%	30 - 51%

% des migrants ayant choisi cette destination

Les 10 noms les plus portés des Hautes-Pyrénées		Les 10 noms les plus portés n'existant que dans les Hautes-Pyrénées
1891 - 1915	1966 - 1990	
ABADIE	ABADIE	PELLAFIGUE
FOURCADE	FOURCADE	NABIES
CARRERE	GARCIA	SAINT-UBERY
CAZENAVE	CARRERE	POLITO-SANCET
BARRERE	MARTIN	COLAT-BROCARES
SOULE	CAZAUX	DESPIAU-PEYRALADE
CAZAUX	LACAZE	FOUR-POME
DUBARRY	PEREZ	MARANSIN
LACAZE	SANCHEZ	CENAC-MORTHE
CLAVERIE	PERE	GALIAY-CAZETTES

Pyrénées-Orientales

Évolution du nombre de patronymes sur un siècle			
1891 à 1915	1916 à 1940	1941 à 1965	1966 à 1990
8 767	11 220	16 239	22 300

Migration des patronymes des Pyrénées-Orientales
vers les différentes régions de France depuis un siècle

La seule naissance de Brasillach en France entre 1891 et 1990 a eu lieu dans les Pyrénées-Orientales : il s'agit de celle de l'écrivain Robert Brasillach.

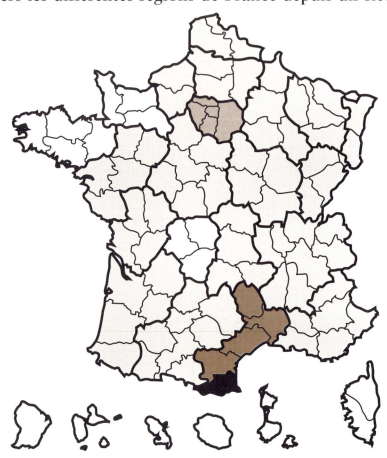

Carte établie en étudiant la migration des patronymes qui n'étaient présents que dans les Pyrénées-Orientales en 1891 - 1915.

0 - 1%	1 - 10%	10 - 20%	20 - 30%	30 - 51%

% des migrants ayant choisi cette destination

Les 10 noms les plus portés des Pyrénées-Orientales		Les 10 noms les plus portés n'existant que dans les Pyrénées-Orientales
1891 - 1915	1966 - 1990	
VIDAL	GARCIA	NAUDEILLO
MARTY	MARTINEZ	TORRAILLES
FABRE	LOPEZ	MARTIRIS
COSTE	SANCHEZ	CAZEBLANQUE
PAGES	PEREZ	ESCAPE
OLIVE	FERNANDEZ	HOSTAILLE
PUIG	VIDAL	PIROF
CALVET	RODRIGUEZ	BAUXELLS
PUJOL	RUIZ	PUITGMAL
GUISSET	GONZALEZ	ARATE

Bas-Rhin

Évolution du nombre de patronymes sur un siècle			
1891 à 1915	1916 à 1940	1941 à 1965	1966 à 1990
24 553	24 425	32 005	49 900

Migration des patronymes du Bas-Rhin vers les différentes régions de France depuis un siècle

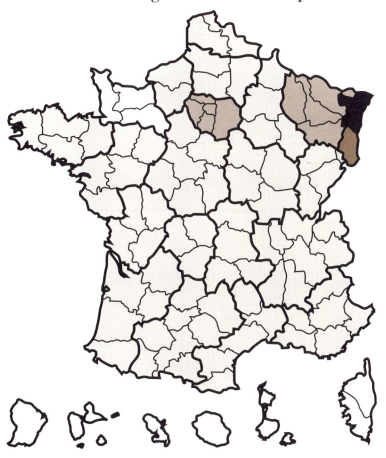

Près de 80 % des Troll sont nés dans le Bas-Rhin !

Près de la moitié des 3600 Dietrich que compte la France habitent l'Alsace. Les fondateurs de la firme de ce nom étaient lorrains à l'origine et s'appelaient Didier, nom «germanisé» lors de leur venue en Alsace au XVIIème siècle.

Carte établie en étudiant la migration des patronymes qui n'étaient présents que dans le Bas-Rhin en 1891 - 1915.

0 - 1%	1 - 10%	10 - 20%	20 - 30%	30 - 51%

% des migrants ayant choisi cette destination

Les 10 noms les plus portés du Bas-Rhin		Les 10 noms les plus portés n'existant que dans le Bas-Rhin
1891 - 1915	1966 - 1990	
MULLER	MULLER	SCHINI
MEYER	MEYER	DUMINGER
SCHMITT	SCHMITT	LAVENN
KLEIN	KLEIN	REMAITRE
SCHNEIDER	SCHNEIDER	BROMHORST
WEBER	WEBER	DAHLENT
FISCHER	FISCHER	GRAMPP
WOLFF	WEISS	SCHONGART
BAUER	JUNG	BERELL
JUNG	MARTIN	WOLLENSCHLAEGER

Haut-Rhin

Évolution du nombre de patronymes sur un siècle

1891 à 1915	1916 à 1940	1941 à 1965	1966 à 1990
18 846	20 317	27 407	39 678

Migration des patronymes du Haut-Rhin vers les différentes régions de France depuis un siècle

Une seule naissance de Lolita a eu lieu en un siècle : dans le Haut-Rhin.

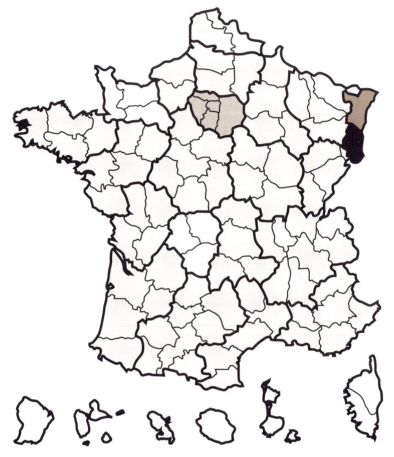

Carte établie en étudiant la migration des patronymes qui n'étaient présents que dans le Haut-Rhin en 1891 - 1915.

| 0 - 1% | 1 - 10% | 10 - 20% | 20 - 30% | 30 - 51% |

% des migrants ayant choisi cette destination

Les 10 noms les plus portés du Haut-Rhin

1891 - 1915	1966 - 1990	Les 10 noms les plus portés n'existant que dans le Haut-Rhin
MEYER	MEYER	TSCHAMBER
MULLER	MULLER	SCHIBENY
SCHMITT	SCHMITT	STEMPFLIN
SCHNEIDER	SCHNEIDER	KREITTNER
ZIMMERMANN	MARTIN	BUSCHENRIEDER
KELLER	KELLER	DELCURIE
WEBER	SIMON	BAVAU
FISCHER	KLEIN	WUNDERLY
FUCHS	ZIMMERMANN	KOEHRLEN
SIMON	FUCHS	HERRO

Rhône

Évolution du nombre de patronymes sur un siècle			
1891 à 1915	**1916 à 1940**	**1941 à 1965**	**1966 à 1990**
33 327	50 728	65 772	96 608

Migration des patronymes du Rhône vers les différentes régions de France depuis un siècle

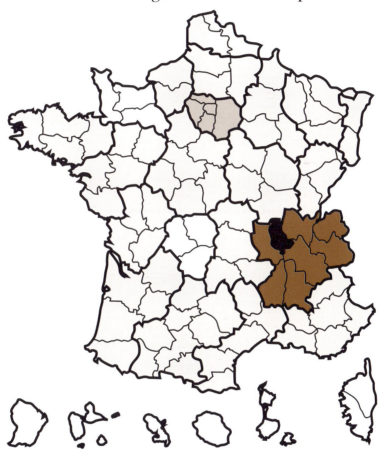

C'est dans ce département que l'on trouve les deux seules naissances d'Exquis du siècle !

Carte établie en étudiant la migration des patronymes qui n'étaient présents que dans le Rhône en 1891 - 1915.

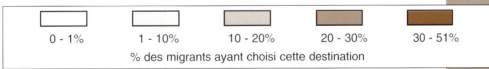

0 - 1%	1 - 10%	10 - 20%	20 - 30%	30 - 51%

% des migrants ayant choisi cette destination

Les 10 noms les plus portés du Rhône		Les 10 noms les plus portés n'existant que dans le Rhône
1891 - 1915	**1966 - 1990**	
MARTIN	MARTIN	BOLEVY
BLANC	GARCIA	MONTANGERON
DURAND	MARTINEZ	PHILYS
PERRIN	BERNARD	MERLINC
MOREL	DURAND	DEFOSSARD
GIRAUD	BLANC	BOREAS
DUMAS	MOREL	ACCAREL
BESSON	LOPEZ	FANTET
BERNARD	SANCHEZ	CHALINEL
FAURE	PERRIN	JUGIAN

Haute-Saône

Évolution du nombre de patronymes sur un siècle			
1891 à 1915	1916 à 1940	1941 à 1965	1966 à 1990
9 956	12 288	14 258	13 128

Migration des patronymes de Haute-Saône vers les différentes régions de France depuis un siècle

La terminaison des noms de famille en -*od* est caractéristique de Franche-Comté.

Plus de la moitié des Bedaine (16 sur 28) sont nés dans le département...

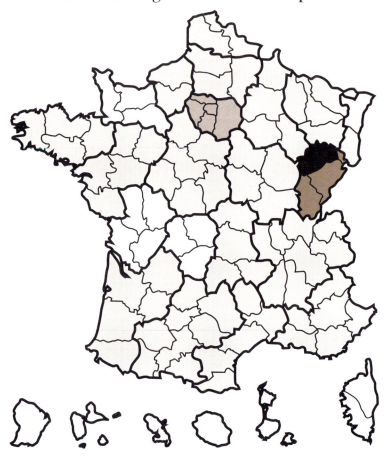

Carte établie en étudiant la migration des patronymes qui n'étaient présents qu'en Haute-Saône en 1891 - 1915.

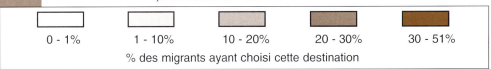

| 0 - 1% | 1 - 10% | 10 - 20% | 20 - 30% | 30 - 51% |

% des migrants ayant choisi cette destination

Les 10 noms les plus portés de Haute-Saône		Les 10 noms les plus portés n'existant qu'en Haute-Saône
1891 - 1915	1966 - 1990	
FAIVRE	GROSJEAN	RINGUEY
GROSJEAN	ROBERT	GROSSEINT
LAMBOLEY	GALMICHE	SENAUBERT
HENRY	HENRY	PLOTTEY
GRANDJEAN	PERRIN	ARIZEUX
GALMICHE	FAIVRE	COGNIEZ
LAURENT	LAURENT	PFLEGHAAR
AUBRY	GRANDJEAN	QUERMONT
CHOLLEY	TISSERAND	TRAMESEL
ROBERT	MARTIN	ARMELONI

Saône-et-Loire

Évolution du nombre de patronymes sur un siècle			
1891 à 1915	1916 à 1940	1941 à 1965	1966 à 1990
16 783	23 212	26 303	29 750

Migration des patronymes de Saône-et-Loire vers les différentes régions de France depuis un siècle

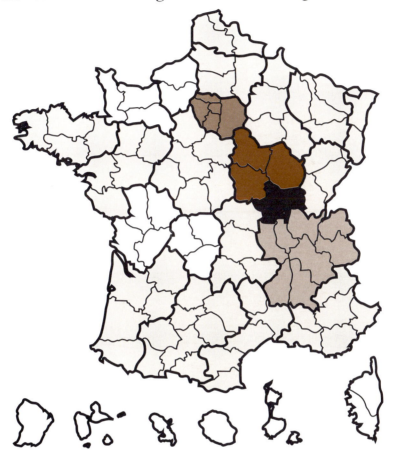

Carte établie en étudiant la migration des patronymes qui n'étaient présents qu'en Saône-et-Loire en 1891 - 1915.

0 - 1%	1 - 10%	10 - 20%	20 - 30%	30 - 51%

% des migrants ayant choisi cette destination

La terminaison des noms de famille en *-ot* est caractéristique de Bourgogne. On y retrouve par exemple une majorité de Perrot, les Perraud se groupant dans le Lyonnais et les Perrault en Val-de-Loire.

Il y a 4 870 Petiot en France. Leur département de plus forte implantation est celui de la Saône-et-Loire.

Les 10 noms les plus portés de Saône-et-Loire		Les 10 noms les plus portés n'existant qu'en Saône-et-Loire
1891 - 1915	1966 - 1990	
MARTIN	MARTIN	COULEZ
BERNARD	BERNARD	CHANTRAULT
GAUTHIER	GAUTHIER	VYON
PETIT	PETIT	BOLTOT
BONIN	MEUNIER	BRUGNIEAUX
PROST	BONIN	COPHIN
MEUNIER	PROST	MALBRUNEAU
MICHEL	DA SILVA	DUMEUZOY
RENAUD	MICHEL	HYPPIAS
DUBOIS	DUBOIS	VARYOT

Sarthe

Évolution du nombre de patronymes sur un siècle			
1891 à 1915	1916 à 1940	1941 à 1965	1966 à 1990
12 709	17 071	20 815	24 677

Il existe environ 25 000 Poirier en France. Mais dans la Sarthe et ses alentours, le nom s'orthographie avec deux *r*. Cette forme plus rare compte environ 1 900 porteurs.

Saviez-vous que tous les Camenbert sont nés dans la Sarthe ?

C'est dans la Sarthe que l'on trouve le plus de Vieillepeau ! Avec 29 naissances sur 77, ce département regroupe plus du tiers des porteurs du nom.

Migration des patronymes de la Sarthe vers les différentes régions de France depuis un siècle

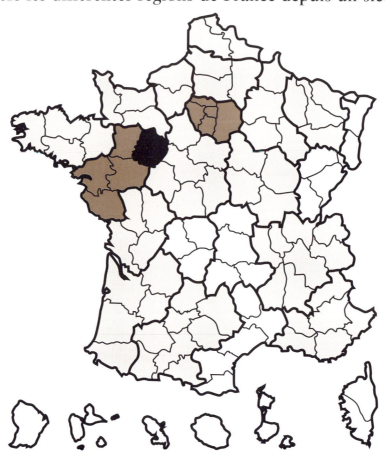

Carte établie en étudiant la migration des patronymes qui n'étaient présents que dans la Sarthe en 1891 - 1915.

0 - 1%	1 - 10%	10 - 20%	20 - 30%	30 - 51%

% des migrants ayant choisi cette destination

Les 10 noms les plus portés de la Sarthe		Les 10 noms les plus portés n'existant que dans la Sarthe
1891 - 1915	**1966 - 1990**	
ROUSSEAU	MARTIN	RUNGET
BELLANGER	RICHARD	LANGEVEN
PAPIN	ROUSSEAU	PAIRIGOIS
RICHARD	DUBOIS	GREORY
MARTIN	LAUNAY	FRETEAULT
BOULAY	DAVID	GOINCE
LAUNAY	BOULAY	JINJOLET
LEROY	LEROY	MARCHAISE
GAUTIER	PAPIN	OLOY
BLIN	LEROUX	BEDOUAIN

Savoie

Évolution du nombre de patronymes sur un siècle			
1891 à 1915	1916 à 1940	1941 à 1965	1966 à 1990
9 983	13 749	20 268	26 539

Migration des patronymes de Savoie vers les différentes régions de France depuis un siècle

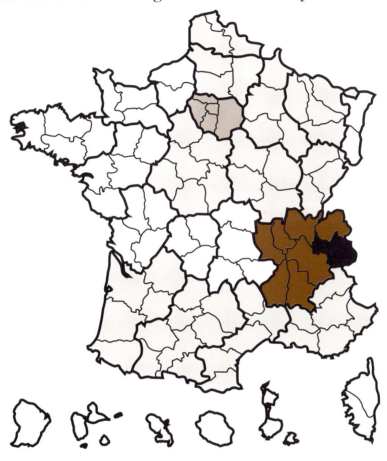

Une terminaison en -*az* est caractéristique d'un nom de Savoie.

10 des 13 Tournesol nés en France ont vu le jour en Savoie.

Carte établie en étudiant la migration des patronymes qui n'étaient présents qu'en Savoie en 1891 - 1915.

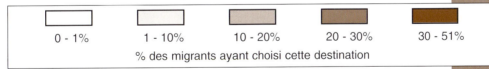

| 0 - 1% | 1 - 10% | 10 - 20% | 20 - 30% | 30 - 51% |

% des migrants ayant choisi cette destination

Les 10 noms les plus portés de Savoie		Les 10 noms les plus portés n'existant qu'en Savoie
1891 - 1915	1966 - 1990	
BLANC	BLANC	PERNET-DEMORET
MARTIN	MARTIN	SEVESSAND
FAVRE	FAVRE	EYNARD-VERRAT
REY	BOUVIER	PEGAZ-HECTOR
BOUVIER	REY	BLANC-MAPPAZ
PERRIER	BRUN	DEDUC
RICHARD	BERNARD	GEORGE-MOLLAND
BRUN	PERRIER	VOLVET
GROS	GROS	COMBET-CURT
BERNARD	RICHARD	BENOIT-LALLEMAND

Haute-Savoie

Évolution du nombre de patronymes sur un siècle			
1891 à 1915	1916 à 1940	1941 à 1965	1966 à 1990
8 890	12 106	22 510	42 232

Migration des patronymes de Haute-Savoie vers les différentes régions de France depuis un siècle

Vous trouverez la majorité des Python en Haute-Savoie !

Une terminaison en -*az* est caractéristique d'un nom de Savoie.

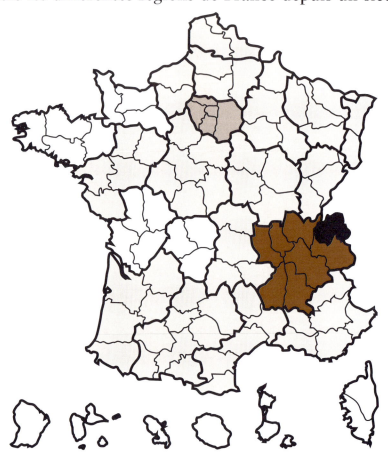

Carte établie en étudiant la migration des patronymes qui n'étaient présents qu'en Haute-Savoie en 1891 - 1915.

| 0 - 1% | 1 - 10% | 10 - 20% | 20 - 30% | 30 - 51% |

% des migrants ayant choisi cette destination

Les 10 noms les plus portés de Haute-Savoie		Les 10 noms les plus portés n'existant qu'en Haute-Savoie
1891 - 1915	1966 - 1990	
FAVRE	BLANC	PISSARD-MANIGUET
BAUD	FAVRE	PERRILLAT-MONET
BLANC	MARTIN	CORMORAND
MUGNIER	BOUVIER	GRILLET-MUNIER
TISSOT	BAUD	PETIT-JEAN-GENAT
BOUVIER	MUGNIER	COLLOMB-GROS
GAY	REY	DAVID-CRUZ
METRAL	MORAND	MERMILLOD-GROSSEMAIN
FONTAINE	TISSOT	GAILLARD-LIAUDON
DUNAND	RICHARD	AMAFROID-BROISAT

Paris

Évolution du nombre de patronymes sur un siècle			
1891 à 1915	1916 à 1940	1941 à 1965	1966 à 1990
149 023	193 233	202 706	212 712

Migration des patronymes de Paris vers les différentes régions de France depuis un siècle

Carte établie en étudiant la migration des patronymes qui n'étaient présents que sur Paris en 1891 - 1915.

0 - 1%	1 - 10%	10 - 20%	20 - 30%	30 - 51%

% des migrants ayant choisi cette destination

Attention : ce type de page n'a pas été réalisé pour les départements du pourtour parisien (91, 92, 93, 94, 95), de création trop récente.

Les quatre naissances de Robespierre sur le siècle ont eu lieu en région parisienne et une à Paris même.

Les 10 noms les plus portés de Paris		Les 10 noms les plus portés n'existant qu'à Paris
1891 - 1915	1966 - 1990	
MARTIN	MARTIN	WERSON
PETIT	COHEN	VENIFLEIS
MOREAU	TRAORE	BESSMANN
RICHARD	GARCIA	VOLMERS
THOMAS	PETIT	HEFTLER
DUBOIS	BERNARD	KERFANTE
BERNARD	LEVY	MERIGOT DE TREIGNY
ROBERT	ROBERT	DE SAINT OLIVE
DURAND	DA SILVA	DELLA-JAGOMA
SIMON	RICHARD	ENJINE

Seine-Maritime

Évolution du nombre de patronymes sur un siècle			
1891 à 1915	1916 à 1940	1941 à 1965	1966 à 1990
26 316	39 170	42 013	55 899

Migration des patronymes de Seine-Maritime
vers les différentes régions de France depuis un siècle

Une terminaison en -*ville* se retrouve surtout en Normandie.

C'est en Seine-Maritime que l'on trouve la plus forte concentration de Benet... une variante locale du prénom Benoît.

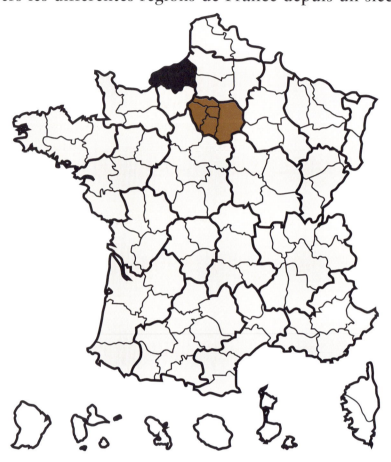

Carte établie en étudiant la migration des patronymes qui n'étaient présents qu'en Seine-Maritime en 1891 - 1915.

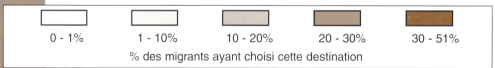

0 - 1%	1 - 10%	10 - 20%	20 - 30%	30 - 51%

% des migrants ayant choisi cette destination

Les 10 noms les plus portés de Seine-Maritime		Les 10 noms les plus portés n'existant que dans la Seine-Maritime
1891 - 1915	1966 - 1990	
LEFEBVRE	LEFEBVRE	LAQUEUVRE
DUVAL	PETIT	QUEMION
PETIT	DUVAL	BUALLION
MARTIN	MARTIN	THIFAGNE
LEROY	LEROY	BELLEHACHE
LEROUX	LEROUX	DELAHOULLIERE
LANGLOIS	LANGLOIS	DESQUILLES
LEVASSEUR	BERNARD	HAUTDECOEUR
BENARD	HEBERT	POMELLE
LECLERC	LECLERC	PREZOT

Seine-et-Marne

Évolution du nombre de patronymes sur un siècle			
1891 à 1915	1916 à 1940	1941 à 1965	1966 à 1990
18 842	31 181	41 937	64 200

Migration des patronymes de Seine-et-Marne
vers les différentes régions de France depuis un siècle

Un tiers des Pourquoi sont nés en Seine-et-Marne (7 naissances sur 20).

Carte établie en étudiant la migration des patronymes qui n'étaient présents qu'en Seine-et-Marne en 1891 - 1915.

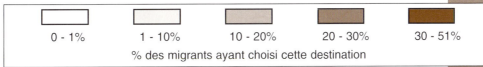

| 0 - 1% | 1 - 10% | 10 - 20% | 20 - 30% | 30 - 51% |

% des migrants ayant choisi cette destination

Les 10 noms les plus portés de Seine-et-Marne		Les 10 noms les plus portés n'existant qu'en Seine-et-Marne
1891 - 1915	1966 - 1990	
MARTIN	MARTIN	MOUTTI
LEFEVRE	DA SILVA	SOUMARMONT
PETIT	PETIT	VEILLIAT
LEROY	PEREIRA	DERREULX
MOREAU	DUBOIS	HYDEUX
LAURENT	FERREIRA	GRANDMOUGEIN
MASSON	DOS SANTOS	PESLOUX
GARNIER	RODRIGUES	TROIVALEST
DUBOIS	LEFEVRE	MARANGIER
THOMAS	LEROY	NINNONET

Yvelines

Évolution du nombre de patronymes sur un siècle			
1891 à 1915	1916 à 1940	1941 à 1965	1966 à 1990
18 537	33 073	52 627	96 309

Migration des patronymes des Yvelines vers les différentes régions de France depuis un siècle

Louffock ou Louffok : ils sont tous nés dans les Yvelines !

Carte établie en étudiant la migration des patronymes qui n'étaient présents que dans les Yvelines en 1891 - 1915.

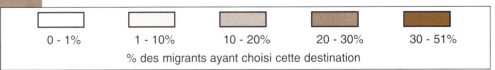

| 0 - 1% | 1 - 10% | 10 - 20% | 20 - 30% | 30 - 51% |

% des migrants ayant choisi cette destination

Les 10 noms les plus portés des Yvelines		Les 6 noms les plus portés n'existant que dans les Yvelines
1891 - 1915	1966 - 1990	
PETIT	MARTIN	OLIVRI
MARTIN	DA SILVA	ECORCHEVELLE
DUBOIS	PEREIRA	LEDEPT
LEFEVRE	FERREIRA	DESCOFFRE
LEROY	DOS SANTOS	DERUSSIT
MOREAU	GONCALVES	QUENORD
ROUSSEAU	RODRIGUES	
DURAND	MOREAU	
ROBERT	DUBOIS	
THOMAS	FERNANDES	

Deux-Sèvres

Évolution du nombre de patronymes sur un siècle			
1891 à 1915	1916 à 1940	1941 à 1965	1966 à 1990
10 267	12 602	14 904	15 861

Migration des patronymes des Deux-Sèvres vers les différentes régions de France depuis un siècle

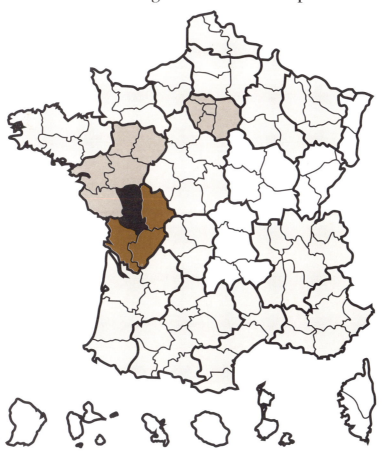

Près de la moitié des Clochard de France sont des Deux-Sèvres : 697 naissances sur 1 601 !

C'est dans les Deux-Sèvres que l'on trouve la plus forte implantation de Proust, mais l'écrivain était issu d'une famille de la Beauce.

Carte établie en étudiant la migration des patronymes qui n'étaient présents que dans les Deux-Sèvres en 1891 - 1915.

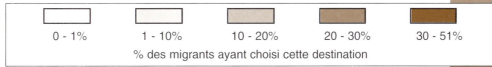

0 - 1%	1 - 10%	10 - 20%	20 - 30%	30 - 51%

% des migrants ayant choisi cette destination

Les 10 noms les plus portés des Deux-Sèvres		Les 10 noms les plus portés n'existant que dans les Deux-Sèvres
1891 - 1915	**1966 - 1990**	
MOREAU	MOREAU	BUSSENAUD
MARTIN	MARTIN	MOULEVRIER
GIRARD	MORIN	HAIRAUD
MORIN	BERNARD	VAIQUES
BONNET	ROY	ENDUIT
GUERIN	GIRARD	DEROSARIO
ROY	BODIN	HURSAULT
PROUST	PROUST	TAFOIRIN
BONNEAU	BRUNET	BELLEANNEE
BERNARD	ROUSSEAU	JACGNEAU

Somme

Évolution du nombre de patronymes sur un siècle			
1891 à 1915	1916 à 1940	1941 à 1965	1966 à 1990
15 887	24 246	24 644	29 222

Migration des patronymes de la Somme vers les différentes régions de France depuis un siècle

Sur 40 naissances de Cul entre 1891 et 1990, 33 sont de la Somme... Leur département d'origine, car le nom n'était présent que là avant 1916.

C'est ce département qui est à l'origine du nom Boulanger, «celui qui fait du pain en boules». Dans les autres régions, ce métier se retrouvait plutôt sous les formes Fournier, Beck, Becker...

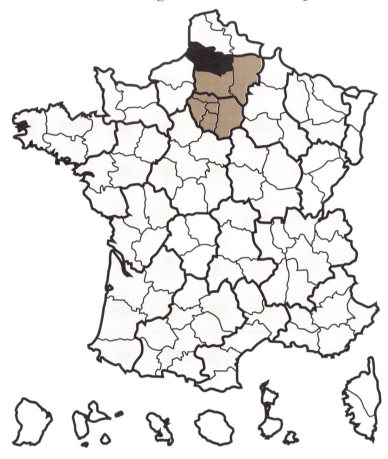

Carte établie en étudiant la migration des patronymes qui n'étaient présents que dans la Somme en 1891 - 1915.

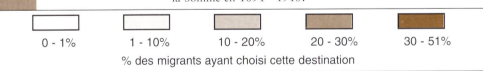

0 - 1%	1 - 10%	10 - 20%	20 - 30%	30 - 51%

% des migrants ayant choisi cette destination

Les 10 noms les plus portés dans la Somme		Les 10 noms les plus portés n'existant que dans la Somme
1891 - 1915	1966 - 1990	
CARON	LEFEBVRE	EBERTZHEIM
PETIT	CARON	LOUALE
LEROY	LEROY	DUROZELLE
LEFEBVRE	PETIT	MATRINGANT
VASSEUR	LEFEVRE	SCHIETEQUATTE
LEFEVRE	VASSEUR	MALDUE
CARPENTIER	ROUSSEL	DEWARCY
LECLERCQ	CARPENTIER	PEZIM
FOURNIER	LECLERCQ	UCHAR
LEMAIRE	DUPONT	DE BLANGIE

Tarn

Évolution du nombre de patronymes sur un siècle			
1891 à 1915	**1916 à 1940**	**1941 à 1965**	**1966 à 1990**
7 376	11 788	16 903	19 552

Migration des patronymes du Tarn vers les différentes régions de France depuis un siècle

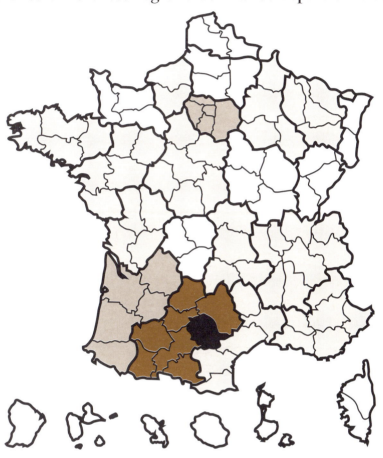

Le comte de La Pérouse était originaire du Tarn. Mais le nom a maintenant disparu.

Carte établie en étudiant la migration des patronymes qui n'étaient présents que dans le Tarn en 1891 - 1915.

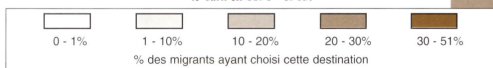

| 0 - 1% | 1 - 10% | 10 - 20% | 20 - 30% | 30 - 51% |

% des migrants ayant choisi cette destination

Les 10 noms les plus portés du Tarn		Les 10 noms les plus portés n'existant que dans le Tarn
1891 - 1915	**1966 - 1990**	
FABRE	FABRE	MAIGNA
MARTY	MARTY	MONSIRVEN
DURAND	DURAND	CARRIEROU
COMBES	VIDAL	TOSCANES
BLANC	GARCIA	AMPEZZAN
ROUANET	CABROL	CEDAS
VIDAL	BOUSQUET	BARTHEZEME
CABROL	ALBERT	DAVIZOU
PUECH	BOYER	GOURJADE
ROQUES	PUECH	TERRASSIE

Tarn-et-Garonne

Évolution du nombre de patronymes sur un siècle			
1891 à 1915	1916 à 1940	1941 à 1965	1966 à 1990
6 954	10 699	15 048	14 442

Migration des patronymes du Tarn-et-Garonne
vers les différentes régions de France depuis un siècle

En 1755 naissait à Montauban Marie Gouze, guillotinée en 1793 sous le nom d'Olympe de Gouges. Gouges n'existe plus mais Gouze est encore porté par plus de 800 personnes.

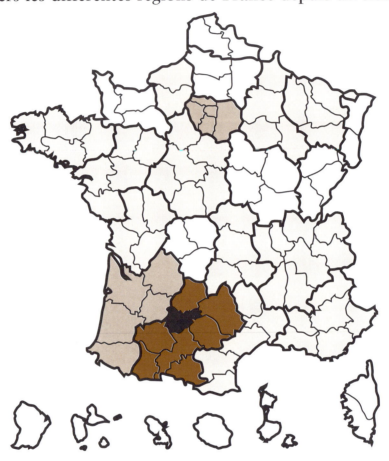

Carte établie en étudiant la migration des patronymes qui n'étaient présents que dans le Tarn-et-Garonne en 1891 - 1915.

| 0 - 1% | 1 - 10% | 10 - 20% | 20 - 30% | 30 - 51% |

% des migrants ayant choisi cette destination

Les 10 noms les plus portés du Tarn-et-Garonne		Les 10 noms les plus portés n'existant que dans le Tarn-et-Garonne
1891 - 1915	1966 - 1990	
MARTY	MARTY	BOULZAC
DELMAS	GARCIA	HAUQUE
DELPECH	LARROQUE	HIOUNET
LARROQUE	SANCHEZ	CLAVELIERES
REY	FAURE	MAURABIS
VIDAL	ANDRIEU	FREJABIAU
FAURE	REY	FARGA
LAFON	MARTIN	LAMALATIE
GARRIGUES	DELMAS	NAUPAYS
SOULIE	VIDAL	MARGARIDENG

Var

Évolution du nombre de patronymes sur un siècle			
1891 à 1915	1916 à 1940	1941 à 1965	1966 à 1990
17 145	25 044	39 298	54 371

Migration des patronymes du Var vers les différentes régions de France depuis un siècle

895 Toulon sont nés en un siècle, dont seulement 48 dans le Var. On les trouve surtout à Paris, dans la Nièvre, les Bouches-du-Rhône et la Gironde.

Bernard est le 2ème nom le plus porté de France, avec des variantes, comme Bernardi, dont le Var est le département de plus forte concentration.

Les Dauphin restent près de la mer... On les retrouve sur tout le pourtour méditerranéen, avec, dans le Var, plus de 250 personnes du nom.

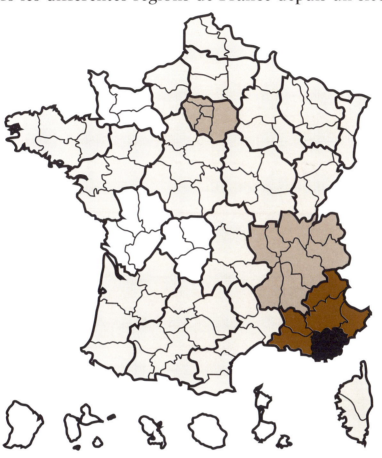

Carte établie en étudiant la migration des patronymes qui n'étaient présents que dans le Var en 1891 - 1915.

0 - 1%	1 - 10%	10 - 20%	20 - 30%	30 - 51%

% des migrants ayant choisi cette destination

Les 10 noms les plus portés du Var		Les 10 noms les plus portés n'existant que dans le Var
1891 - 1915	**1966 - 1990**	
BLANC	MARTIN	GRENNA
GIRAUD	BLANC	AGENS
MARTIN	GARCIA	EYFFREN
FABRE	MARTINEZ	QUADRUPPANI
ROUX	FERNANDEZ	ROUBEUF
LAUGIER	LOPEZ	COSTAGUTTA
BERNARD	SANTIAGO	JAUFRED
ARNAUD	ROUX	STARDA
BRUN	PEREZ	VOLPARO
MICHEL	SANCHEZ	SPADIA

Vaucluse

Évolution du nombre de patronymes sur un siècle			
1891 à 1915	1916 à 1940	1941 à 1965	1966 à 1990
9 475	14 458	24 436	39 882

Migration des patronymes du Vaucluse vers les différentes régions de France depuis un siècle

12 Aristote sont nés dans le Vaucluse depuis le début du siècle, sur un total de 29 naissances en France.

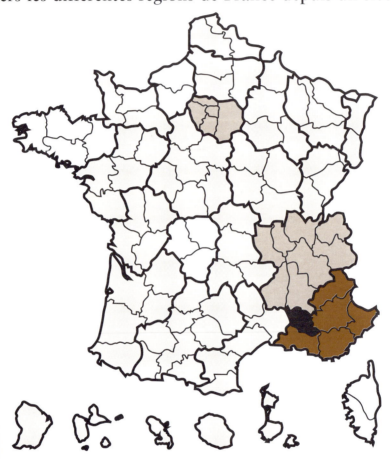

Carte établie en étudiant la migration des patronymes qui n'étaient présents que dans le Vaucluse en 1891 - 1915.

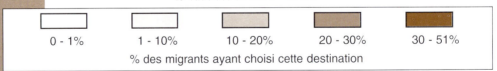

0 - 1%   1 - 10%   10 - 20%   20 - 30%   30 - 51%

% des migrants ayant choisi cette destination

Les 10 noms les plus portés du Vaucluse		Les 10 noms les plus portés n'existant que dans le Vaucluse
1891 - 1915	1966 - 1990	
ROUX	GARCIA	BRANCORSINI
BLANC	MARTINEZ	TRUCCHIERO
MARTIN	MARTIN	COUDOUNEAU
JEAN	ROUX	DELUBAC-LOPPI
BERNARD	BLANC	GULINI
MICHEL	BERNARD	PANTAGENE
GIRARD	LOPEZ	PHETISSON
REY	SANCHEZ	CORTASSE
REYNAUD	PEREZ	FANJON
FABRE	MICHEL	SBREGA

Vendée

Évolution du nombre de patronymes sur un siècle			
1891 à 1915	**1916 à 1940**	**1941 à 1965**	**1966 à 1990**
8 913	10 499	11 507	14 984

Migration des patronymes de Vendée vers les différentes régions de France depuis un siècle

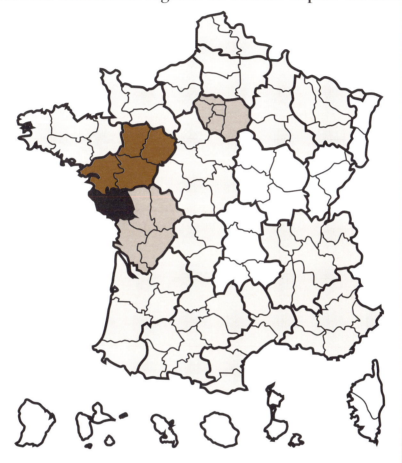

C'est en Vendée que l'on trouve la seule naissance d'Escalop du siècle !

Martin, premier nom porté en France, compte une multitude de dérivés : Martinat, Marty, Martini, Martinaud, Martinelli, Martinet, Martinière, etc. En Vendée, Martineau est la variante locale la plus fréquente.

Carte établie en étudiant la migration des patronymes qui n'étaient présents qu'en Vendée en 1891 - 1915.

0 - 1%	1 - 10%	10 - 20%	20 - 30%	30 - 51%

% des migrants ayant choisi cette destination

Les 10 noms les plus portés de Vendée		Les 10 noms les plus portés n'existant qu'en Vendée
1891 - 1915	**1966 - 1990**	
CHARRIER	MARTINEAU	RAINGEAUD
MOREAU	CHARRIER	FETIGNY
MARTINEAU	MOREAU	PHAROUX
ROUSSEAU	ROUSSEAU	FAVEROUL
ROBIN	ROBIN	QUAIRAULT
BERNARD	BERNARD	RETAILLOU
MARTIN	RICHARD	COTHOUIST
ROY	GUILLET	COUTOUIT
GUILBAUD	MARTIN	SAINLAUD
ARNAUD	RENAUD	GABORAIN

Vienne

Évolution du nombre de patronymes sur un siècle			
1891 à 1915	1916 à 1940	1941 à 1965	1966 à 1990
11 353	14 462	17 794	21 225

Migration des patronymes de la Vienne vers les différentes régions de France depuis un siècle

50 % des Poltron sont nés dans la Vienne. C'est également ce département qui compte la plus forte proportion de Mesrine (95 naissances sur 239).

C'est dans la Vienne que l'on compte la plus forte implantation de Sarrazin. Un souvenir de la fameuse bataille de Poitiers ?

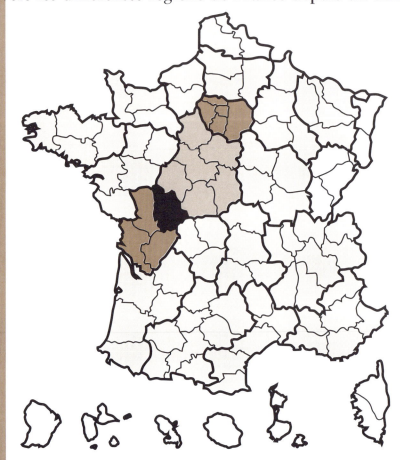

Carte établie en étudiant la migration des patronymes qui n'étaient présents que dans la Vienne en 1891 - 1915.

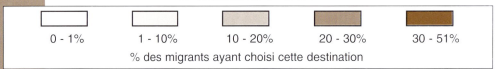

| 0 - 1% | 1 - 10% | 10 - 20% | 20 - 30% | 30 - 51% |

% des migrants ayant choisi cette destination

Les 10 noms les plus portés de la Vienne		Les 10 noms les plus portés n'existant que dans la Vienne
1891 - 1915	1966 - 1990	
MARTIN	MOREAU	JATIAULT
MOREAU	MARTIN	DESPLOBAIN
BERNARD	BRUNET	VOLIER
ROY	ROY	FREGEAIS
ROUSSEAU	BERNARD	GIPTIERE
BRUNET	ROUSSEAU	BEAUDRIN
GIRAUD	ROBIN	POUFARIN
BLANCHARD	GUERIN	COUGNEE
GUILLON	DUBOIS	BEAUSSEY
DAVID	BLANCHARD	DUPERAL

Haute-Vienne

Évolution du nombre de patronymes sur un siècle			
1891 à 1915	1916 à 1940	1941 à 1965	1966 à 1990
13 304	15 230	18 045	21 399

Migration des patronymes de Haute-Vienne vers les différentes régions de France depuis un siècle

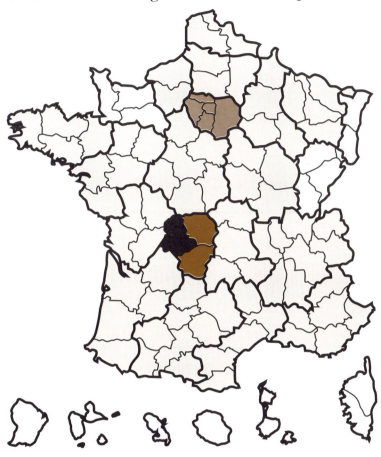

Si les Blanbonnet ne sont que 2 en France, les Bonnet-Blanc sont 40... dont 24 naissances en Haute-Vienne.

Carte établie en étudiant la migration des patronymes qui n'étaient présents qu'en Haute-Vienne en 1891 - 1915.

| 0 - 1% | 1 - 10% | 10 - 20% | 20 - 30% | 30 - 51% |

% des migrants ayant choisi cette destination

Les 10 noms les plus portés de Haute-Vienne		Les 10 noms les plus portés n'existant qu'en Haute-Vienne
1891 - 1915	1966 - 1990	
FAUCHER	FAURE	BLAIGNE
FAURE	MOREAU	PIOTER
MOREAU	MARTIN	REYJEAUX
ROUX	DELAGE	BUXEREAU
DUPUY	DUPUY	CARATA
THOMAS	FAUCHER	TROUTEAUD
DELAGE	BONNET	MADEHORS
BONNET	BOYER	PEYCLY
FAYE	RAYNAUD	MALISSEIN
TEXIER	THOMAS	MULATOUT

Vosges

Évolution du nombre de patronymes sur un siècle			
1891 à 1915	1916 à 1940	1941 à 1965	1966 à 1990
13 392	16 390	19 759	22 456

Migration des patronymes des Vosges vers les différentes régions de France depuis un siècle

La Lorraine se singularise par l'exceptionnelle importance des prénoms dans les patronymes, environ la moitié.

Nicol(l)e, signalé ailleurs comme «matronyme», est souvent ici un nom d'origine masculine, variante de Nicolas. Au XIVème, Nicolle venait en 3ème rang parmi les dérivés de Nicolas, après Collignon et Collin.

Carte établie en étudiant la migration des patronymes qui n'étaient présents que dans les Vosges en 1891 - 1915.

| 0 - 1% | 1 - 10% | 10 - 20% | 20 - 30% | 30 - 51% |

% des migrants ayant choisi cette destination

Les 10 noms les plus portés des Vosges		Les 10 noms les plus portés n'existant que dans les Vosges
1891 - 1915	1966 - 1990	
COLIN	PERRIN	FARINEZ
MARCHAL	THOMAS	CAYTEL
MATHIEU	MARCHAL	CHEBILLON
THOMAS	MATHIEU	HOCQUAUT
PERRIN	MARTIN	LEIBRE
MARTIN	COLIN	GALLAUSIAUX
ANTOINE	CLAUDEL	LEYTECK
CLAUDEL	ANTOINE	JACOTE
GERARD	DIDIER	CRETENOY
REMY	RICHARD	LATRAY

Yonne

Évolution du nombre de patronymes sur un siècle			
1891 à 1915	1916 à 1940	1941 à 1965	1966 à 1990
12 033	17 507	20 511	23 609

Migration des patronymes de l'Yonne vers les différentes régions de France depuis un siècle

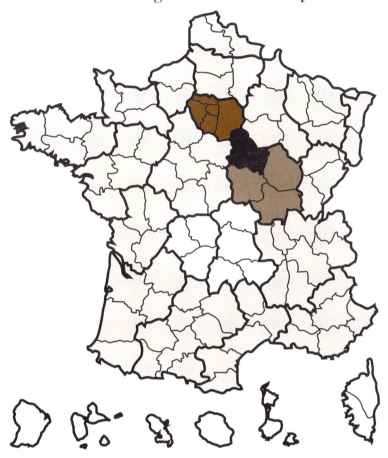

Il est né en France, au cours de ce siècle, 1 026 Colette. Une seule naissance a eu lieu dans l'Yonne, département d'origine de l'auteur des Claudine.

Carte établie en étudiant la migration des patronymes qui n'étaient présents que dans l'Yonne en 1891 - 1915.

0 - 1%	1 - 10%	10 - 20%	20 - 30%	30 - 51%

% des migrants ayant choisi cette destination

Les 10 noms les plus portés de l'Yonne		Les 10 noms les plus portés n'existant que dans l'Yonne
1891 - 1915	1966 - 1990	
MOREAU	MARTIN	BRAWACKI
ROY	MOREAU	MORESK
MARTIN	PETIT	BABEUILLE
ROUSSEAU	DA SILVA	STIEE
PETIT	DUBOIS	GODNAIR
MILLOT	ROUSSEAU	LALOUAT
DURAND	ROBERT	LAUGELOT
RENARD	ROY	VUEILLIOTTE
MEUNIER	THOMAS	DARSAU
FOURNIER	SIMON	PUGE

Territoire-de-Belfort

Évolution du nombre de patronymes sur un siècle			
1891 à 1915	1916 à 1940	1941 à 1965	1966 à 1990
6 926	9 282	11 486	15 499

Migration des patronymes du Territoire-de-Belfort
vers les différentes régions de France depuis un siècle

Sur 5 naissances de Minikus en France en un siècle, la plus ancienne est intervenue sur le Territoire de Belfort.

Carte établie en étudiant la migration des patronymes qui n'étaient présents que sur
le Territoire-de-Belfort en 1891 - 1915.

0 - 1%   1 - 10%   10 - 20%   20 - 30%   30 - 51%

% des migrants ayant choisi cette destination

Les 10 noms les plus portés du Territoire-de-Belfort		Les 10 noms les plus portés n'existant que sur le Territoire-de-Belfort
1891 - 1915	**1966 - 1990**	
PELTIER	MEYER	PLUMELEUR
MEYER	MONNIER	LHORMANN
MULLER	MARTIN	FEINIER
MONNIER	FAIVRE	KIMBLER
COURTOT	RICHARD	MOUHAY
DEMEUSY	GILLET	GOTTENKUENY
CLERC	MOREL	MARCONNOT-THANNEUR
MARCHAND	SCHMITT	GAURISSE
MARTIN	MULLER	BOLEE
SCHWALM	CLERC	ALBIZATI

Guadeloupe

Évolution du nombre de patronymes sur un siècle			
1891 à 1915	1916 à 1940	1941 à 1965	1966 à 1990
13 794	14 821	16 517	19 710

Migration des patronymes de Guadeloupe vers les différentes régions de France depuis un siècle

C'est en outremer que l'on trouve le plus de Zeus, Archimède, Jupiter, Phèdre, Batman, Gulliver, Figaro, Quasimodo et autres Tintin...

Brr... 83 % des Satan sont nés en Guadeloupe (39 naissances sur 47 en un siècle).

Carte établie en étudiant la migration des patronymes qui n'étaient présents qu'en Guadeloupe en 1891 - 1915.

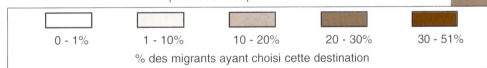

| 0 - 1% | 1 - 10% | 10 - 20% | 20 - 30% | 30 - 51% |

% des migrants ayant choisi cette destination

Les 10 noms les plus portés de Guadeloupe		Les 10 noms les plus portés n'existant qu'en Guadeloupe
1891 - 1915	1966 - 1990	
GREAUX	GUILLAUME	MACCOW
LOUIS	LOUIS	RAMBHOJAN
BOURGEOIS	JOSEPH	JERMIN
ROMAIN	LAURENT	VANTERPOOL
KANCEL	PIERRE	DILDEE
GUILLAUME	KANCEL	RADHA
ALEXIS	ROMAIN	ATTAUD
ETIENNE	NOEL	DANJOUTIN
LEDEE	ALEXIS	VINGADAPATY
LAPLACE	RAMASSAMY	CASDARD

Martinique

Évolution du nombre de patronymes sur un siècle			
1891 à 1915	1916 à 1940	1941 à 1965	1966 à 1990
13 771	14 039	14 723	16 985

Migration des patronymes de Martinique vers les différentes régions de France depuis un siècle

45 % des Cœurvolan sont nés en Martinique. Ce nom très rare ne compte que 61 naissances sur le siècle.

Carte établie en étudiant la migration des patronymes qui n'étaient présents qu'en Martinique en 1891 - 1915.

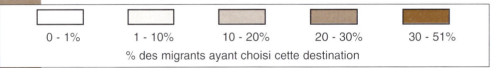

| 0 - 1% | 1 - 10% | 10 - 20% | 20 - 30% | 30 - 51% |

% des migrants ayant choisi cette destination

Les 10 noms les plus portés de Martinique		Les 10 noms les plus portés n'existant qu'en Martinique
1891 - 1915	1966 - 1990	
JEAN-BAPTISTE	GERMANY	PHEJAR
JOSEPH	JOSEPH	MIRSA
JEAN-LOUIS	JEAN-BAPTISTE	PANOR
JEAN	MARIE-SAINTE	DIBANDI
GERMANY	LARCHER	LAUCOURT
MARIE-SAINTE	JEAN-LOUIS	YZIDEE
EDOUARD	MARTIAL	LEVOSTRE
ADELAIDE	ADELAIDE	PERROA
SAINTE-ROSE	ETIENNE	POMPUIS
JEAN-MARIE	JEAN	BOECE

Guyane

Évolution du nombre de patronymes sur un siècle			
1891 à 1915	1916 à 1940	1941 à 1965	1966 à 1990
4 174	4 824	4 886	12 358

Migration des patronymes de Guyane vers les différentes régions de France depuis un siècle

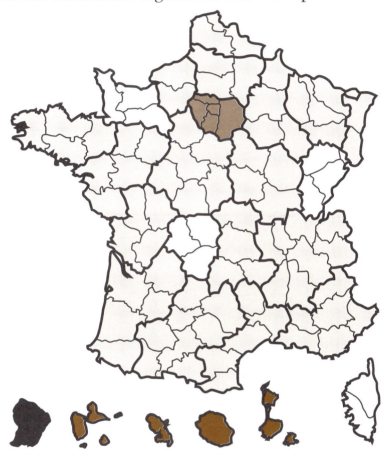

La Guyane compte en un siècle 341 naissances de SNP sur 1204. Ce nom de famille est l'un des rares à n'avoir aucune voyelle.

Carte établie en étudiant la migration des patronymes qui n'étaient présents qu'en Guyane en 1891 - 1915.

0 - 1%	1 - 10%	10 - 20%	20 - 30%	30 - 51%

% des migrants ayant choisi cette destination

Les 10 noms les plus portés de Guyane		Les 10 noms les plus portés n'existant qu'en Guyane
1891 - 1915	**1966 - 1990**	
JOSEPH	JOSEPH	SABAYO
GOUDET	SNP	CIPPE
MICHEL	CHARLES	CIMONARD
ALEXANDRE	LOUIS	AUPRA
TORVIC	FRANCOIS	CHAMPESTING
CLET	PIERRE	GONZIL
MATHURIN	AUGUSTE	YAPARA
GOLITIN	YA	DELTOY
LOUIS	CLET	LINYON
AUGUSTE	SIONG	DESMANGLES

Réunion

Évolution du nombre de patronymes sur un siècle			
1891 à 1915	1916 à 1940	1941 à 1965	1966 à 1990
15 831	18 803	19 563	26 045

Migration des patronymes de la Réunion vers les différentes régions de France depuis un siècle

C'est dans ce département que l'on trouve le plus de Fantaisie !

Carte établie en étudiant la migration des patronymes qui n'étaient présents qu'à la Réunion en 1891 - 1915.

0 - 1%	1 - 10%	10 - 20%	20 - 30%	30 - 51%

% des migrants ayant choisi cette destination

Les 10 noms les plus portés de la Réunion		Les 10 noms les plus portés n'existant qu'à la Réunion
1891 - 1915	1966 - 1990	
PAYET	PAYET	BALEYA
GRONDIN	GRONDIN	PONTALBA
HOARAU	HOARAU	COISSER
FONTAINE	BOYER	CAZAMBO
BOYER	FONTAINE	ARISTANGELE
ROBERT	HOAREAU	TOSSAM
HOAREAU	DIJOUX	MOIMBA
RIVIERE	ROBERT	IMOUZA
MAILLOT	MAILLOT	ODULES
DIJOUX	RIVIERE	BRADANIEL

Saint-Pierre-et-Miquelon

Évolution du nombre de patronymes sur un siècle			
1891 à 1915	1916 à 1940	1941 à 1965	1966 à 1990
651	518	460	535

Migration des patronymes de Saint-Pierre-et-Miquelon vers les différentes régions de France depuis un siècle

Par le jeu des migrations, on retrouve ici une forte colonie basque. Le nom Detcheverry existe encore en métropole, mais c'est à Saint-Pierre-et-Miquelon qu'il est désormais le plus représenté.

Carte établie en étudiant la migration des patronymes qui n'étaient présents qu'à Saint-Pierre-et-Miquelon en 1891 - 1915.

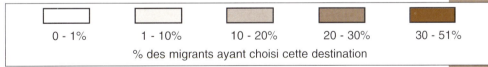

0 - 1%	1 - 10%	10 - 20%	20 - 30%	30 - 51%

% des migrants ayant choisi cette destination

Les 10 noms les plus portés de Saint-Pierre-et-Miquelon		Les 10 noms les plus portés n'existant qu'à Saint-Pierre-et-Miquelon
1891 - 1915	**1966 - 1990**	
BRIAND	DETCHEVERRY	CHAMPDOIZEAU
HACALA	BRIAND	ARROSSAMENA
VIGNEAU	GIRARDIN	LELOCHE
GIRARDIN	MAHE	HEBDITCH
DETCHEVERRY	POIRIER	TIBBO
CORMIER	VIGNEAU	JACCACHURY
HEUDES	DE ARBURN	DEMONTREUX
OIRIER	DISNARD	ARANTZABE
APESTEGUY	COSTE	CLOONY
GAUTIER	LEVEQUE	FLANDIGAN

INDEX

AACHBOUN 45
AAJJAN 67
AAMCHOUNE 69
AARAB 31,35,57,65,77
AAZI 43
AB 18
ABADENS 113
ABADIE 22,62,113,114,146,147
ABBACH 63
ABDAOUI 39
ABDELLAOUI 44
ABDELLI 52
ABDENNOURI 37
ABED-GHERS 57
ABEKHOUKH 67
ABERKAN 65
ABID 34
ABIDI 47,49,71,77
ABISOINA 51
ABITBOL 54
ABLANC 51
ABLAOUI 73
ABODI 50
ABOEKA 51
ABREVOIR 125
ABROUGUI 65
ABRUE 127
ABRUNHOSA 73
ABRUNHOSA MAXIMINO 75
ACCAREL 151
ACCONIO 76
ACER 47
ACERA 39
ACHAHBAR 65
ACHARD 29
ADAM 12
ADDEO 39
ADELAIDE 174
ADELINE-DUBOSQ 66
ADER 114
ADJAOUD 73
ADJIMI 39
ADKIR 37
ADRAMELECK 50
AFKIR 31,45,57,63,65
AFNEL 66
AFONSO 34,36,38,40,44,54,58,60,62,70
AFTON 72
AGAUT 74
AGEDELINE 64
AGENS 165
AGILELIE 123
AGNEUS 89
AGNOT 134
AGOPIAN 30
AGOSTINI 48,102
AGUENI 77
AGUERA 56
AGUILLENTI 85
AH-VANE 51
AHAMOUT 63
AHIL 41
AHROUCH 57
AIB 53
AIBOUT 39
AICHOUCH 63
AIDAOUI 75
AIDARA 55
AIDI 37
AIFA 79
AISSAOUI 34,60,72,78
AIT BAHA 65
AIT BRAHAM 47
AIT OUARET 57
AIT SIDI MOH 69
AIT-OUARET 57
AJDID 63
AKABLI 73
AKALAI 49
AKBARALY 51
AKBAS 35
AKCAY 53
AKDAG 59
AKGUL 53
AKGUN 61
AKHANNICH 75
AKKAYA 35
AKOEBA 51
AKREMI 39
AKROUR 69
AKSU 59
AKTAS 31,35,45,53,67

AKYOL 53,61
ALABEYRE 56
ALASSANE 69
ALAYOT 108
ALBERIGI 48
ALBERT 14,163
ALBERTIN-SIGOT 86
ALBERTINI 48,102
ALBIZATI 172
ALCAZAR 56
ALEXANDRE 14,175
ALEXIS 173
ALFONSI 48
ALFROIT 99,100
ALFTER 46
ALGER 15
ALIOUANE 53
ALIX 24
ALLAG 46
ALLAIN 15
ALLANIC 111
ALLARD 15
ALLELIE 74
ALLONC 76
ALLONETTO 86
ALLOUACHE 69
ALMEDINA 39
ALONDER 42
ALONTOESA 51
ALTUN 35,53,67
ALVES 25
AMAFROID-BROISAT 156
AMAIL 74
AMALLE 50
AMANCY 127
AMAR BENSABER 41
AMAR-BENSABER 41
AMARA 38,56,68,76
AMAUCE 42
AMAYOTA 51
AMBLANC 144
AMBRENOIS 74
AMIMI 49
AMIOT 29
AMIRAULT 127
AMMARDJI 43
AMOKHTARI 57
AMPAYRAT 97
AMPEZZAN 163
AMROUNE 77
ANAHNAH 75
ANAKABA 51
ANBAR 39
ANDASMAS 73
ANDRE 10,56,60,112
ANDREANI 48
ANDRIEU 17,62,164
ANDRIEUX 20
ANETAS 146
ANFOUH 59
ANGOL 50
ANISETTI 51
ANKI 46
ANNE 29,66,95
ANNE-QUENTIN 66
ANTHIER 70
ANTHUS 125
ANTKOWIAK 64
ANTOINE 13,60,170
ANTONIAZZO 52
ANTONNOBILI 76
ANTUNES 36,38,40,44,52,54,58,62,66,68,70,74,78
ANZORAS 88
AOUADI 53,65,79
AOUAGHI 75
AOUDACHE 61
AOUNZOU 59
AOUT 11
APARINE 49
APESTEGUY 177
APOUYOU 51
ARAB 76
ARANTZABE 177
ARATE 148
ARAUJO 44
ARBELBIDE 146
ARBOUZ 67
ARCHIMEDE 173
ARDJOUNI 65
ARDOT 58
ARFAOUI 49

ARIROU 67
ARISTANGELE 176
ARISTOTE 166
ARIZEUX 152
ARLETAZ 92
ARMAND 20
ARMELONI 152
ARMERIO 116
ARNAC 112
ARNAL 29
ARNAUD 11,38,56,76,78,85,86,88,94,108
115,165,167
ARNOUARD 40
ARNOULD 21
ARNOUX 23
ARPINON 112
ARQUILLE 123
ARRAHMANE 69
ARREBOLA SANCHIS 75
ARRETAUD 118
ARRIVA 102
ARROSSAMENA 177
ARRUTI 36
ARSLAN 34,60
ARSLANE 47
ASAITIE 51
ASLOUNE 47
ASPRO 87
ASSASSIN 28
ASSOUS 30,55
ASTARBE 76
ASTIER 24
ATASOY 53
ATHENES 15
ATMOUNI 75
ATONATTY 71
ATTAUD 173
AUBAISLE 105
AUBAPAN 56
AUBERT 11,76
AUBIN 21
AUBRY 12,137,152
AUCLAIR 84
AUDEBINE 54
AUDROUING 117
AUFERIN 128
AUFFRET 26
AUGE 29
AUGER 16
AUGEREAUD 74
AUGUSTE 175
AUJOINET 84
AUPRA 175
AUREYREAU 36
AUSTRI 62
AUVRAY 25
AUXENELLE 74
AVAGOT 117
AVCI 35,79
AVENATTI 60
AVENOSO 48
AVINIO 74
AVOISE 66
AVRIL 11,22
AYA 13
AYARI 77,79
AYATE 65
AYDEMIR 35
AYDIN 31,35,41,47,53,55,61,67,71,73,79
AYDOGAN 35,59
AYE 13
AYESSE 117
AYHAN 79
AZAHAF 49,65
AZAMOUM 77
AZAOUM 65
AZDAD 37,73
AZEHANA 41
AZIL 73
AZLAG 43
AZNAG 47
AZOUGAGH 45
AZUAGA 43
AZZIMANI 57
AZZIZI 37
AZZOUG 58
B 10,13
BA 18
BABEUILLE 171
BABIN 25
BABOU-CARIMBACASSE 50

BABY 93
BABZINE 49
BACAR 51
BACCAM 57,79
BACCARELLI 48
BACH 29
BACHELET 29
BACHEVILLIERS 142
BACHIRI 65
BADAT 50
BADJI 68
BAENZIGER 72
BAGARADES 62
BAGAYOKO 55
BAH 55
BAHJAOUI 71
BAHLOUL 30,35,37,71
BAHNES 45
BAHOUALA 47
BAILHON DU GUERINET 38
BAILLET 28
BAILLEUL 23
BAILLY 12,40,52,89,99,100,121
BAILLY-BAZIN 121
BAJJOU 45
BAKAMAN 51
BAKKALI 37,73
BALASQUIE 93
BALDRICHI 102
BALEYA 176
BALGHI 75
BALGHITI 39
BALIL 49
BALLAIX 58
BALLOUFAUD 58
BALLUSSAUD 97
BALTALI 59
BALUSSEAUD 97
BAPTAILLANT 38
BAPTIFOLIER 38
BAPTISTE 26
BARADJI 31,55,69
BARAGLIORI 48
BARARA 37
BARATA 52
BARBARELLA 87
BARBE 14
BARBIER 11,72
BARBOSA 36,38,40,42,44,46,54,58,60,68,72,78
BARDET 26
BARDIN 27
BARHOUMI 49,63,77
BARKALLAH 71
BARNEOUD FAGUE 76
BARON 12
BARRAUD 27
BARRE 13,108
BARREAU 20
BARRERE 147
BARRET 20
BARRIERE 23
BARROUSSEAUD 74
BARTALEX 38
BARTASSAT 38
BARTHASSE 36
BARTHE 26
BARTHELEMY 13
BARTHEZEME 163
BARTOLI 48,101
BARVIAUX 142
BASLAN 74
BASSET 19
BASTENDORF 60
BASTIDE 26
BASTIEN 21
BASTOULH 62
BATAILLE 19
BATARD 21
BATBIE-BROUQUET 36
BATHIL 44
BATHILY 55
BATMAN 173
BATTENT 52
BATTILONI 48
BATTISTON 60
BAUD 23,156
BAUDET 22
BAUDIN 22
BAUDOIN 24
BAUDOUIN 23
BAUDRY 15,98

BAUER 19,34,149
BAUMSTIEGER 34
BAUNEL 40
BAUVAIR 107
BAUXELLS 148
BAVAU 150
BAVOYSI 121
BAYLE 20
BAYONNE 146
BAZAUTE 74
BAZIN 16
BEAU 28
BEAUCOUJAREIX 106
BEAUDRIN 168
BEAUDRY 98
BEAUFERT 105
BEAUFIE 58
BEAUFILS 22
BEAUMONT 21
BEAUSSEY 168
BEAUVAIS 27
BEAUZERAND 130
BECHEPOIS 135
BECHERIAS 145
BECHIKH 45
BECK 22,162
BECKER 17,60,139,162
BECTHOLD 133
BEDAINE 152
BEDDOU 77
BEDJA 47
BEDOUAIN 154
BEDROUNI 73
BEGARIN-RODIERE 51
BEGUE 17,50
BEHARY-LAUL-SIRDER 51
BEHILLIL 45
BEINZE 34
BEJAOUI 77,79
BEKHALED 41
BEKHEIRA 57
BELABED 35
BELAMRI 67
BELBEY 69
BELDJILALI 71
BELFERADJI 37
BELGHAZI 41
BELGHERBIA 59
BELGUELLAOUI 63
BELHACHEMI 70
BELHADJ 34,78
BELHAK 73
BELHAMITI 71
BELIN 23
BELKACEM 66,68,74
BELKAHLA 35
BELKANICHI 37
BELKHITER 57
BELKONIENE 63
BELLAHCENE 34
BELLAICHE 54
BELLANGER 18,154
BELLEANNEE 161
BELLEC 29
BELLEFET 126
BELLEHACHE 158
BELLERSHEIM 60
BELLET 28
BELLEVAUD 140
BELLIER DE LA CHAUVELAIS 44
BELLIES 143
BELLIL 30
BELMAAZIZ 57
BELOUASSAA 43
BEN ABED 74
BEN AHMED 66
BEN HADDOU 73
BEN NEJMA 41
BEN REGUIGA 41
BEN ROMDHANE 77
BEN SDIRA 41
BEN SEDIRA 41
BEN ZINA 69,71
BENAFITOU 57
BENALLOU 75
BENAMA 45,63
BENANIBA 63
BENARD 13,50,68,158
BENBAHLOULI 65
BENBAMMOU 75
BENBEDRA 45
BENBERGHOUT 43
BENCHRIF 43

BENCHRIFA 65
BENDAHMANE 41
BENDAOUD 30
BENDERBAL 63
BENDIB 63
BENDJEDDOU 57
BENEDDINE 46
BENEFORTI 48
BENEFRO 94
BENET 158
BENFRID 67
BENGOUA 63
BENGU 43
BENHADDA 41
BENHADDOUCHE 65
BENHAMMOU 38
BENHAMOU 54,76
BENHAMZA 57
BENHARRAT 45
BENJELLOUN 43
BENKAHLA 41
BENKHELFALLAH 73
BENKHEROUF 73
BENKOUAR 63
BENKOUDAD 67
BENKOUSSA 47
BENLEFKI 57
BENMERZOUG 67
BENMILOUDI 69
BENOIST 18
BENOIT 11,158
BENOIT-LALLEMAND 155
BENOUAHAB 37
BENREKTA 75
BENREZZAK 47
BENSABEUR 67
BENSAIDI 57
BENSEDIRA 53
BENSLIMANE 35,47
BENUREAUD 74
BENYAHIA 46,56
BENYAKOUB 39
BENZERFA 73
BENZINA 71
BENZITOUNE 45
BEQUEBOIS 72
BERARD 20
BERAUD 29
BERELL 149
BERGER 12,124
BERGUIGA 41
BERIOUCHE 69
BERKANE 46,56
BERKOUK 63
BERLIN 15
BERNADOTTE 6
BERNADAT 84
BERNARD
5,9,10,36,38,40,42,44,46,52,54,
58,60,64,70,74,76,78,82,84,85,
86,88,94,97,98,103,105,108,11
5,120,121,129,140,145,151,153
,155,157,161,165,166,167,168
BERNARDI 165
BERNARDINI 6
BERNARDINO 6
BERNARDO 6
BERNARDON 84
BERNARDSON 6
BERNARDY 6
BERNAT 6
BERNHARDT 6
BERNHART 6
BERNIER 17
BERNIOLE 92
BERNOT DE CHARANT 54
BERNOVAL 142
BERQUINT 64
BERRAHO 43
BERREGAR 111
BERTAIS 42
BERTHE 25
BERTHELOT 15
BERTHEN DE POMMERY 70
BERTHET 20
BERTHIER 18
BERTIN 12
BERTON 23
BERTRAND
10,38,46,54,56,74,76,78,88,89
BERTRAND-PELISSON 86
BESDINIER 144
BESNARD 14,44,123

BESNIER 27
BESSAL 69
BESSE 17,58,106
BESSMANN 157
BESSOLTANE 63
BESSON 13,38,78,151
BETAILLIOLE 36
BETHOUL 127
BETTAYEB 75
BETTELANI 102
BETZY 50
BEXEN 60
BEZAIZ 59
BIAIS-SAUVETRE 74
BIASOTTO 62
BIASTRE 38
BICER 53
BIDAULT 28
BIDELEUX 76
BIDERE 109
BIGOT 14,123
BILLARD 18
BILLET 27
BILLON 24
BIMAS 58
BINET 20
BIOVARDI 48
BIRACOURITS 36
BIRIG 139
BISSON 24
BISSOUNDIAL-JOABSING 51
BISTARELLI 87
BITAT 61
BITTAU 94
BIZAR 68
BLAIGNE 169
BLAIGNON 84
BLAISE 20
BLANBONNET 169
BLANC
10,27,38,56,62,76,78,82,85,86,
87,94,108,120,151,155,156,163
165,166
BLANC-MAPPAZ 155
BLANCAIN 72
BLANCHARD 11,44,70,74,168
BLANCHET 14,118
BLANDIN 24
BLASZCZYK 30,60,64
BLEESS 34
BLIN 15,154
BLIOU 43
BLONDEAU 18
BLONDEL 15,68
BLOT 16
BOBILLET 82
BOCKOLTZ 89
BOCQUET 19
BODIEN 34
BODIN 15,74,161
BOECE 174
BOETTEZ 43
BOGHOSSIAN 76
BOIS 21
BOISSEAU 25
BOISSON 23
BOIVIN 22
BOLE REDDAT 52
BOLEE 172
BOLENCINI 48
BOLEVY 151
BOLIEU 50
BOLTANA 113
BOLTOT 153
BON 20
BONAGGIUNTA 102
BONALDO 62
BONAMAS 58
BONAPARTE 101
BONAUT 87
BONHOMME 17
BONIN 22,40,153
BONNARD 21
BONNAUD 29
BONNAVENTURE-FARRIE 56
BONNEAU 15,74,161
BONNEFE 93
BONNEFOY 22
BONNEFOY-A-L ANTOINE 52
BONNET
10,36,38,56,58,62,74,76,78,88,
92,96,116,125,161,169
BONNET-BEAUFRANC 105
BONNET-BLANC 169

BONNET-PEYTAUD 38
BONNETTAT 119
BONNIN 16,74,118
BONNOT 28
BONTEMPS 24
BOQUI-QUENI 50
BORDAS 58
BORDENAVE 146
BORDES 21,129
BORDJI 73
BORDYEUX 99,100
BOREAS 151
BOREL 23,86
BORGOMANI 48
BORNEA 101
BORSELLE 99,100
BORTHAGARAY 36
BOSC 26,108, 130
BOSGUERARD 68
BOSSARD 26
BOTHIAN 129
BOUABDALLAH 30,71,79
BOUABIDA 73
BOUADMA 53
BOUAFIA 34
BOUAKKAOUI 37
BOUALEM 71
BOUANAKA 35
BOUARFA 65
BOUAZZA 74
BOUAZZAOUI 57
BOUBEKA 53
BOUCETTA 30,45,61,69,77
BOUCHAHDANE 65
BOUCHARD 20
BOUCHAREB 34
BOUCHE 22,129
BOUCHER 12,72
BOUCHET 13,108
BOUCHEYROU 129
BOUCHKARA 77
BOUCRE 131
BOUDACHE 57
BOUDCHAR 73
BOUDET 22
BOUDINA 65
BOUDJADJA 53
BOUDOUKHA 35
BOUDOUSQUIER 56
BOUDOUSSOUX 58
BOUESTEL 70
BOUFERKAS 65
BOUGHANMI 77,79
BOUGHLEM 59
BOUHADOUF 39
BOUHAICHA 47
BOUHASSOUN 75
BOUHLALA 57
BOUHLEL 77
BOUHNOUCHE 71
BOUHOUIA 43
BOUILLETEAU 126
BOUILLON 28
BOUIMA 39
BOUISSANE 39
BOUKADIDA 77
BOUKERROUCHE 69
BOUKHAL 75
BOUKHELIFA 57
BOUKHOBZA 39
BOUKHRISS 65
BOUKOULT 77
BOUKROUH 65
BOULACHEB 47
BOULAFRAD 73
BOULANGEE 137
BOULANGER 13,72,162
BOULARAOUI 67
BOULARD 28
BOULAY 17,123,154
BOULAYOUNE 61
BOULBAIR 35
BOULET 18,130
BOULGHOBRA 35
BOULTAM 37
BOULZAC 164
BOUMADRA 73
BOUMALHA 74
BOUMAZA 56,62
BOUMIZY 43
BOUNAZOU 53
BOUNECHADA 39
BOUNOUA 64
BOUPAS 36

BOUQUET 19
BOUR 26,139
BOURACHID 71
BOURBIEL 36
BOURBIGO 70
BOURBON 29
BOURBOUYAS 56
BOURDIN 19
BOURDON 15
BOUREAU 131
BOUREZMA 35
BOURGEOIS 11,40,52,121,173
BOURGOIN 24
BOURGUIGNON 23
BOURGUINAT-SERBIDOU 36
BOURNEL BOSSON 52
BOURRIQUE 105
BOURTEAU 94
BOUSMID 67
BOUSQUET
14,56,62,92,93,116,128,130,
163
BOUSSAHA 53
BOUSSEDRA 63
BOUTAMINE 67
BOUTEFFAH 59
BOUTET 22
BOUTIN 16
BOUTOUBA 39
BOUTREA 75
BOUTROUT 136
BOUVAGNAT 108
BOUVET 17
BOUVIER
12,78,120,135,155,156
BOUYAZRA 43
BOUYER 26
BOUYRELOU 129
BOUZANA 35
BOUZAZI 77
BOUZID 76
BOUZIDI 46,76
BOY 93
BOYER
10,38,50,56,58,62,76,93,94,96,
106,125,145,163,169,176
BRACHOU 70
BRACKX 66
BRACNAT 137
BRADANIEL 176
BRAHIMI 34,64,78
BRAHMI 78
BRAIKI 79
BRANCORSINI 166
BRAS 24
BRASILLACH 148
BRASPENNING 46
BRAULT 18,119
BRAUN 27
BRAUQUIER 94
BRAWACKI 171
BRAZ 58
BRAZZALOTTO 62
BREDVILLE 68
BRESEGHELLO 63
BRESOLIN 36
BRESSON 26
BRETAU 66
BRETON 13,123
BREUILLAULT 118
BRIAND 14,42,117,126,177
BRICHOLY 42
BRICQUER 104
BRIERE 25
BRIGATO 48
BRIKI 77
BRINTAIS 70
BRISCUL 19
BRISSEAULT 40
BRISSET 28
BROCHADO 63
BROCHARD 22
BROENNEC 111
BROMHORST 149
BRONZINI DE CARAFFA 48
BROSOLO 47
BROSSARD 18
BROUCHETTE 64
BROUSSE 25
BROZZU 48
BRUEYS 77
BRUGEIRE 96
BRUGNIEAUX 153
BRUHAND 70

BRULTEZ 60
BRUN
11,27,38,56,76,78,84,94,108,
125,130,155,165
BRUNEAU 15,135
BRUNEL 15,56,130
BRUNET
11,44,74,99,100,105,118,161,
168
BRUNO 25
BRUYCHE 141
BRUYERE 25
BUALLION 158
BUCOGNANI 48
BUEREL 34
BUFFARAS 96
BUFFEYRE 130
BUGLAIS 42
BUHANIC 42
BUISSERETH 51
BUISSON 14,58
BULUT 31,35,61,79
BUOSI 62
BUREAU 20
BUREL 25
BURGATA 56
BURGONDE 134
BURLETH 54
BURRIAND 120
BUSCHENRIEDER 150
BUSLOUP 110
BUSSENAUD 161
BUTEMPS 95
BUVIN 84
BUXEREAU 169
BUZELE 119
CABOCHART 72
CABOD 78
CABOTIN 127
CABROL 163
CACITTI 66
CADAMURO 62
CADET 20,50
CAETAN 50
CAETANO 40
CAGLAR 35
CAILLAUD 21
CAILLE 26
CAILLET 24
CAILLUYERE 144
CAKIR 31,45,61,71
CALISKAN 53,61,79
CALPERT 130
CALVET 26,148
CAMAROQUE 129
CAMBOUNES 56
CAMEMBERT 95,154
CAMPARIES 56
CAMPINHO 47
CAMPY-COMTE 85
CAMUS 14
CAMYS 64
CANKAYA 71
CANTERO Y GRIJELMO 67
CAPARROS 30,56,62,76,78
CAPELEAUD 37
CAPELLE 25
CAPETTE-LAPLENE 106
CAPODIMACCI 101
CAPRETTI 48
CAPRON 29
CARABETTA 35
CARATA 169
CARBOLET 145
CARDON 22
CARDOSO
34,36,38,40,44,46,52,54,58,60,
66,70,72,74,78
CARDOZO DE BETHEN-
COURT 54
CAREYMA 58
CARIOU 26
CARJOT 82
CARLIER 13,64,72,83,141
CARLION 99,100
CARO 138
CARON
11,64,68,72,142,144,162
CARPENTIER
12,64,68,72,141,142,162
CARRE 12
CARREEL 72
CARRERE 22,114,146,147
CARRERE ANGASSIER 36

CARRETERO 56
CARRIERE 23
CARRIEROU 163
CARROLA 37,59
CARRUHEL 42
CARTIER 19
CARTON 27
CARTOST 74
CASALUNGA 48
CASAMAGGIORE 101
CASANOVA 28,48,101,102
CASDARD 173
CASSAGNES-GOURDON 93
CASTAGNE 128
CASTEL 17
CASTELLAVERAN 114
CASTERA 146
CASTETS 122
CASTETS-CARRISCOT 74
CASTEX 113
CASTRO DE MACEDO 67
CATHERINE 29,95
CATIN 21
CATINEVEL 50
CAUFEYT 96
CAUJOL 113
CAUQUERAUMONT 64
CAUSQUET 36
CAVATA 48
CAVAUDEAU 44
CAVEZZAN 63
CAYTEL 170
CAZAMAYOU 146
CAZAMBO 176
CAZAUX 147
CAZEBLANQUE 148
CAZENAVE 28,36,146,147
CAZOIR 82
CECCAREL 63
CECEN 39
CEDANO 75
CEDAS 163
CELEBI 61
CELIK 35,39,45,53,61,71,79
CELIKOZ 79
CELLIER 27
CENAC-MORTHE 147
CENDOL 61
CENTOMO 63
CERCUEIL 20
CERQUEIRA 38,40
CESARI 48
CESCA 58
CESCHIN 36
CESNEE 44
CESTER 62
CETIN 79
CETINKAYA 47,59
CEUNEN 72
CEVIK 61
CHAACHOUI 71
CHABERT 23
CHABOT 25
CHADEMAY 38
CHAFFAUJEAN 40
CHAHIB 59
CHALABI 52
CHALH 37
CHALINEL 151
CHALLAL 39
CHALOUINEAU 70
CHAMARDON 78
CHAMBON 17,38,88
CHAMPDOIZEAU 177
CHAMPESTING 175
CHAMPION 19
CHAMROUNE 37
CHANCENOT 121
CHANDECLAIR 140
CHANDI 50
CHANEL 82
CHANFI 77
CHANGENOT 133
CHANSELLE 98
CHANTRAULT 153
CHAOUCH 76
CHAOUCHI 43,47
CHAPELLE 27
CHAPPUIS-ROUX 72
CHAPUIS 17,125
CHARBONNEL 96
CHARBONNIER 17
CHARDON 27
CHARKI 49,73

CHARLES 12,175
CHARLET 25
CHARLOT 24
CHARPEAUD 105
CHARPENTIER 12
CHARPENTON 74
CHARRIER 14,70,167
CHARRON 25
CHARTIER 16
CHARTON 29
CHARTUZET 69
CHASSAGNADES 38
CHATEAU 25
CHATELAIN 19
CHATI 69
CHATTI 59,77
CHAUMANN 137
CHAUVEAU 16
CHAUVET 15
CHAUVIN 13,126
CHAVANEL-ALBIRA 75
CHAVELARD 115
CHBIKI 73
CHEBILLON 170
CHEDDAD 37
CHEDEPEAU 70
CHEGROUCHE 47
CHEHIMI 77
CHEIL 90
CHEKATT 35
CHEKHAB 53
CHELLALI 79
CHELLAT 73
CHEMIN 26
CHEMINOT 84
CHENINA 67
CHENIOUR 71
CHENTOUFI 57
CHERCHARI 37
CHERFAOUI 60
CHERI DIT LENAULT 95
CHERIFI 56,60,64
CHERKIT 71
CHERON 26
CHERRAJ 73
CHESNAYE 131
CHETIOUI 68
CHETTEAU 110
CHETTOUH 69
CHEVALIER 10,38,70,139
CHEVALLIER 13
CHEVELLU 78
CHEVEUX 24
CHEVRETE 99,100
CHEVRIER 21
CHHITI 71
CHIANTARRETTO 52
CHIAOUI 41
CHIBANE 30,47
CHICHILI 92
CHIKHI 52
CHIORBOLI 49
CHIPPIE 110
CHIRAC 100
CHIRON 25
CHISLOUP 42
CHISTREL 42
CHIVALECK 59
CHKIR 71
CHLOE 50
CHOCHET 99,100
CHOEMET 126
CHOLLET 22
CHOLLEY 152
CHONG TOUA 59
CHOPIN 25
CHOQUET 27
CHORFI 39
CHOUAIB 57
CHOUFFAUT 134
CHOUFFE 107
CHOUG 75
CHOUGUIAT 39
CHOUTCHOURROU 146
CHRETIEN 17, 121
CHRETIENOT 134
CHRICTOT 109
CHRISTOPHE 26
CHTITI 41
CHU YANG HEU 71
CHUNG A LONG 50
CHURKA 139
CIABAUT 87
CIALIERO 76

CIANFARELLI 48
CIATTINI 48
CIBERT-GOTON 145
CIESLAK 30,46,72
CIMBOLINI 87
CIMMIER 135
CIMONARD 175
CINAIS 70
CINAR 35,59,61,75,79
CINARCA 101
CIP 47
CIPPE 175
CIREDERF 50
CISSOKHO 55
CISSOKO 55
CIZABUIRE 78
CLAIN 24,50
CLAJAC 62
CLARETY 128
CLASIOT 99,100
CLAUDE 18
CLAUDEL 28,170
CLAUSTRE DITE BARBANE-
RE 90
CLAVEL 25
CLAVELIERES 164
CLAVERIE 29,36,146,147
CLEMENT 10,40,46,140
CLEOPATRE 145
CLERC 15,52,172
CLEROULT 68
CLET 175
CLEYSSAC 108
CLIBERT 91
CLOCHARD 161
CLOLUX 103
CLOONY 177
CLOZEAT 50
COCHET 21
COCHINART 46
COCHON 19,142
COCU 18
COERO BORGA 76
COEURVOLAN 174
COFFORNIC 138
COGNIEZ 152
COHEN 22,157
COIEFFEY 66
COISSER 176
COISTIA 89
COLAINTHIEZ 64
COLAS 14
COLAT-BROCARES 147
COLETTE 171
COLIN 11,60,136,170
COLLARD 29,133
COLLARI 102
COLLAS-DUGENETEL 132
COLLET 12
COLLIGNON 28,170
COLLIN 13,46,134,137,170
COLLOMB-GROS 156
COLLURA 61
COLOMBANI 48,102
COLOMIERS 113
COLONNA 48
COLTEAUX 46
COLTER 50
COMBE 20
COMBES 18,62,116,163
COMBET-CURT 155
COMBEUF 38
COMMAYRAS 93
COMPAR 78
COMTE 18
CONAN 29
CONARD 19,21
CONCHART 58
CONNANEC 138
CONNARD 26
CONSTANT 19
CONSTANTIN 26
CONT 59
CONTANDIN 94
CONTE 28
COPHIN 153
COPINNE 89
CORDIER 13
CORMIER 26,177
CORMORAND 156
CORNET 20
CORNICHON 18
CORNU 17
CORONNER 42

CORRE 21
CORREGIA 56
CORREIA
36,38,40,44,46,52,54,58,60,62,
70,72,74,78
CORRIGES 130
CORTASSE 166
CORTIELLA-GASULL 59
CORZELIUS 91
COSKUN
31,35,37,39,41,61,67,73,79
COSSADE 126
COSSIEZ 133
COSTA 20,48,101
COSTA DE BASTELICA 101
COSTAGUTTA 165
COSTANTINI 102
COSTE 14,56,88,148,177
COSTE-DES-COMBES 52
COSTES 25,62,93
COSTOCEQUE 62
COTHOUIST 167
COTTIN 28
COUAMA 50
COUCOU 115
COUDERC 21,128
COUDERT 24,58
COUDOUNEAU 166
COUGNEE 168
COUGOULIEN 56
COUGOURDEAU 74
COUILBEAU 44
COUILLARD 19
COULEZ 153
COULIBALY 54,68
COULON 14
COULONGIN 56
COUNILLET 118
COURAPIE 135
COURDOMY 56
COURSINOU 128
COURTILET 118
COURTIN 24
COURTOIS 15
COURTOT 172
COUSIN 12,64
COUSSANTIER 45
COUTANT 26
COUTOUIT 167
COUTURIER 15
COUTUT 44
COUZUT 46
CRASTUCCIO 102
CRENILLER 91
CREPIN 21
CRETENOY 170
CRETIN 121
CRIADO 36
CROHENT 64
CROISEMARI 74
CROS 16,56,62,92,116
CROTTE 19
CROUTE 96
CROUZET 27
CRUBLEAU 131
CUADRADO 56
CUENOT 107
CUL 162
CULEDDU 49
CUNY 28,136
CURFS 47
CUTAIA 61
D'HOCQUELUS DE CAUDE-
COTE 68
D'ISSERNIO 116
D'USTON DE VILLEREGLAN
56
D'ABBADIE D'ARRAST 37
D'EXPORT 51
DA COSTA 22
DA CRUZ
36,38,40,44,46,54,74
DA SILVA
13,99,100,127,145,153,157,159
160,171
DA-SILVA 38,40,44
DAAJI 47
DAALAOUI 59
DABA 61
DABENOC 140
DAFAUT 124
DAFRI 41
DAGNY 78
DAHBI 35

DAHECH 41
DAHLENT 149
DAHMANE 79
DAHMANI 52,58,64,72,78
DAIGUEBONNE 145
DAKDAKI 75
DALGIN 39
DALLE 130
DALLE-PALLE 37
DALLEAU 50
DALMASSO 87
DAMARIUS 86
DAMOIZET 124
DAMOUR 50
DANIEL 12,42,138
DANJIN 91
DANJOUTIN 173
DAOUDI 56
DAOUFARS 111
DAPPORTO 46
DARGUY 146
DARGY 44
DARNARD 108
DARRAS 27
DARRIBEYROS 122
DARSAU 171
DASYLVA 69
DAUBASSE 129
DAUBINIER 98
DAUDHUI 89
DAUMAS 85
DAUPHIN 28,165
DAVAI 104
DAVID
10,44,54,70,74,126,154,168
DAVID-CRUZ 156
DAVIZOU 163
DAYNIEZ 93
DE ABREU 38,40
DE AMORIM 38
DE ARBURN 177
DE AZEVEDO 44
DE BARTOLO 49
DE BLANGIE 162
DE CHECCHI 74
DE DENESVRES DE DOMECY
68
DE FREITAS 38,40,44,58
DE GROUT 50
DE GRUTTOLA 35
DE JESUS 36,38,40,44,46,58,70
DE KEROULLAS 111
DE KERPEZDRON 42
DE LA LOSA 66
DE LAGRANDRIE 43
DE MACEDO 38,40
DE MATOS 38,40,44
DE MERI DE LA CANORGUE
44
DE MURCIA 53
DE NADAI 62
DE NEGRE DU CLAT 44
DE PARSCAU DU PLESSIX 42
DE PARTOUT 43
DE PINHO 40
DE RAGO 41
DE RAUW 83
DE REKENEIRE 72
DE SAINT OLIVE 157
DE SOUSA
34,36,38,40,42,44,46,52,54,58,
60,62,64,68,70,72,74,78
DEARCK 134
DEBOULETS 68
DEBROND 38
DEBROTONNE 72
DECABANE 84
DECAUFOUR 142
DECEMBRE 11
DECOUTS 54
DEDIEU 90
DEDUC 155
DEFOSSARD 151
DEGEILH DITE LACALLE 62
DEGEILH DITE MAGNANE
62
DEGOIES 46
DEH 69
DEHMEJ 45
DEHUZ 89
DEJEAN 25,90,113
DEJOUHET 105
DEKHIL 77
DEKKERS 58

182

ELACHAPELLE-MOREL 142
ELACHER 83
ELAFUYS 131
ELAGE 16,58,74,97,106,169
ELAHAYE 16
ELAHOULLIERE 158
ELAMAGENTIERE 64
3
ELAMARE 28,68,109
ELANGRES 40
ELANNOY 17,64
ELAPORTE 23
ELARUE 26
ELATTRE 14,64,144
ELAUNAY 13,66,68,131
ELAVE 52
ELCOURT 28
ELCROIX 27
ELCURIE 150
ELECRAIN 126
ELENTAIGNE 132
ELETANG 17
ELGARDE 141
ELHAYE 27
ELITE 72
ELLA-JAGOMA 157
ELLASANTINA 101
ELLE-CASE 70
ELLIPERI 48
ELMAS 4,62,93,96,128,130,164
ELONCHAMBON 38
ELORME 15
ELPECH 26,128,164
ELPHIEUX 93
ELRIVO 87
ELSOUT 96
ELTOY 175
ELUBAC-LOPPI 166
ELUBIN 136
EMAEGDT 68
EMANGE 29
EMASI 48
EMAY 29
EMBELE 55,69
EMBRONT 144
EMDOUM 65
EMERS 52
EMEULEMEESTERE 64
EMEUSY 172
EMINGUET 66
EMIR 34,52
EMIRAL 79
EMIRCAN 35
EMIRCI 39,65
EMIREL 53
EMOLINI 76
EMONTREUX 177
EMONVIELLE 72
EMPT 139
ENAYS 117
ENDONCKERE 64
ENESPLES 40
ENIAU 123
ENIS 11
ENJEAN DITE BRACHAL 62
ENOIRJEAN 133
ENOPCE 125
ENORT 126
ENTS 24
EOLOGENT 68
EPAIS 42
EPRACTERE 64
EQUI 42
ERDERIAN 30,76
ERDEVET 116
ERDOUKH 43
EREILLEUX 78
EREVIERS 66
ERISIE 42
EROCQUENCOURT 142
EROSARIO 161
EROSAS 48
EROUSSIAUX 103
ERPET 124
ERRADJ 57
ERRAZ 69
ERREULX 159
ERRIEN 22
ERUSSIT 160
ESAINTAUBERT 64
ESANCE 42
ESAVENELLE 83

DESBANDS 98
DESBOIS 28
DESCAMPS 16,64,141
DESCAUSE 127
DESCHAMPS 12,68
DESCOFFRE 160
DESDOUYS 143
DESFONTIS 76
DESHAYES 22
DESJOUX 106
DESMANGLES 175
DESMOLIERE 54
DESORNIERES 40
DESOUHANT 97
DESPIAU-PEYRALADE 147
DESPLOBAIN 168
DESQUILLES 158
DESSAI 51
DESVERONNIERES 70
DETCHEVERRY 177
DETRAIS 66
DEVAUX 15
DEVILLAIRS 107
DEVILLE 29
DEVILLECHEZE 40
DEVILLERS 28
DEVIZIO 76
DEVOS 25
DEWARCY 162
DEZOLU 127
DHIFI 69
DI GIUSTO 34
DIABIRA 55
DIABY 47,55
DIAGOURAGA 55,69
DIAKHITE 31,55
DIAKHO 55
DIAKITE 55,69,73
DIARRA 54
DIATTA 69
DIAWARA 54
DIAZ 24
DIBANDI 174
DIDIER 14,60,149,170
DIEDHIOU 55
DIETRICH 149
DIFALLAH 47
DIFFIS 113
DIJOUX 17,50,176
DILDEE 173
DILEK 61
DIMINI 136
DINC 61
DINO 6
DIODORE DIT DELESTRE 68
DIOT 25
DIOUANI 41
DISCEPOLI 75
DISNARD 177
DIVANAC'H 111
DJABRI 75
DJAHNIT 57
DJANTI 47
DJAOUTI 63
DJARI 39
DJEBIEN 65
DJEDOUI 75
DJEFAFLIA 77
DJELASSI 77
DJELLEL 45
DJELLOUL-MAZOUZ 39
DJELLOULI 30,77
DJEMADI 47
DJEMEL 69
DJENIDI 57
DJERDJAR 75
DJOE 51
DJOUAL 47
DJOUBRI 69
DOGAN 35,39,53,71,79
DOGANI 48
DOGHMANE 77
DOIGT 24
DOITTEE 135
DOLESI 102
DOMAGEAUX 70
DOMNEQUE 109
DOMRAULT 104
DONTANS 122
DORBA 50
DORDOY 44
DORE 21
DORSY 66

DOS REIS 44
DOS SANTOS 17,159,160
DOSSEREAUX 89
DOSSEUL 126
DOUAIR 61
DOUARA 63
DOUAREC 42
DOUCARA 55
DOUCET 17
DOUCOURE 55
DOUGEZ 119
DOUGHA 41
DOUMBIA 55
DOURDEVIE 72
DOVARA 76
DRAJ 76
DRAPEYROUX 106
DRENIAUD 117
DREUILHES 62
DRIBAL 67
DRIBEK 71
DRICI 64
DRIDI 34,70,76,78
DRIF 30
DRISSI EL BOUZAIDI 41
DROUET 18
DROUIN 26
DROZIERES 91
DU CRAY 59
DU PONTAVICE DE VAUGAR-NY 44
DUBARRY 147
DUBOIS 10,36,40,44,46,54,58,64,66,72,74,83,99,100,109,119,123,127,133,141,142,144,153,154,157,159,160,168,171
DUBOS 25
DUBOSC 108,130
DUBOST 29,108,130
DUBOURG 24,36,115,129
DUBREMEZ 64
DUBREUIL 18
DUBUS 27
DUCHEMIN 25
DUCHENE 21
DUCHESNE 25
DUCLOS 17
DUCOURAY 54
DUCROCQ 21
DUEDE 107
DUFAU 122
DUFOUR 11,58,64,72,83
DUFOUSSAT 58
DUGENOUX 46
DUHAMEL 16
DUJARDIN 19
DUMAS 11,36,38,56,58,78,88,96,106,112,124,145,151
DUMAZ DIT LIAUDET 78
DUMEUZOY 153
DUMINGER 149
DUMOITIE 72
DUMONT 11,40,64,68,72,142
DUMONTAIX 74
DUMOULIN 19
DUNAND 156
DUPERAL 168
DUPIGNON 72
DUPIN 20
DUPIQUE 44
DUPONT 10,46,54,64,66,72,83,89,105,141,162
DUPONT-PATANT 82
DUPOST 67
DUPOUY 25,36,114,122
DUPRAT 24,36,114,122
DUPRE 15
DUPUIS 12,72
DUPUY 12,36,58,62,90,106,113,114,115,129,169
DURAND 10,36,40,44,54,56,58,62,66,68,70,74,76,78,93,105,106,108,110,112,116,119,120,126,127,130,131,140,143,151,157,160,163,171
DURDENT 68
DURET 22
DURIEUX 27
DURIEZ 29

DUROSEY 68
DUROZELLE 162
DURUFLEY 109
DUSSAPIN 99,100
DUTEILLEUR 110
DUTELLIER 72
DUTHERAGE 144
DUTHEYRAT 58
DUTREMBLY 40
DUVAL 11,54,66,68,95,109,132,135,143,158
DYEPELISSON 76
E SILVA 39
EBERTZHEIM 162
EBURNEO 76
ECHAJIAA 71
ECHERSEAU 119
ECHEVERZ 37
ECORCHEVELLE 160
EDDIBES 75
EDDIBI 59
EDEB 71
EDELINNE 98
EDOIR 93
EDOUARD 174
EDWABSKI 54
EGLIZOT 84
EHERMANN 70
EL ABBOUNI 41
EL AFGHANI 39
EL ALAMI 45
EL ALI 63
EL ALLALI 49
EL AMRANI 31,39,45,57
EL AMRI 35
EL ASRI 41
EL ATTAR 47
EL AZHAR 71
EL BAKKOUCHI 41
EL BAKKOURI 41
EL BAKRI 45
EL BARK 75
EL BOUAYADI 53
EL BOUAZZATI 43
EL BOUJJOUFI 65
EL BOUZIDI 63
EL CHERQUI 75
EL FAKIR 43
EL FILALI 57
EL GHOUCH 57
EL HADAD 39
EL HADDOUCHI 45,63
EL HADRATI 39,63
EL HAOUDI 43
EL HAOUTI 47
EL HARCHAOUI 59
EL HARROUF 57
EL IDRISSI 41,43,45
EL KABLI 73
EL KARIMI 43
EL KARKOUB 73
EL KHALFIOUI 49
EL KHOUAKHI 37
EL KIHEL 73
EL LEBBAR 37
EL MAHI 49
EL MANSOURI 31,65,73
EL MARZOUKI 71
EL MESSAOUDI 45
EL MILOUDI 73
EL MOURABIT 45
EL MOUSSAOUI 45,65
EL OUADGHIRI 57
EL OUALI 45
EL OUESLATI 49
EL YAAGOUBI 49,57,61
EL YAAKOUBI 57
EL YAMANI 59
ELFRAY 70
ELMAHJOUB 67
ENCHERIN 137
ENDOUARD 135
ENDRIOT 40
ENDUIT 161
ENJINE 157
ENJOLVIN 125
ENNEBATI 45
EO 13
EPERY 103
ER 45
ERDEM 35,53
ERDOGAN 31,35,43,47,53,61,67,71,79

ERGUN 41,67
ERMISER 59
ERNSTH 134
EROGLU 59
ESCALOP 167
ESCAPE 148
ESCAZEAUX 113
ESKIER 53
ESMINGER 134
ESNAULT 20
ESSANOUSSI 73
ESSEBBAH 39
ESSEBI 49
ESTREICH 139
ESTYOULLE 88
ETAIX 124
ETALLE 76
ETCHABE 36
ETCHEGARAY 146
ETCHEVERRY 36,146
ETHEVE 50
ETIENNE 13,173,174
ETTALHAOUI 49
EVENO 138
EVRARD 15
EXBRAYAT 125
EXCELLENCE 118
EXQUIS 151
EY 13
EYCHENNE 90
EYFFREN 165
EYMONI 76
EYNARD-VERRAT 155
FABRE 7,11,17,56,62,76,92,93,94,96,112,116,128,129,148,163,165,166
FABRI 7
FABRINI 7
FABRIAS 56
FABRO 7
FADHLOUN 73
FADIGA 55
FAGES 130
FAGGION 62
FAHRENBACH 34
FAIVRE 7,16,17,52,107,121,152,172
FALALA 137
FALENCHERE 84
FALIBERON 44
FALKIN 54
FALLASSE 135
FALVO 61
FANJON 166
FANTAISIE 176
FANTET 151
FAOUZI 37,49,65
FARAUT 87
FAREJEAUX 105
FARGA 164
FARINEZ 170
FARRIS 66
FARTARIA 39
FASAN 62
FATMI 46
FAUBLAS 50
FAUCHER 21,58,169
FAULANT 50
FAUP DIT MANDRAT 62
FAURE 10,17,36,38,58,62,76,78,86,88,90,92,105,106,108,113,115,120,124,125,145,151,164,169
FAUVEL 28
FAVARETTO 36
FAVEROUL 167
FAVIER 18
FAVRE 7,17,78,82,155,156
FAYE 27,58,169
FAYOLLE 24,124
FEDDAL 65
FEIBELMAN 48
FEINIER 172
FELIX 20
FELLAH 30,39,59
FELOUKI 65
FERAHTIA 65
FERCHICHI 63,77
FERDOILE 44
FERNANDEL 94
FERNANDES 17,84,145,160
FERNANDEZ 12,56,76,87,94,115,116,129,148,165

FERRAND 15
FERRANDINI 102
FERRARI 25
FERRE 18
FERREIRA 16,127,145,159,160
FERREIRA PIRES 51
FERRIER 25
FERRY 19
FESSE 24
FETARD 98
FETIGNY 167
FEUILLIETTE 83
FEUZY 64
FEVRIER 11,28
FEZAI 49
FIGARO 173
FIJALKOWSKI 66
FILALI 46,60
FILHIATRE 68
FILICCHI 76
FILIPPI 48,102
FILISETTI 52
FILLOUSE 114
FINCATO 74
FIOEN 141
FIOLAS 46
FISCHER 16,34,149,150
FISTAHL 123
FIVELLI 48
FLAIM 52
FLAMENT 19,64
FLANDIGAN 177
FLEURDESPOIS 44
FLEURY 12
FLIC 111
FLOCHARD 66
FLOHIC 111
FLOUTTET 82
FOCHESATO 62
FOFANA 54
FOIX 90
FOLETIERE 74
FONSECA 36,44,58
FONTAINE 7,10,50,54,64,66,68,72,156,176
FONTANA 7
FONTANA DIT FONTANI 52
FONTE 7
FORASACCO 40
FOREST 22
FORESTIER 18
FORSTBAUER 60
FORT 20
FORTELY 52
FORTIN 18
FOUCAULT 23
FOUCHER 17
FOUILHADE 128
FOUILLERS 74
FOULON 20
FOUQUERON 131
FOUQUET 17
FOUR-POME 147
FOURCADE 25,114,147
FOURGEON 38
FOURNIALIS 62
FOURNIER 10,38,54,64,72,84,135,145,162,171
FOUTOILLET 103
FRAENZLE 34
FRAGILUS 50
FRAMOND 38
FRANCESCHETTI 102
FRANCESCHI 48
FRANÇOIS 10,25,46,54,60,64,72,89,91,133 134,136,137,175
FRANÇOIS MARIN 68
FRANÇOIS-PONCET 25
FRANCONERI 48
FRANCONI 102
FRANCQUEMBERGUE 40
FRANKENSTEIN 20
FRAOUCENE 47
FRATSCHER 34
FREBOUT 119
FREDOUELLE 70
FREGEAIS 168
FREITAS 38,40,44,74
FREJABIAU 164
FRESNAYS 143
FRETEAULT 154
FREY 29,34

FRICART 74
FRIMIGACCI STEPHANOPO-LI 48
FRITSCH 27,34
FRITSCHLER 34
FRODEFOND 99,100
FROMAGE 95
FROMENT 23
FROMIAU 119
FRONTEAUX 42
FRORES 48
FROUNTIL 116
FROUTE-FRANCEZOU 36
FUCHS 26,34,139,150
FUENTES 9
FULENNE 72
FUNEREAU 76
FURFARO 48
GABORAIN 167
GABRIEL 24
GABRIELLI 102
GACHINAT 98
GADIO 45,69
GADSAUD 74
GAGNEPAIN 103
GAICHALS 46
GAILLARD 11,78
GAILLARD-LIAUDON 156
GAKOU 31,55
GALDEANO 56
GALERA 56,62
GALIAY-CAZETTES 147
GALIMA 51
GALLAFRIO 94
GALLAND 23
GALLAUSIAUX 170
GALLET 17
GALLOIS 27
GALLOT-LAVALLEE 70
GALMICHE 152
GALY 90
GALY DITE JOUANETOUS 62
GALY DITE MOUREOUET 62
GAMARDES 122
GAMBARETTI 42
GAMBOA 58
GAMMELLA 61
GAMORE 108
GANDEGA 55
GANIGAL 116
GANIVET-LAGRANGE 74
GANZITTI 34
GAOUGAOU 41
GARAIL 113
GARBISSOU 36
GARCIA 10,16,36,56,62,76,87,90,92,94, 112,113,114,115,116,120,128, 129,146,147,148,151,157,163, 164,165,166
GARCIN 28,85,86
GARGALA 68
GARNEAUX 133
GARNIER 10,40,44,46,54,70,91,103,134, 135,143,159
GARNIER GENEVOY 40
GAROSSINO 112
GARREAU 24
GARRIBA 50
GARRIGUES 164
GASMI 30,65,71,77,79
GASNIER 27
GASPAROTTO 62
GASSAMA 55,73
GASSELING 75
GASSENMEIER 34
GASSIBERT 36
GASTAUD 87
GASTBLED 66
GATHEN 59
GAUBERT 24
GAUCHER 29
GAUDIN 14
GAULTIER 21
GAURISSE 172
GAUSSAND 123
GAUTHIER 10,40,44,52,58,91,97,108,123, 127,140,153
GAUTIER 10,42,66,70,117,126,132,135, 143,154,177
GAUTRONNET 121

GAUZINTHE 96
GAVIGNOT 68
GAY 13,156
GAYIC 104
GEDEL 38
GEFFROY 24
GELATE 50
GELLAS 78
GEMMER 60
GENET 28
GENILIER 145
GENILLOUX 107
GENIN 25
GENIN-MILHOMME 78
GENTY 29
GEOFFRONT 40
GEOFFROY 18
GEORGE 23
GEORGE-MOLLAND 155
GEORGES 14
GEORGET 29
GEORGIADIS 44
GERACI 78
GERARD 11,46,60,89,91,133,134,136, 137,170
GERARDESCHI 49
GERGADIER 127
GERMAIN 12
GERMANY 174
GERMEMONT 133
GERVAIS 17
GESQUIN 66
GHALIFA 41
GHAMRAOUI 47
GHECHAM 71
GHELLAB 53
GHERAB 65
GHERABI 53
GHILAS 77
GHILLINO 137
GHODBANE 79
GHOMARI 65
GHORZI 41,45,47
GHOUAIEL 77
GHOUILI 49
GHOUL 65
GIAMBRUNI 48
GIBERT 19
GICQUEL 19
GIESZCZYK 67
GIL 26
GILBERGUE 142
GILBERT 13
GILLES 16
GILLET 13,89,172
GILLOT 24
GIMENEZ 21,92
GINIEL 94
GIOGLIO 76
GIORDANO 87
GIOVINAZZO 48,76
GIPTIERE 168
GIRARD 10,38,40,44,52,54,70,74,76,78, 99,100,103,107,108,110,119, 120,131,161,166
GIRAUD 11,38,74,76,78,84,85,86,94,98, 105,124,151,165,168
GIRAULT 17,44,99,100
GIRARDIN 177
GIRONDIERE 78
GIROTH 40
GIROUD-CAPET 120
GIROUD-GARAMPON 120
GIUDICELLI 48,102
GLAB 52
GLANDU 120
GLEMSER 34
GLOUTON 100
GOBERT 26
GOBIAN 42
GODARD 15
GODEFROY 21
GODET 23
GODHEUX 132
GODIN 22
GODMANE 67
GODNAIR 171
GOESENS 142
GOGO 132
GOIBIER 42
GOINCE 154

GOLITIN 175
GOMES 24
GOMEZ 15,115
GOMRI 61
GONCALVES 17,160
GONCOURT 16
GONDANT 72
GONTHIER 24,50
GONZALEZ 14,115,148
GONZALVEZ 56
GONZIL 175
GORENDIAWE 49
GORET 19,142
GORGILLER 72
GOSSELIN 18,66
GOSSET 27
GOTTENKUENY 172
GOUBILY 110
GOUDET 175
GOUGEON 135
GOUGES 164
GOUIONNET 74
GOUISSEM 42
GOUJON 22
GOUPIL 27
GOURDON 26
GOUREMAN 67
GOURGOU 128
GOURJADE 163
GOUSSEBAIRE 122
GOUTEROT 84
GOUZE 164
GRACZYK 72
GRAETER 34
GRAMMATICO 76
GRAMPP 149
GRANCHO 59
GRAND 18
GRANDBIEN 127
GRANDGONNET 124
GRANDHUMBERT 52
GRANDJEAN 18,152
GRANDMENIL 42
GRANDMOUGEIN 159
GRANGE 19
GRANGER 18
GRANIER 20
GRANINI 48
GRANLUND 68
GRAS 17,23
GRAS-CHEL 86
GRAS-LACOMBE 86
GRAUCHER 68
GRAULHET 92
GRAZIANI 48,102
GREAUX 173
GREGOIRE 14
GRELAULT 74
GREMOIN 68
GRENIER 16
GRENNA 165
GRENOUILLE 17
GREORY 154
GREPPER 72
GRIGORD 134
GRILLET-MUNIER 156
GRIMALDI 48
GRIMAUD 22
GROENWONT 68
GROMELLON 42
GRONDIN 13,50,176
GROS 14,23,155
GROS-TABUSSIAT 121
GROSBEGNIN 78
GROSGNET 114
GROSJEAN 21,52,152
GROSNIT 107
GROSS 26,34
GROSSEINT 152
GROUAL 66
GROUGNOT 52
GROUTSCHE 69
GROZEAU 144
GRYOT 82
GRZESKOWIAK 30,64
GUDDELMONI 49
GUDENBOUR 46
GUECHI 40
GUEDEUX 117
GUEGAN 22,138
GUEGUEN 18,42,111
GUEHENEC 138
GUELERAUD 124
GUELFAT 73

GUELIL 69
GUELLATI 53
GUEMAZI 53
GUENANA 71
GUENNI 69
GUERGUET 73
GUERIN 10,44,54,66,70,74,95,98,110, 117,119,126,127,143,161,168
GUERMIT 39
GUERRAOUI 63
GUERREIRO 38
GUERY 29
GUERZA 69
GUIAVARC'H 43
GUIBERT 16
GUICHARD 13
GUICHETTE-DEBORD 145
GUIGNAIRE 60
GUIGNARD 21
GUILBAUD 24,167
GUILBERT 15
GUILGOZ 52
GUILLARD 19
GUILLAUME 11,46,89,137
GUILLAUMIN 84
GUILLEMIN 19
GUILLEMOT 20,138
GUILLET 14,70,167
GUILLET-REVOL 120
GUILLO 138
GUILLON 15,168
GUILLOT 12,105
GUILLOU 14,42,11
GUILLOUX 26
GUILOUCHI 41
GUIMI 51
GUINOUBI 69
GUIRAO 56,58
GUIRAUD 23,56,116
GUIRINEC 11
GUISEPPONI 48
GUIST'HAU 71
GUITTON 23
GULINI 166
GULLIVER 173
GUMIAUX 138
GUMUS 61
GUNDUZ 35,59,79
GUNES 31,43,53,79
GUNGOR 53,67
GURLER 67
GUTTRON 54
GUY 17
GUYARD 27
GUYGRAND 121
GUYON 17,121
GUYONIN 38
GUYOT 12,46,52,134,140
HAABO 51
HABBOUT 47
HACALA 177
HACAN 127
HACIANE 69
HADDAD 34,54,56,76,78
HADDADA 63
HADDAOUI 61
HADDOU 70
HADJAB 38
HADJADJI 52
HADJLOUM 65
HADJRES 71
HAFAIEDH 77
HAFDA 41
HAFFAD 43
HAFSI 75
HAIDA 49
HAIDARA 31,55
HAIEDURAND 42
HAIRAUD 161
HAJJI 41,57
HAKAN 61
HAKKAR 30,53
HAMADACHE 68
HAMADI 52
HAMADOUCHE 30,61,73
HAMANI 30,55,79
HAMDI 34
HAMEL 18,66,132
HAMELIN 25
HAMHAM 71
HAMILA 77
HAMILI 43
HAMLIL 53

HAMMAMI 76
HAMMED 77
HAMNACHE 53
HAMON 13,42,104,117
HAMOU-MAMAR 45
HAMTTAT 69
HAMZA 34
HAMZAOUI 68
HANUS 19
HAOUAS 71
HARDIVILLEZ 142
HARDY 15
HARID 67
HARRAT 67
HARRICOT 110
HARYOULI 37
HASENKAMP 60
HASNAOUI 52
HASSAINI 65
HASSANI 46
HASSOUNI 45
HAUDILLE 119
HAUQUE 164
HAUTDECOEUR 158
HAUTELOCQ 64
HAUVIEUX 70
HAUZERAY 110
HAZENBERG 75
HBILA 43
HEBBAR 65
HEBDITCH 177
HEBERT 14,66,68,95,109,132,158
HEDJEM 53
HEFTLER 157
HEINLEIN 60
HEIRIEY 85
HEITZ 34
HELGUERA 67
HELIMI 47
HEMAILLE 64
HEMERY 28
HENNACH 65
HENNEGRAEVE 141
HENNEUX 64
HENNEVELT 68
HENRET 40
HENRI DIT GUILLAUMIN 82
HENRY 10,46,60,89,133,134,136,137, 152
HERAULT 26
HERFURT 34
HERIZI 73
HERMILIER 144
HERMILLE 145
HERNANDEZ 16,115
HERRO 150
HERVE 12,42,104
HERVE DU PENHOAT 42
HESSPEELS 72
HEUCQ 133
HEUDES 177
HEUTZEN 136
HIEDELS 60
HIGUIER 103
HILAIRE 29
HILARD 36
HILLORION 112
HILSAMER 60
HIMEUR 30,47
HIOUNET 164
HIRIGOYEN 146
HITLER 23
HMAMOUCH 71
HMIMSA 39
HNINI 59
HOARAU 13,50,176
HOAREAU 15,50,176
HOCQUAUT 170
HOFFMANN 19
HOGGAS 41
HOHREIN 34
HONORE 27
HOPPERDIETZEL 34
HORETY 92
HORTOLARIE 58
HOSTAILLE 148
HOUNG-CHUI-KIEN 51
HOUNNIT 45
HOUSTANI 71
HRITANE 63
HUARD 29
HUBERT 12,136

HUE 22
HUET 12,66,143
HUGUET 18
HUMBERT 13,52,60,107,136,137
HUMBLIN 103
HUPPERTZ 60
HURSAULT 161
HUSSON 19,137
HUTTENREITER 60
HUTTENSCHMIDT 34
HUYGELIER 141
HYDEUX 159
HYPPIAS 153
HYVRON 134
IBNYASSIN 43
IBOUZIDENE 47
IDIR 78
IDIRI 34
IDRI 47,65,77
IDROLLE 141
IENCO 49
IFOURAH 47
IHIDOY 146
IKHERBANE 77
ILHAN 35,61
IMBERT 15,76,85
IMBOURT 74
IMELHAINE 63
IMLOUL 34
IMOUZA 176
INACIO 38
INAREJOS 43
INCOLLI 68
INCONNUE 64
INNOCENT 28
INQUIETE 133
INZAINA 48
ISAAC-TOURRE 88
ISONI 48
ISSA 50
JACCACHURY 177
JACGNEAU 161
JACOB 13,136
JACOTE 170
JACOTIER 66
JACQUEMIN 21
JACQUES 14,136
JACQUET 12,82,99,100
JACQUIN 23
JACQUOT 16,52
JAFFEN 44
JAHHAOUI 37
JAMB 42
JAMBES 24
JAMENOT 119
JAMES 29
JAMET 19
JAMONET 108
JAN 24
JANDEKA 43
JANIAK 72
JANIK 30,46
JANIN 27
JANOTIN 42
JANVIER 11,26
JAOUADI 79
JAOUEN 24
JARANTON 84
JARDIN 27
JARRAR 77
JARRY 22
JASAWANT-GHIRAOU 51
JATIAULT 168
JAUFRED 165
JAZDZYK 43
JEAN 12,66,76,166,174
JEAN-BAPTISTE 50,174
JEAN-LOUIS 174
JEAN-MARIE 174
JEAN-PIERRE DIT PANNE 56
JEANJIRARD 140
JEANNAND 52
JEANNE 18,66,95,132
JEANNIN 26,52,107
JEBARI 79
JEGO
JEGOU 27
JEME 78
JENNERET 91
JERMIN 173
JERUSALEM 15
JERVAL 140
JHILAL 53

JIMENEZ HUALDE 75
JINJOLET 154
JIRET 66
JOBENNE 66
JOD 137
JODAR 56
JOISNOT 118
JOLICON 19
JOLIVET 20
JOLLY 19
JOLUN 109
JOLVOT 52
JOLY 11,40,64
JONGLAS 129
JOQUILIVE 134
JORDANET 128
JORF 47
JOSEPH 17,50,173,174,175
JOSSE 22
JOUAN 20
JOUANNIC 111
JOUBERT 14
JOUBREIL 117
JOUERY 56
JOUESNY 44
JOUEY 66
JOUFREAU 135
JOURDAIN 17
JOURDAN 15
JOURDINAUD 74
JOUSSOUY 125
JOUVE 21,38,125
JUAREZ 56
JUBERTAT 40
JUBITANA 51
JUDASSE 72
JUDIL 104
JUGIAN 151
JUILLARD 96
JUILLET 11
JUIN 11
JULEAU 70
JULIEN 12
JULIENNES 70
JULLIEN 20
JUNEY 56
JUNG 19,34,139,149
JUNIS 92
JUPITER 173
JURLAUD 70
JXXX 13,83
K'OUAS 43
K-BIDI 50
KAABECHE 79
KACI 36
KADMI 50
KADOUCHE 61
KADRI 46,76
KAGNEL 50
KAGO 51
KAHLAOUI 49
KAHOUL 65
KAHRAMAN 61
KALLOUCH 49
KAMELI 37
KANACHE 67
KANCEL 173
KANFOUAH 39
KANNENGUISER 54
KANNI 49
KANOUTE 55
KANTOROWITCH 54
KAOUARI 63
KAPUSUZ 75
KARA 34,70,78
KARACA 43
KARADUMAN 69
KARAKAYA 67,79
KARAKUYU 73
KARAMOKO 55
KARATAS 53,79
KARDJOUDJ 63
KARKI 75
KARTAL 79
KASAY 67
KASPRZAK 30,64
KASSID 69
KAYA 35,45,53,61,79
KAYAMARE 50
KAZMIERCZAK 30,60,64,72
KEBAILI 52
KEBDANI 57
KEBE 55
KEBLI 30

KECHEUR 54
KEERHEM 141
KEFIF 75
KEHEL 49
KEILHACK 72
KEITA 54,68
KELES 59,61
KELLER 19,34,150
KELLERSCH 60
KEMICHE 47
KENEME 69
KENNEDY 120
KERAND 42
KERBEUF 42
KERBOURC'H 43
KERFANTE 157
KERRACHE 57
KERRAR 65
KERZAZI 37,75
KESKIN 35,79
KEUCHE 64
KEVEK 67
KEYTA 69
KEZZI 63
KHADRAOUI 59
KHADRI 57
KHAIDOURI 41
KHALDI 72
KHALFAOUI 37
KHALOUA 69
KHAMALLAH 39
KHAOUA 53
KHATTAB 63
KHATTOU 63
KHAZRI 49,77
KHEBCHI 61
KHEDIM 53
KHELFI 41
KHELIFA 58
KHELIFI 70
KHELOUFI 52
KHENICHE 79
KHIAR 68
KHITER 65
KHORCHID 55
KHOUCHANE 47
KHOUMAME 67
KICHENIN-MOUTALOU 51
KIEFFER 19,34
KIHAL 63
KILIC 31,35,39,45,47,53,61,67,69,71, 79
KILINAN 51
KILINC 79
KILLHERR 34
KIMBLER 172
KIROUANE 35
KLAI 49
KLEIN 12,34,60,139,149,150
KNIBBE 41
KNODT 60
KOCAK 31,43,53,61,79
KOCH 27
KOCKEN 75
KOEHRLEN 150
KOESE 51
KONATE 54
KONTE 55,69
KOPARAN 47
KOPHE 74
KORKMAZ 31,41,61
KORTAA 59
KOSTLMAIER 60
KOUACHI 38
KOUCHA 59
KOUDY 59
KOUYOURI 51
KOVAC 72
KOWALCZYK 30,40,60,64,72
KRADCHI 63
KRAINSKI 42
KRALOUVITCH 40
KRARIA 39
KREITTNER 150
KRIKORIAN 76
KRIMI 49
KRUSCH 34
KUBRIJANOW 67
KUCHARSKI 30,64
L'ECHELARD 104
L HERIENAT 42
L'ANTHOEN 42
L'ECHELARD 43

L'HENAF 43
LA PEROUSE 163
LAABID 43
LAANAYA 71
LAARAJ 57
LAARIBI 73
LABADIE 129
LABAT 22,36,122
LABBE 16
LABENC 92
LABIDI 53,77,79
LABITTE 19
LABORDE 17,36,122,146
LABORDE-MAJOURAU 36
LABORIE 128
LABROUQUAIRE 122
LABRUVOIR 72
LABYAD 57
LACASSAIN 122
LACAZE 27,147
LACHELLO 116
LACOMBE 15,62,93,106,128,129
LACOSTE 16,36,106,114,115,129
LACOUR 19
LACROIX 11,52,121
LACROIX-GAVOD 52
LACROTTE 19
LADJADJ 67
LADOUBE 68
LADRE 82
LADROUZ 65
LAFAGE 128
LAFARGUE 7,36,122
LAFFARGUE 114,129
LAFFOND 7
LAFFONT 7,27,90,113
LAFITTE 36,122
LAFON 7,16,36,96,115,128,164
LAFOND 7,28
LAFONT 7,20
LA FONTAINE 7
LAFOS 34
LAGARCE 21
LAGARDE 15,36,106
LAGIER 86
LAGOUARRE 146
LAGRANGE 20
LAGRIFFOULIERE 93
LAGUERRE-LANOU 36
LAHANTE 133
LAHAUSSIERE 52
LAHAYE 29
LAHJAR 39
LAHMAIDI 73
LAHMER 73
LAHOUAICHRI 65
LAHOUSSET 54
LAHRACH 57,73
LAHRECHE 69
LAHSINI 57
LAIDOUNI 30,79
LAINE 15
LAISSOUB 67
LAKEHIH 57
LAKEL 58
LAKHAL 65
LALANDE 29
LALANNE 20,36,114,115,122,146
LALFOND 117
LALLEMAND 19
LALLEMENT 29
LALOUAT 171
LAMACHI 39
LAMALATIE 164
LAMANIVE 114
LAMARQUE 27,36
LAMARTINE 84
LAMAZOU DIT BETBEDER 36
LAMBERT 10,46,52,54,89,107
LAMBINET 89
LAMBOLEY 152
LAMONDES 56
LAMOTTE 21
LAMOUR 28
LAMRANI 57
LAMY 13
LANBLIN 136
LANDAIS 25,135
LANDRET 28

LANDRU 28
LANDRY 28,29
LANFROID-NAZAC 36
LANG 20,34
LANGENOIR 108
LANGEVEN 154
LANGLAIS 28
LANGLET 28
LANGLOIS
13,66,68,109,132,158
LANGUEMIER 109
LANIAUD 126
LANTERI 87
LAOUANI 37
LAOUKIRI 57
LAPAILLERIE 115
LAPEYRE 23
LAPIERRE 25
LAPLACE 27,173
LAPLANCHAS 58
LAPORTE 13,36,96
LARCHER 25,174
LARCONNIER 109
LARIBI 72
LAROCHE 16
LARROQUE 164
LARUE 26
LASCOUGIRAUD 105
LASIS 66
LASMAK 37
LASSALLE 22,146
LASSENY 72
LASSERRE 19,36,114,122
LASSOUKA 51
LATOUR 26
LATRAY 170
LATURE 95
LAUBIT 122
LAUBREAU 40
LAUCOURT 174
LAUGELOT 171
LAUGIER 76,165
LAUMESFELT 139
LAUNAY 14,143,154
LAUNSTROFFER 54
LAURENT
10,38,40,46,52,54,58,60,64,78,
84,91,125,136,137,140,152,159
173
LAURET 21,50
LAUSEILLE 106
LAUTHEAL 78
LAUWEREYS 68
LAVAL 18,128
LAVAUD 27,58
LAVENN 149
LAVERGNE 20,128
LAVIGNE 19
LAVRAUT 38
LAVRIEUX 123
LAYOTE 38
LAYRLE 114
LE BELLENGER 66
LE BELTEL 43
LE BERRE 21
LE BIHAN 19,42
LE BORGNE 21
LE BOULGE 138
LE BOURNE 138
LE BRAS 23
LE BRETON 25
LE BRIS 22
LE BRUN 29
LE BULZE 42
LE COLERE 58
LE CORRE 17,42,138
LE CORREC 104
LE COURRIC 42
LE CUYER 43
LE DANNOIS 74
LE DEMOR 54
LE DIHOLEN 70
LE DROGUEN 43
LE FAIX 42
LE FLOCH 21,138
LE FURE 42
LE GAL 21,138
LE GALL 12,42,104,111
LE GALLO 138
LE GAVE 43
LE GOADET 66
LE GOFF 13,42,104,111,138

LE GUEN 19,42
LE MENNEC 42
LE MEUR 23
LE MIEN 71
LE MILINER 42
LE PAIR 138
LE PARCAULT 42
LE PIVOLOT 42
LE POUEZARD 138
LE QUITTE 42
LE ROUX 12,42,104,111,138
LE ROY 19
LE SYLVESTRE 42
LE TARTONNEC 42
LE THELLEC 42
LE YEURC'H 42
LE-GOFF 44
LEBAS 24
LEBEAU 25
LEBLANC 13,27
LEBLOND 18
LEBOIDRE 132
LEBON 14,50
LEBRETON 14,117
LEBRUN 13,27
LEC'HVIEN 42
LECA 48,101
LECAIME 66
LECERF 28
LECHENETIER 113
LECLERC 11,68,158
LECLERCQ
11,64,72,141,144,162
LECLERE 23
LECOCQ 20
LECOMTE 11,44,110
LECONTE 16,66,132
LECOQ 17
LECORNICHON 95
LECOULAN 117
LECROEL 132
LECROULLANT 109
LECUL 19
LECUYER 22
LEDEE 173
LEDEPT 160
LEDOUX 18
LEDRU 28
LEDUC 14
LEFEBVRE
7,10,54,64,68,72,83,109,141,
142,144,158,162
LEFEUVRE 22,117
LEFEVRE
7,10,46,54,66,72,83,89,95,132,
133,142,159,160,162
LEFLOIC 109
LEFORT 16
LEFRANC 21
LEFRANCOIS 20,68
LEFRAST 66
LEGAMBIER 66
LEGARTO 146
LEGATO 49
LEGAY 28
LEGENDRE 16
LEGER 12,99,100
LEGRAND
10,54,64,72,83,110,141,142,
144
LEGROS 14
LEHMANN 29
LEIBRE 170
LEITE 38,44,58
LEJEUNE 13,72
LEKFIF 75
LELARDIC DE LAGANRY 70
LELEU 18,64
LELIEGEOIS 46
LELIEVRE 14,66,95
LELOCHE 177
LELONG 19
LELOUETTE 42
LELOUP 27
LEMAIRE
11,64,72,83,141,142,144,162
LEMAITRE 13
LEMARCHAND 21
LEMERCIER 28
LEMESNIER 66
LEMOINE 11
LEMONNIER 16,66,132
LEMORGE 134
LEMORTELLEC 67

LENGLIER 142
LENINE 143
LENOIR 15
LENTRAIGUES 7
LENTREGYES 7
L'ENTREYGUES 7
LEOCADIO 59
LEON 19
LEONARD 18
LEONDOR 58
LEPAGE 19
LEPAIR 118
LEPAULOUX 66
LEPINE 28
LEPOITTEVIN-TOINE 132
LEPRETRE 23
LERAY 20
LEREVERAND 66
LEROUX
7,11,66,68,70,72,123,132,154,
158
LEROY
10,44,46,54,64,66,68,70,72,83,
89,95,109,110,123,133,141,142
144,154,158,159,160,162
LERROL 111
LESAGE 14
LESSATINI 87
LESSUT 112
LESUEUR 21,68
LETANNAUX 133
LETELLIER 18,66,68,109
LETIXIER 58
LETONDELLE 107
LEVASSEUR 18,68,158
LEVEQUE 13,177
LEVOSTRE 174
LEVY 12,17,157
LEYNEY 115
LEYTECK 170
LEZIAR 61
LHEDET 74
LHOMME 26
LHORMANN 172
LHURINE 56
LIAMANI 67
LIBECQ 89
LIBRAD 112
LIENARD 29
LIGEOT 52
LIM 55
LIMIN 143
LIMOURI 37
LINCETTO 63
LINYON 175
LIOUTIER 88
LISBONNE 15
LISONI 48
LISSACK 34
LIXAERDE 64
LIZZERI 48
LLUANCI 56
LOCANDRO 48
LODEVIS 138
LODOVIGHI 101
LOEUILLIEUX 144
LOGUIVY 104
LOHOFF 34
LOHUES 75
LOIODICE 40
LOISEAU 16,127
LOISEL 27
LOISON 27
LOLERY 38
LOLITA 150
LOLLIEROUX 104
LOMBARD 15
LOMBEZ 113
LOMBIA 36
LONGNIAUX 89
LONNIAUX 89
LONTRAGUES 7
LOPES 22
LOPEZ
12,56,76,87,92,94,112,113,115,
116,146,148,151,165,166
LOREILLARD 52
LORENDET 46
LORGANE 132
LORIOLLE 84
LORUM 137
LOUALE 162
LOUALICHE 37
LOUBARD 117

LOUBEAUD 58
LOUBET DIT SARTROU 90
LOUBET DITE DEL PAR 62
LOUBET DITE SARTROU 90
LOUBET DITE TUZE 62
LOUFFOCK 160
LOUFFOK 160
LOUGLAYAL 45
LOUIS 12,173,175
LOUIS DIT BENJAMIN 135
LOUISSAINT 51
LOURAGH 69
LOURENCO
36,38,44,54,58,62,72,74
LOUSTAU 146
LOUVET 24
LOZARCH 42
LOZERE 130
LUBRANO DI RICCO 76
LUCAS 11,42,68,70,104,138
LUCIANI 48,102
LUCZAK 30,60,64
LUMIERE 107
LUNGARELLA 49
LYOUBI 59
LYSE 123
M 10,13
M'BODJI 69
M'HAMDI 63
M'HAMEDI 63
M'RADAMY 50
MAALAOUI 77
MAANANE 79
MABCHOUR 65
MAC-INTOSH 51
MACCOW 173
MACE 17
MACHANE 59
MADAILLE 116
MADEHORS 58
MADRID 15
MAGALIOTTA 59
MAGAUTHIER 58
MAGEN-TERRASSE 51
MAGGIORETTI 48
MAGINOT 137
MAGNE 23,96
MAGNIER 21
MAGNIN 28
MAHADZERE 50
MAHAMDI 53
MAHBOUB 73
MAHE 14,42,126,177
MAHIEDDINE 65
MAHIEU 28
MAHROUCHI 69
MAI 11
MAIGNA 163
MAILLARD 12
MAILLET 16
MAILLOT 14,50,176
MAIMIR 114
MAIN 24
MAIRE 18,52,107
MAITRE 22
MAIZI 47
MAJCHRZAK 30,60,64
MAJERI 79
MAKHFI 71
MALALEUGE 145
MALALI 71
MALAURON 105
MALBRUNEAU 153
MALDONADO 36,70,76
MALDUE 162
MALECKI 30,60,64
MALET 27
MALGRAY 46
MALIDE 68
MALISSEIN 169
MALLET 13,38
MALONGA 55
MALTESE 76
MAMERI 30,47
MAMOU 30,55,57,63
MAMOUNI 45
MANCEAU 26
MANGATA-RAMSAMY 50
MANGELEER 66
MANGIN 19
MANGIONE 40,78
MANIAC 96
MANIPOU 112
MANNALIN 97

MANNERINI 102
MANNIA 49
MANSAR 41
MANSOOR 51
MANSOURI 34,54,60,68,78
MAOUA 77
MAOUIN 70
MARAFFON 59
MARAIS 24
MARANGIER 159
MARANSIN 147
MARC 18
MARCATO 62
MARCEL 28
MARCHAISE 154
MARCHAL
13,17,60,136,137,170
MARCHAND
11,44,46,70,110,172
MARCHAND-REVERD 78
MARCHIORO 36
MARCONNEAU 46
MARCONNOT-THANNEUR
172
MARECHAL 13,17
MARESCHAL DE LONGEVIL-
LE 52
MARGARIDENG 164
MARGOUM 39
MARGOUTIER 58
MARGRITE 132
MARGUERIE 29
MARIANI 48,102
MARIE 11,29,66,95,132,143
MARIE DIT BINET 68
MARIE-SAINTE 174
MARIGHETTO 37
MARIKO 55
MARIN 15
MARINHO-GOMES 75
MARION 15,29
MARKARIAN 30,76
MARKLOF 60
MARNIVAUD 58
MAROTEIX 98
MARQUES 21
MARQUET 18
MARS 11
MARTEAU 25
MARTEL 14
MARTIGNAC 7
MARTIAL 174
MARTIN
7,9,10,14,34,36,38,40,42,44,46,
52,54,56,58,60,62,64,66,68,70,
72,74,76,78,82,83,84,85,86,87,
88,89,91,94,95,97,98,99,100,
103,105,107,108,109,110,112,
113,115,116,117,118,119,120,
121,123,124,125,127,129,
130,131,132,133,134,135,136,
137,139,140,142,143,145,146,
147,149,150,151,152,153,154,
155,156,157,158,159,160,161,
164,165,166,167,168,169,170,
171,172
MARTINAT 7,14,167
MARTINAUD 14,167
MARTINELLI 14,167
MARTINET 14,18,167
MARTINEZ
7,11,56,62,76,85,87,90,92,94,
112,113,115,116,120,129,146,
148,151,165,166
MARTINHO 58
MARTINI 7,14,167
MARTINIERE 14,167
MARTINOT 7
MARTINOV 7
MARTINS 7,19
MARTINSKI 7
MARTIRIS 148
MARTOS 56
MARTRAGNY 95
MARTY
7,12,36,56,62,90,92,93,106,113
116,128,148,163,164,167
MARUE 58
MARUTEIX 58
MARY 15
MARZELLIERE 126
MAS 20
MASCARILLE 50

MASSARTIQ 114
MASSAT DITE BOURRAT 62
MASSE 14
MASSON 10,46,60,159
MASSONDE 146
MASSONI 102
MATHIEU
10,46,60,133,136,170
MATHIEU-DAUDE 116
MATHIS 26
MATHURIN 175
MATIRON 103
MATRACY 62
MATRINGANT 162
MATTEI 48,102
MATUSIAK 60,72
MATUSZAK 30,64
MAUBERT 6
MAUCELI 41
MAUGER 24,66
MAUGOUR 131
MAUPILER 143
MAUPOT 46
MAURABIS 164
MAUREL 17,62,85
MAURETTE DITE BERRETOU
2
MAURETTE DITE MONDET
2
MAURICE 15
MAURIN 16,56,112,130
MAURY 14,58,62,128
MAURY DIT PAPOT 62
MAUSEAU 70
MAUVIGNE 74
MAVISIC 59
MAYER 24
MAZANIELLO-CHEZOL 51
MAZEAUDOIS 58
MAZEMAN 141
MAZET 28
MAZUREK 30,64
MAZZILLI 78
MAZZOBEL 71
MBAE 77
MBAYE 55
MEBARKI 78
MEBDAOUI 37
MEBERBECHE 63
MECAMBRIDGE 54
MECHITOUA 63
MEDDA 48
MEDDAHI 37,61
MEDDOUR 46
MEDINILLA 57
MEDJAHED 44
MEDJKOUNE 47
MEGNEAUD 145
MEGUENNI-TANI 41,77
MEHIAOUI 59
MEILLAND-REY 120
MEILLIEN 118
MEIRINHOS 37
MEISTRE 123
MEITE 31,55
MEIZENQ 86
MEJRI 49
MEKHALFA 75
MEKNOUN 43
MELAB 39
MELINER 54
MELOCCO 70
MEMONT 44
MENAGER 27
MENARD 12,70,131
MENCEAU 70
MENDAS 63
MENDE 130
MENDELLA 94
MENTEUR 24
MENTIERES 128
MENZATO 74
MERABET 68,76
MERAH 30,35,67
MERAOUMIA 73
MERCADERRE 90
MERCERAND 119
MERCIER 10,44,54,72,74,118
MERDIER 19
MERIDJA 61
MERIGOT DE TREIGNY 157
MERIMECHE 34
MERIMEE 109
MERIOUA 75

MERLE 16
MERLET 27
MERLIN 18
MERLINC 151
MERMET DIT MOINE 78
MERMILLOD-GROSSEMAIN
156
MESNIGER 66
MESSAI 79
MESSAUX 140
METAYER 26
METOYE 74
METRAL 156
MEULLEIMESTRE 140
MEUNIER
11,40,44,119,127,153,171
MEYER
11,34,60,139,149,150,172
MEYKERCKE 64
MEZDOUR 65
MEZOUAR 30,55
MEZZAVIA 48
MIAUDOT 44
MICCICHE 61
MICHAUD 13,74,121
MICHAUD-PIPE 52
MICHAUX 29
MICHEL
10,38,40,46,54,56,60,66,76,78,
85,86,91,94,112,125,134,136,
153,165,166,175
MICHELET 26
MICHON 23
MICHOT 140
MIFFRET 76
MIGLIANTI 60
MIGNOT 20
MIGOULE 112
MIGRAN 74
MIHOUB 47
MILHAVY 93
MILLE 26
MILLESSE 107
MILLET 12,44,99,100,121
MILLOT 19,171
MIMILE 137
MINARRO 56
MINIAMA 50
MINIKUS 172
MIQUEL 27
MIRANDOR 50
MIROUZE DITE CASTEILLA
62
MIRSA 174
MISSIDJAN 51
MISSUS 97
MITRESSE 115
MITTERRAND 97,99
MKHININI 77
MLAYAH 67
MM,13
MODOLO 36
MOEDE 51
MOHA OU MAATI 75
MOHAMMAD 45,55
MOIMBA 176
MOINE 23
MOIRAC 85
MOIROU 74
MOITRISSIEZ 52
MOKDAR 45
MOKEDDEM 30,55
MOKHTAR-SEDDIK 41
MOKHTARI 72
MOKRANE 30,41
MOMBRAUD 38
MOMBREAUD 38
MOMEN 122
MONCUS 19
MONDOLONI 48,101
MONICAUT 143
MONIER 21
MONNET 22
MONNIER 13,52,172
MONNOT 23
MONSIRVEN 163
MONTAGNE 20
MONTAMBEAULT 70
MONTANGERON 151
MONTBRESSOUS 93
MONTEIL 23,58
MONTGOLFIER 88
MONTGOUBERT 66
MONTGUEZY 62

MONTREAL 15
MONTREVEL 88
MONTURA 76
MONTUZET 115
MONZY 124
MORAES 40
MORAND 18,156
MORANDIN 62
MORCELL 42
MOREAU
10,36,40,44,46,54,58,70,74,84,
97,98,99,100,103,105,106,110,
115,118,119,123,126,127,131,
135,140,157,159,160,161,167,
168,169,171
MOREIRA DA SILVA 74
MOREIRAS 75
MOREL
10,50,52,64,66,68,72,78,82,107
117,120,151,172
MORENO 23
MORENO-LOPEZ 52
MORESK 171
MORET 28
MORICE 22,
MORIN
10,40,44,66,68,70,74,104,109,
127,135,143,161
MORITS 141
MORNIAC 58
MORREVE 131
MORT 20
MORTEL 82
MORVAN 14,42,111
MOSCOU 15
MOSKOVIZ 68
MOSTEAU 126
MOSTEFAOUI 73
MOUA 44,70
MOUAOUED 69
MOUCHEL-DESRIETTES 132
MOUESAN 104
MOUGABURU 36
MOUGIN 52,107
MOUHAY 172
MOULEVRIER 161
MOULIN 12,78,88,118,124
MOULLAN 50
MOUMOU 49
MOUNIER 18,88
MOURRARD 108
MOUSIST TUYA 36
MOUSSAOUI
46,60,66,68,76,78
MOUSSOUNI 74
MOUSTIRATS 146
MOUTALIB 75
MOUTON 18
MOUTTI 159
MOUZAOUI 59
MSSASSI 71
MUGNIER 156
MULATOUT 169
MULLER
10,34,60,139,149,150,172
MULTARI 48
MUNIER 24
MUNOZ 25
MUNOZ-BARRANCO 43
MUNUERA 56
MURAT 29
MURLA 43
MUSIAL 30,64
MUSSARD 50
N'DIAYE 54,68,72
NAAMAR 57
NABIES 147
NABTI 75
NACHIT 65
NACQUEMOUCHE 91
NADALIN 62
NADIZI 101
NAGAZ 41
NAGOUA 129
NAIB 58
NAIRI 67
NAISSO 51
NAJIB 45
NAKIB 73
NARAYANIN RAMAYE 50
NARDAL 50
NARDI 6
NARMET 42
NATARE 51

NATIVEL 50
NAUDEILLO 148
NAUPAYS 164
NAVARRO 19
NAVATSKY 54
NDIAYE 55
NEBHI 47
NEDELEC 29
NEDJARI 63
NEGRINELLI 48
NEIDHARD 34
NEONARD 42
NETTUM 68
NEVES 38,44
NEVEU 16
NEZ 24
NEZZAR 37
NFAOUI 53
NGUYEN 26
NGWETE 51
NIAKATE 31,55,69
NIANG 68
NIAULAT 140
NICHON 99
NICOLAI 48,101
NICOLAS 10,42,137,138,170
NICOLE 170
NICOLLE 25,170
NIMAGA 55
NINNONET 159
NIPORTE 103
NIRELLI 58
NOEL 11,46,60,173
NOHANT 44
NOIZELEZ 40
NOMASIE 50
NOMPRE 56
NORINO 51
NORMAND 16
NOUAR 30
NOUI 30,37,63,65,73
NOVAIS 38
NOVEMBRE 11
NOWACZYK 30,64
NUNIES 86
NUPELE 50
NUSI 48
O 10
OBLIERS 60
OCQUETEAU 98
OCTOBRE 11
ODULES 176
OFFEVES 125
OGENT 66
OGER 22
OGRE 138
OGUZ 61
OILLARBURU 146
OLEI 52
OLEJNICZAK 30,60,64
OLIVE 27,148
OLIVIER 11
OLIVRI 160
OLLIER 26
OLLIVIER 14,42,104
OLOY 154
OMEGNA 76
ONASSIS 120
OPIFEX 50
OPPECINI 49
OREILLE 24
ORESME 66
ORGAWITZ 35
ORIEDE 115
ORIEULT 95
ORNEC 48
ORNECK 49
ORSINI 48,102
ORSOLANO 76
ORTIZ-MARTINEZ 43
OSMANI 30,55
OSSEZIO 78
OTECHARD 122
OTHMANI 63,79
OTMANE 43
OUAABI 39
OUADAH 60
OUADI 51
OUAHDI 53
OUAKKAT 49
OUALANE 77
OUALI 64
OUATIZERGA 37
OUBAALI 65

OUCHA 69
OUCHEM 41
OUCHRIF 57
OUDIN-LANOE 70
OUELLARD 110
OUERFELLI 77
OUERGHI 49,77
OUESLATI 35,49,77
OUFFA 65
OUGAZEAU 123
OUIDANE 37
OUJAOU 59
OUKHAI 49
OULLAMI 71
OUMRIDA 63
OUNOUGHI 39
OURAGHI 65
OURAHOU 73
OUVRARD 29
OUZRAR 37
OVON 38
OZCAN 61,79
OZDEMIR
31,35,45,53,59,61,67,69,79
OZENE 143
OZIOLS 56
OZKAN 31,35,39,61,79
OZOUF 132
OZPINAR 45
OZTURK
31,35,37,39,41,47,53,55,61,65,
71,79
PACIFIX 50
PACQUERAULT 68
PAGE 25
PAGERI 135
PAGES 15,56,62,130,148
PAGNUCCO 74
PAILLARD 26,135
PAILLAULT 118
PAILLEREY 108
PAIN 23
PAINGUY 44
PAIRIGOIS 154
PAIZONT 96
PALEAUX 105
PALOPOLI 41
PALPART 136
PAMOL 38
PANISSON 94
PANNEAUX 46
PANOR 174
PANSERI 52
PANTAGENE 166
PAOLI 48,102
PAPAZIAN 30,76
PAPIN 19,154
PAQUET 24
PARALTE 114
PARAPIGLIA 59
PARENT 16
PARFAIX 46
PARIS 12
PARISIEN 106
PARISOT 23
PARLAGRECO 61
PARLATI 35
PARMENTIER 17
PARRAGA 57
PARRATRE 44
PARTHONAUD 58
PASCAL 14,76
PASDOIT 131
PASQUET 22
PASQUIER 13,70,131
PASQUON 36
PASSEPORT 116
PASSIF 135
PASTACALDI 48
PASTORELLI 87
PAU 146
PAUL 15
PAUTENET 40
PAUVRE 91
PAVEAUX 144
PAYEN 20,141
PAYET 11,50,176
PEANS 44
PEANY 92
PEBAQUE 147
PEBAY 147
PEBERAT 129
PECH 92

187

PECOURNEAU 129
PEDARROS 147
PEDEBEARN 147
PEDEPRAT 147
PEDRANGHELU 49
PEGAZ-HECTOR 155
PEGORARO 60
PEIXOTO 38,44,68
PELISSIER 23
PELLAFIGUE 147
PELLALO 114
PELLEFIGUE 114
PELLERIN 24
PELLETIER 13,110
PELTIER 16,172
PEMARTIN 147
PENAGOS 46
PENDLEBURG 72
PENNERAS 66
PEPAU 147
PEPIN 23
PEPOUEY 147
PEQUINEAU 70
PERALINE 50
PERAZAT 74
PERE 147
PEREA 56
PEREIRA 15,145,159,160
PERES 114
PERETTI 48
PEREZ
12,56,76,87,92,94,112,113,115,
116,146,147,148,165,166
PERING 40
PERLMANN 54
PERMALNAIQUIN 50
PERNET-DEMORET 155
PERNOT 29
PERON 16,42,111
PERRAUD 153
PERRAULT 153
PERREIRE 40
PERRET 13,78,82
PERRIER 13,155
PERRIER-FAUCHER 59
PERRILLAT-MONET 156
PERRIN
10,40,52,60,78,82,103,120,121,
124,151,152,170
PERROA 174
PERRON 24
PERROT 12,103,153
PERTANT 82
PERTEQUIN 66
PERTREUX 82
PESCETTI 102
PESLOUX 159
PET 19
PETER 27,34
PETIOT 153
PETIT
9,10,36,38,40,44,46,52,54,58,
64,68,72,74,83,86,89,91,97,99,
100,103,105,106,109,123,133,
134,140,141,142,144,153,157,
158,159,160,162,171
PETIT-JEAN-GENAT 156
PETITFOUR 27
PETITGARS 92
PETITJEAN 16,52
PETITPAIN 27
PEYCLY 169
PEYPONDAT 36
PEYRE 29
PEYRONNETTE 115
PEZIM 162
PFAFFENZELLER 91
PFLEGHAAR 152
PHAM 34
PHAN 34
PHARISIEN 134
PHAROUX 167
PHEBUS 90
PHEDRE 173
PHEJAR 174
PHETISSON 166
PHILIPPE 11
PHILIPPON 28
PHILLIQUE 42
PHILYS 151
PI 18
PIARRESTEGUI 37
PICARA 91
PICARD 11,50,68

PICCIOCCHI 49
PICHARD 25
PICHON 13
PICHON-LEROY 67
PICHOT 27
PICNOT 143
PICOT 18
PIENGEON 54
PIERRE 11,60,173,175
PIERRON 22
PIETRI 48,101
PIFARO 59
PINE 19
PINEAU 14,70,131
PINEL 24
PINHEIRAL 39
PINOTIER 54
PINSON 29
PINTO 28
PIOT 28
PIOTER 169
PIOVESAN 62
PIPIROLE 50
PIQUEMAL DIT PASTRE 90
PIQUERAS 58
PIQUET 23
PIRALLA 52
PIRAUD-GABERT 78
PIRES
30,34,36,38,40,44,46,54,58,60,
62,66,68,70,72,74,78
PIROF 148
PISINETTI 48
PISSARD-MANIGUET 156
PIZANY 68
PIZZINATO 36
PLACIS 38
PLAID 136
PLANCHE-BANSIN 78
PLETHON 50
PLOTTEY 152
PLUMELEUR 172
PO 18
POCHARD 14
POGGI 48
POILRAS 110
POIRIER
12,70,131,135,154,177
POIRRIER 154
POIROT 28
POISSON 18
POLI 48,101
POLIFERIO 49
POLIGANI 49
POLITO-SANCET 147
POLLET 22
POLOUBINSKI 70
POLTRON 168
POMELLE 158
POMMIER 18
POMPUIS 174
PONCET 17,82
PONS 14,56,62
PONSOLLE DE PETIT 62
PONTALBA 176
PONTERI 102
PONTERY 97
PONZANELLI 87
POPEYE 141
PORCELET 142
PORQ 19
PORRAS 56
PORTE 23
PORTIER 25
PORTIL 106
POTERE 66
POTIER 16
POTTIER 16,135,143
POUBLANG 141
POUCHOL-BLANCHON 58
POUFARIN 168
POUGET 23
POULAIN 13
POULET 20
POULINAT 58
POULVERELLES 96
POURQUEY 115
POURQUOI 159
POUX 121
POYER-POULET 74
POZZOBON 36
PRADARIAT 58
PRALLON 36
PRALLY 88

PRAT 18
PRAT DITE MANUGUET 62
PRECHIN 68
PREIRA 68
PRESTEAUX 68
PREVIOUX 38
PREVITALE 121
PREVOST 12,68,109
PREVOT 18
PREZOT 158
PRIEUR 21
PRIEUR BLANC 86
PRIGENT 17,42,111
PRIKA 51
PRINDERRE 94
PRINTINHAC 96
PROFIZY 48
PRONESTI 48
PRONHEZE 130
PROPOSITO 44
PROST 21,40,121,153
PROST-COUSIN 52
PROUST 23,161
PROVOST 19
PRUDHOMME 26
PRUNEAU 129
PRUNES 129
PRUNEYROLLES 125
PRUNIER 29
PRUVOST 16,64,144
PUANT 15
PUCINI 48
PUECH 24,62,93,163
PUGE 171
PUIG 148
PUIMAILLE 106
PUITGMAL 148
PUJOL 19,62,90,113,148
PULICE 71
PULUART 42
PULVERIN 118
PYROUX 38
PYTHAGORE 113
PYTHON 156
QOUCHBAL 71
QUADRUPPANI 165
QUAIRAULT 167
QUARANTEPEYRE 38
QUASIMODO 173
QUEIROGA 75
QUEIROS 74
QUEMION 158
QUENEICHDU 70
QUENORD 160
QUENTIN 25
QUEOURON 111
QUERE 21
QUERMONT 152
QUEUELEVEE 110
QUEUTAT 72
QUINONERO 56
QUIRIN 136
QUOI 140
QUOIQUE 140
QUOIZOLA 125
RABIAND 40
RACHAMBE 50
RADHA 173
RADULPHE 95
RAFFIN 29
RAFFONI 48
RAGOT 22
RAHAL 52,76
RAHILE 47
RAHMOUNI
30,37,47,55,57,61,65,77,79
RAHO-MOUSSA 69
RAIMBAULT 28,131
RAINEL 66
RAINGEAUD 167
RAINGEONNEAU 98
RAJASSE 44
RAMALHETE 75
RAMANANARIVO 45
RAMASSAMY 173
RAMBAUD 23
RAMBHOJAN 173
RAMBOUL 92
RAMDANE 74
RANGUESSAMY 50
RAOUAFI 77
RASELOUED 43
RATORE 40
RAUCHAT 118

RAULT 18,104
RAVAILLAC 13
RAVEAU 6
RAYMOND 15
RAYNAL 23,93
RAYNAUD 14,58,92,97,169
RAZALI 63
REAP 43
REBANI 35
REBIHA 45
REBOUL 28
REBROIN 87
REDON 25
REGAIEG 77
REGARD-JACOBEZ 121
REGENASS 34
REGNIER 15
REIGNAUT 114
REKAB 71
REKIK 70
REKIMA 35
RELMY-MADINSKA 51
REMACLY 46
REMAITRE 149
REMANALY 51
REMBOUILLET 46
REMIL 63
REMILLIET 103
REMITA 35
REMITI 101
REMOND 28
REMY 28,13,46,60,133,170
RENARD 11,44,139,171
RENAUD
11,40,52,70,74,98,107,153,167
RENAUDIN 27
RENAULT 12,117
RENE DIT DEROUVILLE 66
RENOU 24
RENOUF 132
REPARE 40
REPERE 98
REPINCAY 123
REPUGNET 78
RESCHMANN 139
RESIMBEAU 54
RETAILLOU 167
REVANCHE 146
REVERTE 56
REVRIER 44
REY
11,62,76,78,108,120,155,156,
164,166
REY-TINAT 120
REYCHAVI 58
REYJEAUX 169
REYNAUD
13,76,78,88,108,166
REYNIER-MONTLAUX 85
REZZOUM 75
RHANEM 45
RHIDANE 43
RHUIN 72
RIBEAUDOT 38
RIBEIRO 24
RIBIN 38
RICARD 18,94
RICAULX 112
RICHARD
10,40,42,44,46,52,54,60,70,72,
74,78,98,103,110,118,119,126,
131,154,155,156,157,167,170,
172
RICHAUD 85
RICKART 60
RIEDMULER 72
RIGAL 22
RIGAUD 18
RINGUEY 152
RINTAUD 70
RIO 23,138
RIOU 15,42,104,111
RIQUELME 56,62
RISSOGLIO 101
RISSOUAND 78
RIVET 23,97
RIVIAL 85
RIVIERE 11,50,62,176
RIVOISIT 70
RIVOLLET-BARAT 54
ROBASCIOTTI 83
ROBERT
10,36,38,40,42,44,46,50,52,54,
56,58,70,74,76,78,91,96,98,103

108,112,115,117,118,124,126,
130,131,133,134,152,157,160,
171,176
ROBESPIERRE 157
ROBIN
10,44,70,74,91,98,118,119,167,
168
ROBINE 29, 95
ROBINET 26,89
ROCHALON 88
ROCHE
11,38,58,78,88,96,124,125,145
ROCHER 16
ROCOULET 83
RODIER 29
RODRIGUES 16,159,160
RODRIGUES-ANTUNES 75
RODRIGUEZ
13,94,113,115,116,148
ROGER 11,44,72,99,100
ROILLAT 40
ROJO 7
ROLAND 23
ROLLAND 11,42
ROLLET 28
ROLLIN 28
ROMAIN 24,173
ROMEYRON 124
ROMINOS 85
RONDEAU 24
RONDINEAUD 74
ROQUES 18,62,113,128,163
RORIZ 39
ROSE 19
ROSSI 7,15,48,76,87,101,102
ROSSIGNOL 17
ROSSO 7
ROTENFLUE 140
ROTH 7,21,34
ROTOLO 34
ROUAFI 77
ROUANET 163
ROUAULT 28
ROUBEUF 165
ROUDY 22
ROUGIER 24,97
ROUHAIRE 125
ROUIBAH 75
ROUMEJEON 56
ROUSCHAUSSE 135
ROUSSEAU
7,10,40,44,54,70,74,97,98,110,
119,123,126,127,131,135,140,
154,160,161,167,168,171
ROUSSEL
10,64,68,72,109,143,162
ROUSSELLE 28
ROUSSET 7,16,130
ROUSSOS 7
ROUVAIROLLE 56
ROUVEIRAND 112
7,10,38,40,56,58,74,76,78,85,
86,87,88,94,96,98,108,112,120,
125,130,145,166,169
ROUX MARCHAND 78
ROUX-SIBILON 120
ROUXEL 7,21,104
ROY
11,40,52,74,97,98,103,107,119,
140,161,167,168,171,
ROYER 12,46,91,103,134
RUBOLINI 87
RUCHS 52
RUDZOWSKI 7
RUEFLIN 107
RUIZ 17,115,148
RUMARE 95
RUNGET 154
RUSSEL 7
RUSSELLO 61
RUSTEM 59
RUTAUD 99,100
RYHEUL 64
RYKEN 64
SAADOUDI 53
SABAJO 51
SABATHIER 114
SABATIER 17,38,125
SABATIER-DESARNAUD 56
SABAYO 7
SABLE DITE FOURTASSOU 90
SABREJA 83
SACLET 133
SADALLAH 67

ADELLI 77
AFFOUR 49
AFOU 67
AGAZ 59
AGLAM 67
AGRETTI 48
AHRAOUI
8,40,52,60,70,76,78
AHTOUT 41
AINARD 70
AINLAUD 167
AINPRIEST 58
AINT CRIEQ 74
AINT JULHAN 130
AINT JULIAN 130
AINT-DONNAT 85
AINT-ROBERT 36
AINT-ROMA 128
AINT-UBERY 147
AINTE-ROSE 174
AITI 50
AKHO 47,55
ALAUD 126
ALAUN 19,42,111
ALDOU 22
ALHI 52,56,78
ALIGOT 21
ALL 68
ALLABERRY 146
ALLE 29
ALLES 22
ALMERON 56
ALMON 17
ALOMON 23
ALOPPE 21
ALOUL 57
ALSEGNAC 92
ALZOTTO 76
AMEDI 131
AMSON 17
AN-JOSE 36
ANCHEZ
2,56,76,92,94,112,113,115,116
146,147,148,151,164,165,166
ANSNOM 50
ANTIAGO 94,165
ANTONI 48,101
ANTRAND 106
ANZONI 78
AOUL 14
APONARI 60
ARKISSIAN 30,76
ARR 68
ARRAZIN 21,168
ARREZ 46
ASSOLAS-SERRAYET 88
ATAN 173
ATGIA 49
AUCISSE 19
AUGUEIL 97
AULNIER 24
AULTON 110
AUNIER 20
AUSSEREAUX 66
AUTRON 50
AUVAGE 14
AVARY 20
AVIANA 57
AVIOZ-FOUILLET 120
AVOSKY 46
AWANEH 69
AYARI 77
BREGA 166
BROLLINI 66
SCARFO 61
SCARINGELLA 78
SCHAEFFER 26,34
SCHARFENBERGER 60
SCHIBENY 150
SCHIETEQUATTE 162
SCHINI 149
SCHINTO 48
SCHLANSTEDT 34
SCHLAUDRAFF 60
SCHLODER 60
SCHMIDT 17,19,34,139
SCHMIT 17
SCHMITT
11,17,34,60,139,149,150,172
SCHNADERER 132
SCHNEIDER
12,34,60,139,149,150
SCHOFFTER 34

SCHONGART 149
SCHOOFF 60
SCHOONBAERT 46
SCHOTLAND 68
SCHOUN 139
SCWALLER 139
SCHWALM 172
SCHWARTZ 20,34
SCIBETTA 61
SCIO 116
SEBBACHE 65
SECHAO 63
SEDDOUK 43
SEDIRI 49
SEDJAR 39
SEES 106
SEGHROUCHNI 43
SEGUIN 6, 15
SEHIL 37,65
SEICARD 54
SEIGLE-BUYAT 120
SEINEUR 68
SEJIL 77
SEKKAR 57
SEKRANE 37
SELAMNIA 63
SELIMI 39
SELLAMINE 67
SELLIER 20
SELMANE 71
SEMIOT 97
SENAPE 56
SENAUBERT 152
SENECHAL 24
SENGONUL 53
SENTURK 67
SEPT-VANT 66
SEPTEMBRE 11
SEPVANTS 66
SERGENT 21
SERHANI 65
SERIEZ 56
SERRADJ 41
SERRE 17,38,96
SERRERI 49
SERRES 27
SERTOUX 86
SERVAT DIT PAILLARES 90
SERVAT DITE COUSTURE 62
SERVAT DITE PAILLARES 90
SERVIAU 36
SETTOUTI 57
SEVESSAND 155
SEXE 19,24
SEYTA 52
SHAIEK 79
SI LARBI 61
SIAB 73
SIALA-CHAMBA 50
SICARD 22
SICHIL 36
SIDIBE 54
SIDRAT 105
SIECLE 124
SIEURANNE 62
SILZIGUEN 42
SIMETIERRE 20
SIMMARD 130
SIMOES 36,44,52,54,68
SIMON
10,34,40,42,44,46,52,54,60,66,
68,89,91,117,127,132,133,134,
136,137,150,157,171
SIMON DIT ROY 91
SIMONET 23
SIMONIN 25
SIMONNET 26
SINAMA-VALLIAMEE 51
SINGE 64
SIONG 175
SIQUER 42
SIRAJ 73
SIREILLE 76
SIROTE 119
SISSAKO 55
SISSOKO 45,55
SIVA 50
SKIARA 85
SKRZYPCZAK 30,64
SLAMNIA 63
SLAYKI 37
SLIMANE 66
SLIMANI 54,68,70,76,78
SMARA 79

SNP 13,175
SOBCZAK 30,60,64
SOBLINET 108
SOFOLOSKI 136
SOKE 51
SOKOL 72
SOLIMEIS 87
SOLIOT 103
SOLTANI 52
SOLTYSIAK 64
SOMAGLIA 48
SOMSOU 46
SONNAILLY 38
SOPHOCLE 112
SORBARA 48
SORIN 29
SOUALEM 39
SOUAT 39
SOUCIRAC 128
SOUFARI 49
SOUFFARES 114
SOUGRE 52
SOUISSI 71
SOUKOUNA 31,55,73
SOUL 14
SOULA 90
SOULARD 14,27
SOULAUD 14
SOULE 147
SOULIE 26,62,164
SOULIER 20
SOULOT 14
SOUMARE 55,69,73
SOUMARMONT 159
SOUPAYA-VALLIAMA 51
SOURBEY 129
SOUSA 38,40,44
SOW 54,60,68
SPADIA 165
SPAGHETTI 139
SPAKOW 49
SPANJERS 75
SPARMONT 46
SPELSHAUSEN 46
SPEZZINO 48
SPIGLER 54
SPIRN 50
SPYCHALA 64
STARDA 165
STEMPFLIN 150
STEMPINSKI 66
STEPHAN 17
STEPIEN 72
STEPPAT 34
STIEE 171
STIEVEZ 72
STOBRE 127
STRIPPOLI 78
SUBERFONTAN 62
SUBRA DITE BIEUSSES 90
SUFFISAIS 66
SUIVENEZ 72
SURBRICE 40
SURCOUF 117
SURSOIS 143
SUSINI 48,101
SUTRA DITE COUSSEILLE 62
SUTRA DITE LANUT 62
SYRAME 121
TABI 67
TACHIAU 44
TACHOUAFT 77
TADRIST 45
TAFFALEAU 127
TAFOIRIN 161
TAFROUTE 57
TAGADIRT 71
TAGHRI 63
TAGLIAYOLI 48
TAGUELMINT 76
TAHANOUTI 47
TAHIRI 45,49
TAIAR 79
TAIDER 63
TAILLIFAIT 70
TALADUN 111
TALATA 45
TALAUSIER 130
TALEB 74
TALLA 69
TALOUARD 70
TANDJIGORA 55
TANGUY 14,42,111,138
TANNEVET 66

TAORMINA 77
TARAMINY 83
TARDY 21
TARHOUCHI 75
TARIK 57
TARTE 133,168
TARTIGLI 116
TASTET 122
TATAH 79
TAUZIETTE 36
TAVEA 51
TAVERNIER 22
TBATOU 53
TCHA
31,37,43,45,51,57,63,71,77
TEBBAL 69
TECHER 19,50
TEILHAS 88
TEKIN 35
TEKKOUK 67
TEL-AGNESA 51
TELESFORI 101
TELITEL 35
TELLIER 19
TEMAGOULT 69
TERAMO 48
TERDJEMANE 35
TEREILLE 54
TERPEND BERNADIN 78
TERRABERT 36
TERRASSIE 163
TERRIER 20
TERZIAN 76
TESSIER 13,70
TESSONNAIRE 54
TEURKI 73
TEXIER 15,74,97,169
TEYSSIER 25,88
THACE 138
THARAUT 58
THEAMUS 110
THEAUDON 44
THEBAULT 22
THEIZE 46
THERESE DIT DUCHEMIN 95
THERY 21
THESSIS 50
THEVENET 24,84
THEVENIN 23
THIBAULT 15
THIBOTTAIS 66
THIEBAUT 20
THIENNEMENT 136
THIERRY 17
THIERY 21
THIFAGNE 158
THIGNARD 78
THOMAS
10,38,40,42,44,46,50,54,58,60,
70,74,84,91,97,99,100,103,104,
105,117,118,127,133,136,137,
138,140,157,159,160,169,170,
171
THOMASSE 95
THOMILAS 115
THONNATTE 139
THUANNE 44
THUILLIER 23
THUMSHIRN 60
TIAN-VAN-KAI 50
TIBBO 177
TIFAGNE 66
TIFAOU 53
TIGHA 47
TIGHILT 77
TIGOUT 70
TILDAC 85
TIMERA 31,55
TINTIN 173
TIONCK 109
TIOUKA 51
TIRABIE 96
TIRAPU 66
TISON 25
TISSERAND 24,152
TISSIER 21,118
TISSOT 22,156
TIXIER 26,105,145
TIZOMBA 50
TLICH 69
TOBAYAS 75
TOMIETTO 66
TONERIEUX 78
TOPCU 43

TORCHEN 111
TOROSSIAN 30
TORRAILLES 148
TORRE 101
TORRES 25
TORVIC 175
TOSCANES 163
TOSSAM 176
TOUALBIA 75
TOUAM 41
TOUBACHE 73
TOUEL 53
TOUHAMI 57
TOUITOU 54
TOULON 165
TOUMI 70
TOUNKARA 55
TOUPOUTI 51
TOURNESOL 155
TOURNIER 19,52
TOURRAIS 97
TOURREIX 145
TOURRING 78
TOURTEAUD 58
TOURVIEILHE 88
TOUSSAINT 16
TOUTAIN 29
TOUZANI 37
TOVO 36
TRABELSI 76
TRAIKIA 35
TRAINCOT 56
TRAMESEL 152
TRANCHESSET 112
TRAORE 54,68,72,157
TREFFET 52
TREMOUILLIER 38
TRETBAR 60
TREVILE 70
TRIGANTI 48
TRINKWELL 139
TRIPIER CHAMP 78
TROFIN 113
TROISPOILS 131
TROIVALEST 159
TROLIO 59
TROLL 149
TROUILLARD 21
TROUTEAUD 169
TROUVE 29
TRUCCHIERO 166
TRUMAULT 123
TSCHAMBER 150
TUCCELLI 94
TULANE 119
TURBIAN 58
TURKMEN 71
TURPIN 15,50
TURSKY 75
TUSACCIN 43
UCHAR 162
UFAKAK 75
UGNON-CAFE 120
UGUR 35
UN 18
UNG 55
UNLU 61
USLU 41
USQUIMAU 36
USSEGLIO GROS 76
UTRE 54
UTRERAS 37
UTS 64
UZAN 54
VA 50
VACHER 20
VACHIER 19
VAILLANT 15
VAIQUES 161
VAJO 76
VALENTIN 15
VALESME 44
VALETTE 16
VALHORGUE 125
VALLEE 14
VALLEREND 95
VALLET 16
VAN BOURGOGNE 117
VAN DILLEN 59
VANCELLE 70
VANDALE 24
VANDEPAER 73
VANG SOUA 45
VANGRAESCHEPE 64

VANHAEZEVELDE 83
VANNIER 23
VANTERPOOL 173
VANZATO 42
VAQUERO 36
VARDANEGA 52
VARELLE 40
VARIN 24
VARINET 46
VARINNIER 124
VARLET 29
VAROLLE 58
VARTANIAN 30
VARYOT 153
VASEZ 144
VASSEUR 12,64,72,144,162
VATSKIL 37
VAUDRIOT 137
VAULBERT DE CHANTILLY 50
VAUTROP 137
VAZZOLER 62
VEGAS 46
VEILLIAT 159
VEIRE 78
VELOSI 48
VELPRIX 46
VENDEAU 58
VENDOLA 53
VENIFLEIS 157
VENTRE 24
VENZAL 62
VERCHET 78
VERDIER 14,38,145
VERGE 90
VERGELYS 130
VERGER 24
VERGNE 26,58
VERNET 21
VERNEZOL 96
VERNISIAU 40
VERNOD 52
VERON 25
VERRIER 25
VERSILLER 131

VERSPRILLE 64
VESER 34
VETTORETTI 38
VEYEAUX 74
VIAL 16,78,120,124
VIALA 27
VIALE 87
VIARD 27
VIAUD 25
VIDAL 11,38,56,62,90,92,93,96,112,113,116,129,130,148,163,164
VIDOCQ 144
VIEILLEPEAU 154
VIEILPELLE 143
VIELJEU 56
VIESSIERE 140
VIGIER 23,96
VIGNAUD 97
VIGNEAU 177
VIGNERON 20
VIGOUROUX 26
VILATON 122
VILBENOIS 44
VILAIN 141
VILLAIN 22
VILLARD 21
VILLENEUVE 24
VILLETTE 28
VILSAINT 51
VIN DIT DUBROSKY 136
VINADE 128
VINCENT 10,38,40,54,78,84,105,121
VINGADAPATY 173
VIRGULTI 76
VITTAU 40
VIVIER 21
VIZCAINO 56
VLK 13
VOELLE 46
VOINAUD 58
VOIREUCHON 107
VOISIN 14
VOLEUR 24

VOLHUER 46
VOLIER 168
VOLMERS 157
VOLOKOVE 98
VOLPARO 165
VOLVET 155
VON DER MUHL 34
VORRIOT 40
VRAYE 72
VREPILLOT 52
VU 18
VUEILLIOTTE 171
VUILLEMIN 52,107
VURAL 35
VYON 153
WABRY 64
WAGNER 16,34,60,139
WALCZAK 30,46,60,64,72
WALTER 19,34
WASSALI 34
WATTELIEZ 64
WAUQUAIRE 83
WEBER 13,34,60,139,149,150
WEIFS 60
WEISS 17,34,149
WEISSKOPP 139
WENDLING 34
WERSON 157
WETTMANN 60
WIBAUW 64
WILLERMY 137
WINSTERSHEIM 105
WIRKS 60
WLODARCZYK 30,64,72
WOBROCK 34
WOHLHUETER 34
WOISON 46
WOJCIK 30,40,46,60,64,72
WOLFF 21,34,149
WOLLENSCHLAEGER 149
WUALLET 46
WUNDERLY 150
WUNDISCH 34
X 10,12,13
XAVIR 50

XENOPHON 113
XIONG 31,39,41,45,47,57,63,67,71,77
YA 31,45,51,67,175
YABAS 55
YACHOU 49
YAHIAOUI 46,60,72,78
YALAP 55
YALCIN 31,39
YANG 40,44,56,62,70
YANOURI 73
YAPARA 175
YARAMIS 39
YASAR 59,79
YATABARE 73
YATERA 55,73
YAYA 26
YAZID 45
YE 13
YEUX 24
YEYE 26
YI 13
YILDIRIM 35,41,45,53,59,61,79
YILDIZ 31,35,37,41,45,47,53,55,61,67,71,79
YILMAZ 35,39,41,43,45,47,53,61,67,71,79
YO 13
YOUNET 62
YOUSFI 70
YOYO 26
YSSARTIER 115
YU 13
YUCEL 35
YUGUERO 37
YUKSEL 39
YUSTEDE 37
YZIDEE 174
ZADOINOFF 121
ZAFFUTO 61
ZAIDI 46,78
ZALDOUBEHERE 22

ZALILA 69
ZAMUNER 62
ZANDVLIET 37
ZANETTE 36
ZAOUI 54,64
ZAREB 75
ZBAT 37
ZEAMARI 47
ZEBIR 49
ZEBLANE 75
ZEDIRA 71
ZEFFOUR 75
ZEGGAI 30,69
ZEGHDANE 47
ZEGHOUDI 30,55,69
ZEHRAOUI 75
ZEKHNINI 65
ZELAND 84
ZEMANI 59
ZEMRAK 73
ZENAINI 45
ZENASNI 41,49,57,77
ZENDJABIL 41
ZERBIB 54,76
ZERENI 48
ZERKOUM 53
ZEUS 173
ZIANE 72
ZIHI 59
ZIHOUNE 45
ZILIO 52
ZIMMERMANN 20,34,150
ZITOUNI 62
ZITTRER 54
ZOGHLAMI 79
ZORRO 25
ZOUACHE 35
ZOUAOUI 78
ZOUHAIR 59
ZRITA 67
ZYWOT 59

3617 GENEALOGY

Aide à la recherche des actes de naissance, de mariage et de décès par Minitel

3617 GENEALOGY
1 - RECHERCHE D'UN ACTE
2 - LOCALISATION DES PORTEURS DE VOTRE NOM DE 1891 A AUJOURD'HUI
3 - ORIGINE ET SIGNIFICATION DE VOTRE NOM DE FAMILLE
4 - VOTRE NOM DANS L'HISTOIRE

Pour retrouver un ancêtre, rien de plus simple, il vous suffit de taper son Nom sur le clavier

GENEALOGY vous propose la liste des régions disponibles

RÉGIONS

1 - ALSACE
2 - AQUITAINE
3 - AUVERGNE
4 - BOURGOGNE
5 - BRETAGNE
6 - CENTRE
7 - CHAMPAGNE-ARDENNE
8 - GARD
9 - ILE DE FRANCE
10 - LIMOUSIN
11 - LORRAINE
12 - NORMANDIE
13 - PAYS DE LOIRE
14 - PICARDIE
15 - POITOU-CHARENTES
16 - PROVENCE COTE D'AZUR
17 - RHONE-ALPES

Taper le nom recherché:
BRIAND + ENVOI

GENEALOGY
vous présente l'acte tel qu'il a été dépouillé

Epoux		Epouse	
Nom	**BRIAND**	Nom	**LE HAY**
Prénoms	**Pierre**	Prénoms	**Renée**
Père	**Yvon**	Père	**Thomas**
Mère	**BOUVIER Renée**	Mère	**BATARDIERE Simone**
Date de l'acte	**06/11/1635**	Lieu	**44 MESANGER**

Index des actes disponibles sur Internet http ://www.genealogy.tm.fr

GENEALOGY vous aide à établir une recherche généalogique sur **17 régions** et plus de **70 départements** avec plus de **16 000 000 d'actes (seize millions, en constante évolution).**

GENEALOGY vous indique les départements où se trouve le patronymere cherché, les noms des associations généalogiques ayant réalisé le dépouillement et la nature de l'information. Ces précisions vous permettent peu à peu de tisser des liens avec vos aïeuls.

Sur GENEALOGY découvrez l'ORIGINE de votre Nom de Famille.
ETUDES PERSONNALISEES REALISEES PAR UN GRAND SPECIALISTE

NOUVEAU !

GENEALOGY présente : "VOTRE NOM DANS L'HISTOIRE"
Une galerie de portraits inédite : celle des porteurs de votre Nom qui, par leurs actes de bravoure ou leurs hauts faits d'armes, ont contribué à bâtir notre histoire. Des personnages à sortir de l'ombre d'urgence !

DU MÊME ÉDITEUR
chez votre libraire habituel ou sur demande à :
Archives & Culture - 26 bis, rue Paul Barruel - 75015 Paris

La collection «Noms de famille» (chaque titre : 198 F)
— Les noms de famille en France, préface du Pr. Jacques Dupâquier, de l'Institut
— Les noms de famille en Normandie, d'Olivier de Lagarde
— Les noms de famille en Bretagne, d'Aurélie de Cacqueray et Christophe Belser
— Les noms de famille en Charente, Poitou, Vendée, d'Aurélie de Cacqueray et Christophe Belser
A paraître en avril 1998 :
— Les noms de famille en Lorraine, de Martine et Daniel Bontemps
— Les noms de famille du Sud-Ouest, de Michel Rateau, Sylvie Monniotte, Irène Besson, Christophe Belser et Clothilde Brégeau

La collection «Généalogies» (chaque titre : 139 F)
— Histoire familiale des hommes politiques français (100 généalogies de personnalités contemporaines)
— Histoire familiale des chefs d'entreprise (à paraître)
— Histoire familiale des gens de lettres (à paraître)
— Histoire familiale des sportifs (à paraître)

La collection «Dictionnaires patronymiques» (chaque titre : 180 F)
Pour un patronyme donné, 400 à 1200 notices biographiques sur des personnages notables nés avant 1914 (artistes,

AB(B)ADIE (164 pages)	CUNY (144 pages)	MARCHAL (180 pages)
ALBERT (240 pages)	DELA(A)GE (128 pages)	MARION (160 pages)
AUBRY (184 pages)	DELAMAR(R)E (176 pages)	MARTEL (160 pages)
AUGER(É) (176 pages)	DELMAS (128 pages)	MARTY (112 pages)
BAILLY (168 pages)	DIDIER / DIETRICH (168 pages)	MEUNIER (160 pages)
BARBIER (288 pages)	DUCLOS (160 pages)	MEYER (288 pages)
BAR(R)ON (224 pages)	DUHAMEL (176 pages)	MILLET (176 pages)
BARTHÉLÉMY (240 pages)	DUVAL (320 pages)	MON(N)ET (112 pages)
BATAILLE (116 pages)	FAUCHER (É) (160 pages)	MORIN (296 pages)
B(E)AUDRY (144 pages)	FAVIER (128 pages)	PARIS (160 pages)
BERGER (160 pages)	FERRAND (176 pages)	PAYEN/PAYAN (164 pages)
BERNIER (144 pages)	FLEURY (216 pages)	PERRAULT/PERROT (200 pages)
BERTHELOT (160 pages)	FOUCAULT (D) (160 pages)	PERRET (160 pages)
BESSON (224 pages)	GAILLARD (288 pages)	PERRIN (304 pages)
BLONDEL (176 pages)	GERVAIS (120 pages)	PICARD (224 pages)
BOULANGER (144 pages)	HÉBERT (208 pages)	PRIEUR (100 pages)
BOURGEOIS (192 pages)	JOUBERT (168 pages)	PROUST (112 pages)
BOUVIER (192 pages)	JOURDAN (128 pages)	RIVIÈRE (256 pages)
BRIAND(T) (128 pages)	KELLER (136 pages)	ROCHE (256 pages)
BUISSON (176 pages)	LACROIX (224 pages)	ROUSSEL (248 pages)
CARRÉ (184 pages)	LANGLOIS (176 pages)	SERRE(S) (160 pages)
COURTOIS (144 pages)	LÉGER (128 pages)	VAILLANT (128 pages)
COUSIN (160 pages)	LEMAIRE (168 pages)	WEBER (160 pages)
COUTURIER (144 pages)	MAILLARD (T) (176 pages)	

La collection «Les départements en 600 questions» (chaque titre : 79 F)
24 départements déjà parus : 06, 11, 19, 21, 22, 28, 29, 32, 42, 44, 49, 52, 54, 59, 62, 64, 65, 67, 68, 71, 86, 91 et 95.

Les «Hors Collections»
LA MARINE EN 600 QUESTIONS (Jacques Laudet et Baptiste Levoir) (79 F)
LA POSTE EN 600 QUESTIONS (Jean-François Farenc, André Yorke) (89 F)
PARIS CHRÉTIEN EN 600 QUESTIONS (Martine Deschamps, Brigitte Jobbé-Duval) (89 F)

La collection «Biographies» (chaque titre : 140 F)
LES FAMILLES BALTHAZARD ET COTTE : 200 ANS DE SAGA INDUSTRIELLE (Pierre Cotte)
CHARLES CUNY, UN EXPLORATEUR LORRAIN EN AFRIQUE (Baptiste Levoir et Isabelle Roy)
CHARLES NIELLON, FONDATEUR DE LA BELGIQUE INDÉPENDANTE (Marie-Odile Mergnac)

ISBN : 2-911665-23-6
© Archives & Culture, 26 bis rue Paul Barruel, 75015 Paris

Achevé d'imprimer 1er semestre 1999
sur les presses de l'imprimerie Fareso, Madrid
Conception et maquette intérieure: Frédéric Aubailly
Conception et maquette de couverture: Catherine Le Troquier
Edition : Marie-Odile Morin
Photos de couverture : Archives & Culture et Roger & Viollet